D1831469

दिव्य जीवन

उत्कृष्टता में ईश्वर के पदचिह्न

सत्य का दर्शन बीज तत्त्व में सिमटा है, जिसके अनन्त नाम, असीम भाव, अज्ञात संसार, अपरिमित ज्ञान और अविनाशी स्वरूप हैं। उस बीज के मिटने जानने में परमात्मा का स्वाद है। उस जीवन और मिटने के बीच के अन्तराल के लिए हमें जगना होगा।

दिव्य जीवन

उत्कृष्टता में ईश्वर के पदचिह्न

डॉ. मयंक मुरारी

वाणी प्रकाशन

प्रकाशन के उत्कृष्टतम 62 वर्ष

पेपरबैक पहला संस्करण : 2025

vaniprakashan.com

वाणी प्रकाशन

4695, 21-ए, दरियागंज, नयी दिल्ली-110 002

फ़ोन : + 91 11 23273167, 23275710

शाखाएँ

अशोक राजपथ, पटना-800 004, बिहार

कॉफ़ी हाउस कैम्पस, महात्मा गांधी मार्ग, प्रयागराज-211 001, उत्तर प्रदेश

महात्मा गांधी अन्तरराष्ट्रीय हिन्दी विश्वविद्यालय, वर्धा-442 001, महाराष्ट्र

sales@vaniprakashan.in

vaniprakashan@gmail.com

Divya Jeevan

by Dr. Mayank Murari

ISBN : 978-93-6944-606-3

Religion/Spirituality

मूल्य : ₹ 395

सिटी प्रेस, दिल्ली-110 095 में मुद्रित

वाणी प्रकाशन का लोगो मक़बूल फ़िदा हुसैन की कूची से

समर्पण

भारत के उन सभी गुरुओं, आश्रमों एवं चेतनभूमि को यह पुस्तक समर्पित है, जहाँ पिछले 35 सालों के दौरान चेतना के आरोहण का सूक्ष्म और स्थूल ज्ञान एवं मार्गदर्शन मिला। इसकी शुरुआत अरविन्दों आश्रम से हुई, जो रमण महर्षि के आश्रम होते हुए वेलूर मठ, योगदा आश्रम, इस्कॉन के मायापुर होते हुए साईंनाथ, गायत्री परिवार के चेतनभूमि का मैंने आत्मभ्रमण किया। इसके अलावा उन अनगिनत किताबों का भी स्मरण, जिनको आत्मसात किये बिना यह किताब सम्भव नहीं थी। कन्याकुमारी, बनारस, बोधगया, वैष्णोदेवी से लेकर त्रिपति तक की भूमि को इस किताब के माध्यम से स्मरण करता हूँ।

इहैकस्थं जगत्कृत्स्नं पश्याद्य सचराचरम्।
मम देहे गुडाकेश यच्चान्यद्द्रष्टुमिच्छसि।। 11-07 (गीता)

हे अर्जुन (गुडाकेश)! मेरे शरीर में एक जगह स्थित चराचर सहित सम्पूर्ण जगत को देखो तथा और भी जो कुछ देखना चाहते हो, उसे देखो। इस जीवन का परम रहस्य यह जगत खुद है। इसकी विराट और विस्तृत प्रकृति ही ईश्वर का शरीर है। इस अज्ञेय शरीर के सूर्य, चाँद, तारे, पृथ्वी, पहाड़, जीव आदि विभिन्न अंग हैं। इसमें से किसी भी अंग को सूक्ष्मता से जानकर उसके परमात्मा को जाना जा सकता है, जो सदैव हमारे लिए गतिमान है।

अनुक्रम

भूमिका

इस अस्तित्व के अनन्त नाम हैं। अनन्त रूप हैं। अनन्त जिज्ञासा हैं। और अनन्त भाव हैं। जब अस्तित्व अपनी यात्रा में असत् को प्रकट करता है तो ज्ञान, रहस्य और उसकी माया की लीला हमारी खामोशी को तोड़ देती है। उस अस्तित्व की खामोशी बड़ी गहरी है। जब हम सवाल का जवाब खोजते हैं, कर्म के माध्यम से यात्रा करते हैं, ज्ञान का अलख जगाते हैं और अन्तर्यात्रा में स्मरण करते हैं तो हरेक कर्म, सवाल, ज्ञान और यात्रा के शीर्ष पर उसका ही नाम लिखा मिलता है। उपनिषद में उस परम अनुभूति यानी ब्रह्म को भी ज्ञान स्वरूप कहा गया है।

सृष्टि विस्तृत है। यह जानने और अनुभव करने योग्य है। हमारा संसार तो उसका एक लघु हिस्सा है। मनुष्य जिज्ञासु है, इसलिए वह खामोशी में स्वर देता है। विराट पर सवाल उठाता है। वह जवाब सुनता है। हर एक ज्ञान को वह समाज के समक्ष पहुँचाता है। इस ज्ञान से पता चलता है कि संसार बड़ा है। आकाश असीम है। इसके परे भी सविता, चाँद-तारे हैं। अनन्त लोक है। जितना ज्ञात है, उससे बहुत ही ज्यादा अज्ञात है। इस कारण ऋग्वेद के ऋचाकार आंगरिस वृहस्पति ने ज्ञान को भी एक देवता माना है। जहाँ-जहाँ दिव्यता है, वहाँ देवता है। जहाँ भी ऊर्जा की प्रचुरता है, वहाँ परमात्मा का स्थान माना गया। हर और उसकी ही महिमा का गान है। परमात्मा हरेक तत्त्वों में नृत्य कर रहा है। हरेक फूल में खिल रहा है। उसके गीत ही प्रकृति के झोंकों में झर रहे हैं। वही विभिन्न नामों से लिख रहा है, पढ़ रहा है, गा रहा है।

आकाश उसके नामों के अनन्त दीपों से भरा है। प्रकृति उसके नृत्य के उत्सव में तल्लीन है। हवा उसकी प्राणवायु को, अस्तित्व को आप्लावित करने में व्यस्त है। वह हर एक चेतना में क्रियाशील है और अचेतन में सोया पड़ा है। इसलिए जब हम सांसारिक जीवन में किसी पत्थर, किसी किताब, कोई नदी, कोई पेड़, कोई देवालय

या दिशा को नमस्कार करते हैं, तो वह भाव स्तुति सीधे हमारे अन्त:करण से जुड़ती है और यह नमस्कार का भाव हमको बदलता है। इस कारण उस परमात्मा का एक नाम 'नमस्कार' भी बताया गया है। नमस्कार इंगित करता है कि हम समर्पित हैं। हमारा मार्ग परम्परा और रीति-रिवाज के पालन का नहीं है। नमस्कार के साथ हम विनम्रता और नमनता का पथ चुनते हैं। यह पथ शनै:-शनै: शिखर की ओर ले जाता है। परमात्मा की ओर जाने के लिए प्रार्थना और उसके बाद प्रतीक्षा जरूरी है। यह प्रतीक्षा का अभ्यास तभी सम्भव है जब जीवन नमनीय हो। हम सहज वरण को तैयार हों।

ऋग्वेद के दसवें मण्डल में तो पशु-पक्षी, कृषि, साहस, श्रद्धा, हाथ को भी देवता माना गया है। यानी सब कुछ उस अनन्त, उस 'ब्रह्म' का ही प्रकटीकरण है। उसका ही नाम है। वैदिक ऋषियों ने देवता की अर्चना की और साथ में उनके उद्‌भव को खोजने का प्रयास भी किया। ऋग्वेद के सूक्त (10.74.03) में घोषित किया गया है–हम देवों के उद्‌भव का वर्णन अच्छी वाणी से करते हैं। ईश्वर का शुरू में अस्तित्व नहीं था। प्रारम्भ में केवल असत् था, जिससे सत् का जन्म हुआ। सृष्टि की पूर्व स्थिति में जड़ और चेतन यानी भूत और ऊर्जा प्रकट नहीं थी। सभी प्रपंच अव्यक्त थे। ऊर्जा के प्रवाह के साथ देवतन्त्र आये। द्यौस, दिवस, दिव्य और देव को एक ही भाषा परिवार का शब्द माना गया है। देव का अर्थ प्रकाश से है, अतएव प्रकृति में व्याप्त हर एक दिव्यता को देवता माना गया। वैदिक काल में देवता को विशिष्ट शक्तिधाराओं यानी दिव्य प्रवृत्तियों के रूप में लिया गया है, जबकि आज की धारणा में इन्द्र, यम, विष्णु, शिव सूक्ष्म देहधारी देवता हैं। यही नहीं एक ही शक्ति धारा को विभिन्न भूमिकाओं में विभिन्न देवों के रूपों में सम्बोधित किया गया है। उदाहरण के लिए सूर्य को कहीं इन्द्र (सौरमण्डल को बाँधकर रखने वाला), कहीं पूषा (पोषण देनेवाला), कहीं रुद्र (तेज से रुला देनेवाला) कहा गया है। यजुर्वेद में देवताओं की दो विचारधाराएँ हैं। एक सनातन धारा में देवों को यज्ञीय सन्दर्भ में व्याख्यायित किया गया है। दूसरी धारा विचारशील ऋषियों की है, जिसमें देवों को आदर्श समाज व्यवस्था का सूत्रधार माना गया है।

वेदों में मन्त्रद्रष्टा को ऋषि और मन्त्रोक्त को देवता कहा जाता है। इस प्रकार उन सभी को देवता की संज्ञा प्रदान की गयी है जो प्रचलित इन्द्र, अग्नि, सूर्य से भिन्न अचेतन, अमूर्त, स्थान-विशेष, द्रव्य-विशेष, गुण-विशेष आदि के रूप में प्राय: माने जाते हैं। इन सभी को गुण-धर्म के आधार पर देवताओं का मानव वर्ग, पशु या प्राणी वर्ग, पात्र अथवा उपकरण वर्ग, स्थान वर्ग, हव्य वर्ग, वस्तु या द्रव्य वर्ग और अमूर्त

या भावात्मक देव वर्ग माना गया है। इस आधार पर इस अस्तित्व का हर एक तत्त्व और उसका नाम देवत्व को धारण करता है। मानव और पशु के सम्बन्ध में कहा गया कि मानव उपयोगी तत्त्वों से तादात्म्य स्थापित कर लेता है। देव अवधारणा में पशु जगत के सद्‌गुणों को ही निरूपित किया गया है। पशून् यज्ञः और स्वर्ग्यो वै सर्वः पशुः कहा गया है। वैदिक अवधारणा अचेतन पदार्थों की मूर्तवत् उपासना की पक्षपाती रही है। कहा गया है कि–पात्राणि वा व देवक्षेत्रम्। प्राकृतिक दृश्य, शक्ति, स्थान, भौगोलिक-परिवेश तथा कृत्रिम पदार्थों को भी देवता के रूप में मान्यता प्राप्त है। देवताओं को समर्पित किये जानेवाले यज्ञीय पदार्थ को देवताओं की आत्मा कहा गया है। यज्ञ उ देवानामात्माः। इसी प्रकार याज्ञिक कृत्यों में प्रयुक्त प्रत्येक वस्तु या द्रव्य यज्ञमय होने के कारण दिव्य होती है।

वैदिक ऋषियों ने जिन दिव्यता के विचार के साथ दर्शन के शिखर को स्पर्श किया, वह उनका अमूर्त या भावात्मक देव वर्ग का निर्माण है। ऋषियों ने यज्ञ के माध्यम से अनेक देवों के प्रति भावयुक्त अभिव्यक्ति की है। इसमें ऐक्य-भाव सर्वत्र द्रष्टव्य है। बाद में ऋषियों के विचार और चिन्तन दृष्टि अमूर्त और भावात्मक देवताओं की ओर जाती है। कई देवता तो मनोभवों के मानवीकरण रूप हैं। ऋषियों का मानना रहा कि देव सम्बन्धी भावनाएँ अमूर्त रूप में साकार होती हैं। कालान्तर में ये स्वतन्त्र देवत्व प्राप्त कर लिये। यजुर्वेद में ऐसे भावात्मक और अमूर्त देवताओं की एक लम्बी सूची है जिनमें काम, गर्भ, गुण, धर्म, चक्षु, प्रायश्चित्त, प्रश्न, द्वेष, मृत्यु, आशीर्वाद, स्तुति, यज्ञ, सुख, सीर, सीता, सुन्वन, शरीर अवयव, हृदय, अहोरात्र, अनुमति जैसे भावों को देवश्रेणी में स्थान दिया गया है।

यही कारण है कि परवर्ती काल में सब कुछ नदी, उषा, अग्नि, वरुण, सूर्य, अदिति सब देव हुए। तैंतीस कोटि देवता माने गये। देवों की संख्या को लेकर वैदिक ऋषियों ने कई गणना कीं और कई आँकड़े प्रस्तुत किये। विश्वामित्र ने जहाँ 3339 देवताओं का, शतपथ ब्राह्मण में तैंतीस देवताओं की सूची है। याज्ञवल्क्य ने 3306 की संख्या दी है। देवों की सूची में अग्नि, वसु, वरुण, वायु, इन्द्र, ब्रह्म आदि के कई रूप और स्वरूप हैं। अथर्ववेद में भी यजुर्वेद की तरह प्राण, मेधा, रात्रि, पितरगण, सोम, वाक्, संवत्सर, विश्वकर्मा, पौर्णमासी, अमावस्या, मृत्यु, जीवन सभी को देवता माना गया है। पृथ्वी पर हर एक भाव, भावना और भव्यता को भगवान माना गया। हर एक सत्य, हर एक शिव तत्त्व और हर एक सुन्दर भाव में ईश्वर का वास है। प्रकृति के गोचर प्रपंच ने वैदिक ऋषियों को कौतुहल बनाया और जिज्ञासा के लिए प्रेरित किया। उन्होंने प्रकृति के रहस्य की खोज करते हुए सृष्टि की रचना,

ब्रह्माण्डीय परिकल्पना तक चिन्तन किया। उनकी इस जिज्ञासा के कारण वैदिक काल में ही दर्शन और वैज्ञानिक दृष्टिकोण का विकास हो गया।

अथर्ववेद में उस 'ब्रह्म' को विविध रूप, रस, भाव और गन्ध में विभिन्नता और विविधता के बावजूद एक माना गया है। इसका एक उदाहरण मधु शब्द को लेकर किया गया है। वैदिक वाङ्मय में कहा गया है कि प्रकृति में रूप हैं, रूप में माधुर्य है। रस में मधुरस का आस्वाद है। प्रकृति में मधु गन्ध है। मधुर ध्वनियाँ हैं। मधु स्पर्श है, मधु प्रवाह है। स्वाद भी मधुर है। वेदों के छन्द भी मधुछन्दा हैं। साहित्य में मधुरस है। अथर्ववेद में अन्न के मधुरता की स्तुति है। देवता से जल के मधुर जल की प्रार्थना है। ऋषियों ने मधुरता की कामना करते हुए श्रम तम को मधुमय, कर्मफल को भी मधुमय बताया और अन्त में मधु को ही उपास्य व देव बताया गया।

भारतीय जीवन में हरेक क्षेत्र और दिशा के ऊर्ध्व में ब्रह्म का स्वरूप प्रतिष्ठित है। दर्शन में उसे अक्षर, तो योग में उसे परमात्मा कहा गया। भक्ति में वही भगवान और ज्योतिष में काल हो जाता है। आयुर्वेद में जो प्राण है, वही दैनिक व्यवहार में ईश्वर है। गणित में अनन्त और शून्य का जो स्थान है, वही संगीत में नाद हो जाता है। साहित्य में जो रस है, वही व्याकरण में शब्द में है। इसलिए हमने शब्द ब्रह्म, अक्षर ब्रह्म, नाद ब्रह्म, रस ब्रह्म, प्राण ब्रह्म आदि कहा। इस पूरी चिन्तनप्रणाली का भावार्थ है कि सत्य, काल, प्राण, रस, नाद, शब्द आदि सभी को ब्रह्म का पर्यायवाची माना गया। भारतीय मन हर छोटी बात, क्रिया और विचार में नव्यता की खोज करता है, जो केवल भव्य नहीं बल्कि दिव्य हो।

हम अनेक शरीर हैं। अनेक में एक समूह लिखता है, दूसरा गाता है, एक तीसरा समूह नृत्य करता है। जब हम साहित्य की रचना करते हैं तो लगता है कि यह साहित्य अलग-अलग रचनाकर्मी द्वारा लिखा जा रहा है। जबकि हम चिन्तन करें तो यह लगेगा कि यह अलग-अलग साहित्य को अलग-अलग लोग नहीं लिखते हैं। अनन्त अलग-अलग नामों वाली एक आत्मा ही वह लिखती है। पेड़-पौधे अनेक होते हैं। उनके रंग और रूप भी समान नहीं होते हैं। एक ही आत्मा अनेक फूलों, उनके रंग और गन्ध में प्रकट होती है। संगीत का स्वरलहरी में, नर्तन की गति में और भक्ति की सद्गति में विभिन्नता और विविधता होती है, लेकिन उसका सर्वोत्तम रूप आत्मतत्त्व की समीपता में ही उद्भासित होता है।

ऋग्वेद की सभी शक्तियों को देवता माना गया है, लेकिन मूल सत्य एक 'सद्' है। वेद में उस परम सत्य को ऋग्वेद ने इन्द्र, अग्नि, वरुण, अदिति तो उपनषिद् में

उसे ब्रह्म, प्राण, सच्चिदानन्द और ईश्वर कहा गया है। भारतीय दर्शन में नाम को स्वतन्त्र सत्ता नहीं माना जाता है। नाम और रूप बनकर ज्ञान बनते हैं जो ख़ुद देव है। ज्ञान सम्पूर्णता का दर्शन है। गीता में भगवान श्रीकृष्ण कहते हैं कि धरती पर ज्ञान से पवित्र कुछ भी नहीं। जो ज्ञान मुक्ति की ओर ले जाता है, उसके लिए श्रद्धा जरूरी होती है। भक्ति हो या धर्म का ज्ञान या ब्रह्म की अनुभूति। हरेक का ज्ञान जिज्ञासा से होता है। यह जिज्ञासा उस परम को जानने की दिशा में पहला कदम है। हर एक जिज्ञासा में उस परम का नाम भिन्न हो जाता है। इस कारण उसे अनन्त नाम वाला बताया गया है। वही सभी रूपों में नाना रूप है। वह एक है, ज्ञानीजन जिस मार्ग से जाए, तप हो या कर्म, यज्ञ हो या पूजा। हर एक मार्ग उसकी ओर ही जाता है। केवल भक्ति, कर्म, ज्ञान या ध्यान मार्ग हो, मन्दिर में पूजा हो या मूर्ति के साथ सहजभाव हो, निराकार की स्तुति हो या निर्गुण का भाव हो। वह सब कुछ है, वह एक है।

ऋग्वेद के ऋषि ने काफी चिन्तन और साधना के बाद कहा कि सद् एक है, हम उसे जिस नाम से पुकारें। विराट का सारा नाम, सारा स्थान, सारी वस्तु, सारा कर्म वही है। यह हो या वह हो। सारे नाम व्याकरण के गढ़े हैं। कोई उसमें सर्वनाम है, कोई उसका विशेषण है और कोई उसकी क्रिया है। हम जिस क्रिया, कर्म, विशेषण या संज्ञा के नाम से उस तक जाना चाहें, हमारी सद्गति का माध्यम वह नाम बन जायेगा। उसके नाम का वर्णन करते ज्ञानी थक गये, संन्यासी उसमें ही रम गये। केनोपनिषद् के ऋषि कहते हैं कि मैं नहीं मानता कि मैं जानता हूँ। तुलसीदास की शब्द रचना असीम थी, लेकिन वे भी रुक गये। वे कहते है–सुनहु तात यह अकथ कहानी/समुझत बनई न जाई बखानी। यानी कहानी अकथ है, न कहते बनती है और न समझते।

प्रश्नोपनिषद् में बताया गया है कि आकाश, अग्नि, पृथ्वी, वाणी, मन, आँख और कान सबको देवता माना गया है। इसमें प्राण को ब्रह्म कहा गया। वहीं ज्ञान का आनन्द भी ब्रह्म है। ब्रह्मसूत्र में आकाश भी ब्रह्म है। उपनिषद् में श्वेतकेतु की एक कथा है। एक दिन उनके पिता ने पुत्र से कहा कि अन्न छोड़ो। उसने अन्न छोड़ दिया। कुछ दिनों के बाद श्वेतकेतु से कहा कि वेद सुनाओ। अन्न के अभाव में मन साथ नहीं दिया। इसी प्रकार जब जल छोड़ा तो प्राण साथ नहीं दिया। इस प्रकार अन्न भी ब्रह्म है और प्राण के अभाव में अन्न सड़ जाता है, तो प्राण भी ब्रह्म है। उपनिषद् काल में ही एक ऋषि शौनक हुए। एक दिन वह अपने गुरु अंगिरा के पास गये और कहा कि किस का ज्ञान प्राप्त करने पर सब कुछ जान लिया जाता

है। अंगिरा ने कहा कि इस सम्पूर्ण जगत का ज्ञान करानेवाले 'ज्ञान' को जान लेने के बाद कुछ जानने के लिए नहीं बचता है।

एक होने के गुण, धर्म और सत्ता में पुरुष, प्रकृति, सत्य, ब्रह्म, ईश्वर सब एक जैसे हैं। इसलिए भारत में बहुत देव हैं, बहुत उपासक हैं। उनके बहुत नाम हैं। चूँकि नाम भी अनन्त है, अतएव परम को एक नाम 'अनन्त' से भी पुकारा जाता है। लोक जीवन में अनन्त चतुर्दशी का उत्सव है। रूप की सीमा है, पदार्थ का गुण क्षर है। नाम होगा तो रूप होगा, रूप के साथ उसकी सीमा निश्चित होगी। नाम के साथ शब्द है और शब्द की व्याख्या है। इसलिए 'ईशावस्य इदम् सर्वम्' कहा गया। यहाँ सब तरह ईश्वर का नाम, गुण, धर्म, तत्त्व और बीज है। अतएव उस अनन्त नाम की जिज्ञासा सदैव बनी रहेगी। जिज्ञासा के माध्यम से उस परम के रहस्य से पर्दा हटाने का और उसको नाम देने का कार्य चलता रहेगा।

जीवन में एक अविच्छिन्न जुड़ाव है। जन्म, मृत्यु और पुनर्जन्म सब उसकी जुड़ाव की कड़ियाँ हैं। अस्तित्व में भी वही अखण्ड भाव है। सब चीजें जुड़ी हैं। मकड़ी के जाल की तरह। अगर हम मकड़ी के जाल के एक धागे को हिला दें या तोड़ दें तो पूरा जाल गिर जाता है। ऐसा ही अस्तित्व है। ऐसी हमारी सृष्टि और हमारा जीवन है। सब कुछ जुड़ा हुआ है। इसलिए इस अखण्ड अस्तित्व का हर एक तत्त्व बस उसी की अभिव्यक्ति है। वह नाम अनन्त रूपों में है। उसका जाल अनन्त है, लेकिन उसका जुड़ाव अखण्ड है। यह अखण्डता भी उसी का नाम है। उसके नाम के बिना कुछ नहीं है।

हर एक नाम तो बस भ्रम है। माया है, क्योंकि परमात्मा अनाम है। हमारा हर एक नाम एक कल्पना होगी। हमारे विचारों का प्रतिबिम्ब होगा। इसकी कोई प्रामाणिकता नहीं होगी। ऋग्वेद के नासदीय सूक्त की ऋचा में ऋषि कहते हैं कि यह सारा फैलाव जहाँ से हुआ, निश्चयपूर्वक कौन जानता है, इसे? यह सारा फैलाव जहाँ से हुआ, उसे तो परम आकाश में रहनेवाला ही जानता होगा, जो इस सृष्टि का अध्यक्ष है। या इस बारे में वह नहीं भी जानता हो, कौन कह सकता है? (सो अंग वेद यदि वा न वेद)। इसलिए जो भी नाम हम उपयोग करते हैं उनकी प्रामाणिकता कोई भी नहीं है। हमारा नाम भी कल्पित है। एक शरीर के कई नाम हैं, कई और रख सकते हैं। लेकिन नाम से हमारा जीवन नहीं है। यह बिना नाम के क्रियाशील और गतिशील है। एक कृत्रिम नाम जीवन में सहयोगी हो जाता है, उसकी उपयोगिता है। जहाँ-जहाँ भेद करना है वहाँ-वहाँ नाम की उपयोगिता है। लेकिन परमात्मा तो

सारी सत्ता का प्रतीक है, वह अभेद का प्रतीक है। जहाँ अनेक हैं, वहाँ तो नाम की उपादेयता भी है, लेकिन जहाँ अनेकता नहीं है, वहाँ तो बहुत उपादेयता भी नहीं है।

यह पुस्तक, 'अस्तित्व की अन्तर्धारा', मनुष्य के मस्तिष्क में प्रवेश कर उसे उद्वेलित और उत्तेजित करे ताकि एक नया नाम, नया रूप और नये विचार हमारे समक्ष आ सकें। सत्य का दर्शन बीज तत्त्व में सिमटा है, जिसके अनन्त नाम, असीम भाव, अज्ञात संसार, अपरिमित ज्ञान और अविनाशी स्वरूप हैं। उस बीज के मिटने-जानने में परमात्मा का स्वाद है। उस सृजन और मिटने के बीच के अन्तराल के लिए–

जिसमें समूचा ज्ञान और सारी रचनाएँ–
सारे देव और उनकी भावभूमि का वर्णन
जीव और ब्रह्म के मध्य,
एक लघु मस्तिष्क की चिंगारी
सदैव बनाती सक्रिय और नवाचारी।।।

–डॉ. मयंक मुरारी
विक्रम संवत्, 2080
गुरुपूर्णिमा, 03 जुलाई, 2023
रांची। मोबाइल: 9934320630

वर्तमान में गहन विचरण

परमसत्ता का द्वार

वृत्तियों पर आधारित निर्णय से निर्मित हमारा संसार रणभूमि का निर्माण करता है। दूसरी ओर अन्तर्दृष्टि के दर्शन पर आधारित निर्णय से जीवन रसभूमि बन जाता है। जीवन रणभूमि बनना है या यह रस और रंग से परिपूर्ण होगा। इसका निर्धारण हमारा दर्शन करता है। जब हम जगत की घटनाओं को गुणाधारित देखते हैं, तो वह दर्शन नहीं है। यह अनुभूतिपरक निर्णय है। पद, पैसा, प्रतिष्ठा और पहचान से परे भी देखने का तरीका है। अन्तर्दृष्टि के समभाव में स्थिर रखकर जब हम देखते हैं, तो ही सही दिखता है। ऐसा देखने वाला औरों से अलग होता है। भारतीय परम्परा में दर्शन की दृष्टि रही है। सनातन काल से ही मानव में जिज्ञासा और अन्वेषण की प्रवृत्ति रही है। प्रकृति के उद्भव तथा सूर्य, चन्द्र और ग्रहों की स्थिति के अलावा परमात्मा के बारे में भी जानने की जिज्ञासा ऋग्वैदिक कालीन मानवों में रही है। इन जिज्ञासाओं का शमन करने के लिए उसके अनवरत प्रयास का ही यह फल है कि हम लोग इतने विकसित समाज में रह रहे हैं। परन्तु प्राचीन ऋषि-मुनियों को इस भौतिक समृद्धि से न तो सन्तोष हुआ और न चिर आनन्द की प्राप्ति ही हुई। अत: उन्होंने इसी सत्य और ज्ञान की प्राप्ति के क्रम में सूक्ष्म से सूक्ष्म एवं गूढ़तम साधनों से ज्ञान की तलाश आरम्भ की और इसमें उन्हें सफलता भी प्राप्त हुई। उसी सत्य ज्ञान का नाम दर्शन है। इस सत्य का दर्शन ही व्यक्ति अपने जीवन में तलाश करता है। ईश्वर की खोज जब तक मन दर्शन के द्वारा ज्ञात नहीं होती है, हमारा हृदय सदैव असुरक्षा में रहता है। कर्म हमारे जीवन की समस्त परिस्थितियों का निर्धारण करते हैं लेकिन हमारे दर्शन के गुण से प्रकट होता है कि हमारी खोज में मनोभावों की भूमिका क्या होनेवाली है?

दर्शन से यह प्रकट होता है कि मनुष्य इच्छाओं से उत्प्रेरित होता है। यह उत्प्रेरणा पशुओं में भय और वनस्पतियों में भूख से उत्पन्न होती है। पदार्थ भी अपने

आन्तरिक गुणों के कारण ही परिवर्तित होते हैं। पदार्थ में तमस के कारण ही स्थिरता होती है। वनस्पति और पशुओं में रजस के कारण गतिशीलता रहती है। मनुष्य में तीनों गुणों का समावेश होता है। हमारी अन्तरात्मा भी इन गुणों को देखती है। सत्व गुण के कारण हमारा दर्शन सन्तुलित और शुभता के लिए होता है। गुणों के कारण ही सूर्य का उदय और अस्त होता है, तापमान बदलता है, ऋतुओं में परिवर्तन होता है और सागर में ज्वारभाटा आता है। हवा का गुण है बहना। अतएव वह सदैव गतिशील रहती है। मन व दर्शन पर गुणों का प्रभाव और गुण तथा प्रकृति के अनुसार हमारा कर्म होता है। कर्म में सत्व, दर्शन में शुभता से सम्भव होता है।

दार्शनिक चिन्तन मूलतः जीवन की अर्थवत्ता की खोज का पर्याय है। वस्तुतः दर्शनशास्त्र स्वत्व, तथा समाज और मानव चिन्तन तथा संज्ञान की प्रक्रिया के सामान्य नियमों का विज्ञान है। दर्शनशास्त्र सामाजिक चेतना के रूपों में से एक है। दर्शन उस विद्या का नाम है जो सत्य एवं ज्ञान की खोज करता है। व्यापक अर्थ में दर्शन, तर्कपूर्ण, विधिपूर्वक एवं क्रमबद्ध विचार की कला है। इसका जन्म अनुभव एवं परिस्थिति के अनुसार होता है। यही कारण है कि संसार के भिन्न-भिन्न व्यक्तियों ने समय-समय पर अपने-अपने अनुभवों एवं परिस्थितियों के अनुसार भिन्न-भिन्न प्रकार के जीवन-दर्शन को अपनाया।

भारत में धर्म और दर्शन एक-दूसरे से अलग नहीं माने गये हैं। धर्म ने जिन तथ्यों का प्रतिपादन अनुभव और ज्ञान के आधार पर किया उन्हीं तत्त्वों को दर्शन में अन्तःप्रज्ञा के तल अस्तित्व के साथ एकात्म होकर जाना गया। धर्म हमारे जीवन में क्रिया पक्ष है तो दर्शन की यात्रा युक्ति के साथ, पथ के निर्धारण से होती है। दर्शन विचार पक्ष है। दर्शन जीवन का सिद्धान्त है तो धर्म उसका प्रयोग। भारतीय दर्शन में सत्य की खोज में बुद्धि की सीमा और शास्त्र के अनेक मार्ग के बीच अनुभव को मार्गदर्शक बनाने की बात कही गयी। यह कहा गया कि सत्य की खोज उस जिज्ञासु या इच्छुक व्यक्ति की योग्यता पर निर्भर करती है, जो अपने लक्ष्य की ओर यात्रा पथ में शास्त्र और बुद्धि के बीच कैसे सन्तुलन कायम रखता है। इसलिए सत्य की खोज में दो परम्पराएँ चल पड़ीं। एक परम्परा वह है, जिन्होंने शास्त्र को स्वीकार कर उसके अनुयायी हो गये, दूसरी परम्परा के लोगों ने अपने सत्य की खोज में हर एक मार्ग का सहयोग लिया, लेकिन अन्ततः बुद्धि को ही प्रमुखता दी।

दार्शनिक भूमिका के आधार पर स्थापित भारतीय जीवन को उल्लास और उत्सव के आधार पर स्थापित किया गया। वैदिक मन्त्रों में भी जीवन के इस उदात्त

भावों को बार-बार उच्चारित किया गया। हमने जीवन में, जीवन के विविध रूपों में सूर्य में, रात्रि में, अरण्यानी में, उषा में, संध्या में, चन्द्र में, वायु में, अग्नि में सभी जगहों पर सौन्दर्य और माधुर्य को देखा। इस माधुर्य और आनन्द को सदैव ही जीवन में वास हो, इसकी कामना की। अथर्ववेद (अथर्व. 19.67 व 1.8) में प्रार्थना है–सौ और सौ से भी अधिक वर्ष हम जीवित रहें। देखने-सुनने आदि में सशक्त रहें। ज्ञान का उपार्जन करें, बराबर उन्नति करते रहें। पुष्ट रहें, आनन्दमय स्वस्थ जीवन व्यतीत करते रहें। अपने को भूषित यानी अमरत्व को प्राप्त करते रहें। जीवन की यह भावना दिव्य और पवित्र के साथ ही सनातन परम्परा की जीवन्त दास्तान है।

दर्शनशास्त्र वह ज्ञान है जो परम सत्य और सिद्धान्तों, और उनके कारणों की विवेचना करता है। दर्शन यथार्थ की परख के लिए एक दृष्टिकोण है। भारतीय दर्शन का इतिहास अत्यन्त पुराना है। यह पीढ़ी दर पीढ़ी अर्जित दर्शन है। भारतीय दर्शन में चेतना की मीमांसा अनिवार्य होती है जो आधुनिक दर्शन में नहीं। मानव जीवन का चरम लक्ष्य दुखों से छुटकारा प्राप्त करके चिर आनन्द की प्राप्ति है। भारतीय दर्शनों का लक्ष्य दुखों के मूल कारण अज्ञान से मानव को मुक्ति दिलाकर उसे मोक्ष की प्राप्ति करवाना है। अज्ञान व परम्परावादी और रूढ़िवादी विचारों को नष्ट करके सत्य ज्ञान को प्राप्त करना ही जीवन का मुख्य उद्देश्य है।

अर्थात् असत् एवं सत् पदार्थों का ज्ञान ही दर्शन है। पाश्चात्य फिलॉसपी शब्द फिलॉस (प्रेम का) सोफिया (प्रज्ञा) से मिलकर बना है। इसलिए फिलॉसफी का शाब्दिक अर्थ है बुद्धि प्रेम। पाश्चात्य दार्शनिक (फिलॉसफर) बुद्धिमान या प्रज्ञावान व्यक्ति बनना चाहता है। पाश्चात्य दर्शन के इतिहास से यह बात झलक जाती है कि पाश्चात्य दार्शनिक ने विषय ज्ञान के आधार पर ही बुद्धिमान होना चाहा है। इसके विपरीत कुछ उदाहरण अवश्य मिलेंगे जिसमें आचरण शुद्धि तथा मनस् की परिशुद्धता के आधार पर परमसत्ता के साथ साक्षात्कार करने का भी आदर्श पाया जाता है। पाश्चात्य दार्शनिक अपने ज्ञान पर जोर देता है और अपने ज्ञान के अनुरूप अपने चरित्र का संचालन करना अनिवार्य नहीं समझता।

भारतीय दर्शन में परम सत्ता के साथ साक्षात्कार करने का दूसरा नाम ही दर्शन है। भारतीय परम्परा के अनुसार मनुष्य को परम सत्ता का साक्षात् ज्ञान हो सकता है। इस प्रकार साक्षात्कार के लिए भक्ति ज्ञान तथा योग के मार्ग बताये गये हैं। हमारी ज्ञानेन्द्रियाँ बाहर की ओर खुलती हैं, हम प्रायः बाह्य जगत् में विलीन रहते हैं। कभी-कभी हमारा ध्यान अन्तर्मुख होता है और हम एक नये लोक का दर्शन करते हैं। तथ्य

तो दिखाई देते ही हैं, नैतिक भावना आदेश भी देती है। वास्तविकता और सम्भावना का भेद आदर्श के प्रत्यय को व्यक्त करता है। इस प्रत्यय के प्रभाव में हम ऊपर की ओर देखते हैं। इस तरह दर्शन के प्रमुख विषय बाह्य जगत, चेतन आत्मा और परमात्मा बन जाते हैं। इन पर विचार करते हुए हम स्वभावत: इनके सम्बन्धों पर भी विचार करते हैं। प्राचीन काल में रचना और रचयिता का सम्बन्ध प्रमुख विषय था, मध्यकाल में आत्मा और परमात्मा का सम्बन्ध प्रमुख विषय बना और आधुनिक काल में पुरुष और प्रकृति, विषयी और विषय, का सम्बन्ध विवेचन का केन्द्र बना।

श्रेष्ठतम का आह्वान

वर्तमान जीवन का प्रयोग इस जिन्दगी के श्रेष्ठतम की प्राप्ति के लिए हो। इहैव यानी यहीं पर। इसी संसार में, इसी शरीर में। यह हमारे लिए आज की चुनौती है। बिना कोई चाहत के हमको इस जगत में भेजा गया। हमें इस शरीर, इस मन और इस तन्त्र में जन्म दिया गया है। हमको कोई छूट नहीं है, न ही कोई स्वतन्त्रता है। हमारे जन्म की यही प्रकृति है तो हमें यह स्वीकार करना है। पुनर्जन्म का भाव चुनौती है कि हम इस जन्म और मृत्यु की प्रक्रिया से स्वयं स्वतन्त्र हो जायें। हमारा इस जगत में होना एक असीम चेतना का आदेश है, तो उस भौतिक बन्धन से मुक्त होना ही हमारे जीवन का लक्ष्य होना चाहिए। पुनर्जन्म का दर्शन ये अवसर और चुनौती भी देता है। यह सम्भावना भी देता है कि हम सुख, दुख और सुविधा में उच्चतर स्थित को प्राप्त करने के लक्ष्य को ही न भूल जायें। यह सोचने लगे कि यह मानव शरीर ही बेहतर है, हम इसको क्यों बदलें और वह दुबारा आना स्वीकार कर लेता है।

मनुष्य को दुख क्यों होता है? जब हम पंचभूत के देह को ही अपना अस्तित्व मान बैठते हैं। इस कारण हम अपनी आत्मा से दूर रहते हैं। जिस कारण हमारी इच्छाएँ अधूरी और वृत्तियाँ अपूर्ण रह जाती हैं। उस इच्छा और वृत्ति को पूरा करने के लिए बार-बार माया के अधीन रक्त और मांस का शरीर धारण करना होता है। जगत के रंगमंच पर जीवन की घटनाओं के साथ आना पड़ता है। वर्तमान परिस्थितियों के आधार पर भविष्य में भी जीवन और मृत्यु के सुख-दुख को उठाना होता है। इसलिए पुनर्जन्म का विचार वर्तमान और भविष्य के बीच का सेतु है, जो हमारे जीवन को विस्तार देता है। यह एक परिप्रेक्ष्य देता है कि जीवन केवल वर्तमान में नहीं है। यह पहले बीज रूप में था, जो आज वर्तमान में अस्तित्व में आया। पुन: इस बीज की यात्रा कल भी जारी रहेगी। इस संसार और शरीर में परिवर्तन लाने, उसको अच्छा बनाने और भय के विचार को समाप्त करने, जीवन का अर्थ तलाशने

में पुनर्जन्म सहायक होता है। यह कहता है कि बस एक जन्म है, उसकी पूर्णता के साथ जुड़ने को। अन्यथा बार-बार आना होगा।

कठोपनिषद् में कहा गया है कि इस जीवन के बाद कुछ है जो आँख से नहीं देख सके, लेकिन मृत्यु के बाद जाता है। वैदिक ऋषियों ने जब मानव जीवन का अन्वेषण किया तो पाया कि यह मानव देह तीन स्तर स्थूल, सूक्ष्म और कारण शरीर से बनी है। स्थूल शरीर का निर्माण पंचभूतों से होता है, जो मृत्यु के साथ खत्म हो जाता है। यह जाग्रत होता है। सूक्ष्म शरीर का निर्माण हमारे मन, चेतना और अनुभूति एवं स्मृति के आधार पर होता है। इसका सम्बन्ध स्वप्नावस्था से होता है। यह हमारे कार्यों का संचित रूप है, जिसके लिए मृत्यु अल्पविराम है और जो आगे बढ़ती जाती है। यह सूक्ष्म शरीर ही पुनर्जन्म का कारण है, क्योंकि सूक्ष्म शरीर मन प्रधान है। उसकी वासना नहीं मरती है। सूक्ष्म शरीर का अर्थ है–हमारे विचार, हमारी कामनाएँ, हमारी वासनाएँ, हमारी इच्छाएँ, हमारे अनुभव और हमारा ज्ञान। इनका समुच्चय रूप सूक्ष्म शरीर बनता है। कारण शरीर प्रकृति के गुण का नाम है। सत्वगुण, रजोगुण और तमोगुण। इन तीनों का नाम प्रकृति है। ये सूक्ष्मतम कण हैं। हमारे शरीर में कपड़ा स्थूल शरीर है, धागा हमारा सूक्ष्म शरीर है और रूई हमारा कारण शरीर है।

इसलिए भारतीय चिन्तन में कहा गया है कि जीवन का लक्ष्य सुख या दुख की प्राप्ति नहीं है। यह हमको बाँधता है। हमें तो वह आध्यात्मिक ज्ञान प्राप्त करना है, जो सुख और दुख के अनुभव से हमको प्राप्त होता है। पुनर्जन्म तभी होता है, जब हम अपने जीवन के लक्ष्यों को इस जीवन में प्राप्त नहीं कर पाते है क्योंकि सुख और दुख एक-दूसरे से जुड़े हैं। एक आयेगा तो दूसरा जायेगा, जैसा कि ऋतुएँ आती और जाती हैं। पुनर्जन्म इन द्वन्द्व से परे जाने की बात करता है। गीता के अध्याय आठ के श्लोक पन्द्रह में कहा गया है कि–मां उपेत्य पुनर्जन्म दुःखालयं अशाश्वतं, नाप्नुवन्ति। यानी एक बार मुझे प्राप्त कर लेने के बाद तुम इस सुख-दुख के संसार में और अधिक नहीं आओगे।

श्रीकृष्ण ने गीता में कहा है कि आब्रह्मभुवनाल्लोकाः पुनरावर्तिनोऽर्जुन। हे अर्जुन, ब्रह्मा से लेकर घास तक, सभी लोकों या संसार के प्राणी को पुनः-पुनः आना होगा। कोई और उपाय नहीं है। पुनर्जन्म के अधीन वे बार-बार लौटते हैं। यह लोक ही नहीं, ब्रह्मलोक भी सृजन और प्रलय के वर्तुल में घूमते हैं। हर एक कल्प के बाद उनका भी पुनरागमन होता है। यह सृष्टि फिर बनती है। ब्रह्मा को भी परिवर्तित होना पड़ता है। वे भी अपवाद नहीं हैं। उस हिरण्यगर्भ में कई लोक हैं।

कई कल्प हैं। ब्रह्म से लेकर ब्रह्माण्ड तक, सब जन्म और मृत्यु के अधीन है। इस स्थिति से बचने के लिए एकमात्र उपाय है–मां उपेत्य तु कौन्तेय पुनर्जन्म न विद्यते। एक बार मुझे जान जाओ। जो इस पंचभूत, जो इस अभिव्यक्ति और जो इस जगत के पीछे है। वह अक्षर है, वह अविनाशी है और वही अनन्त है। उसको जान गये तो उस पुनर्जन्म से अन्त हो गया। आवागमन का कार्य खत्म हो जाता है।

जीवन का जब न आदि है और न ही अन्त है, तब हमारे अस्तित्व की भी कोई सीमा नहीं है। ऐसे में यही एक जीवन का विश्वास है। यही जीवन चुनौती भी है। जीवन के प्रति हमारा दृढ़ विश्वास ही हमें संसार को बदलने का, उसको नियन्त्रित करने का और उसको स्वीकार करने का बल प्रदान करता है। पुनर्जन्म में विश्वास के साथ हम संसार को अपने अनुसार बदल सकते हैं। यह हमारे अन्दर के भय को खत्म कर जीवन का अर्थ तलाशने का अवसर प्रदान करता है। तब हमको यह ज्ञान होता है कि कई जीवन बिना किसी उपलब्धियों के जीने से बेहतर है कि एक अर्थपूर्ण जिन्दगी के सफर पर चला जाये। आखिर परमज्ञान भी तो यह कहता है कि संसार के अस्तित्व को जाना जाये। हम क्यों अस्तित्व में है? पुनर्जन्म दूसरा अवसर प्रदान करता है लेकिन साथ में हमारे वर्तमान जीवन के कर्म भावी जीवन को भी प्रभावित करते हैं। ऐसे में यह जरूर है कि हम सोचें कि जीवन में हम आगे क्या ले जायेंगे। यह हमारे दैनिक जीवन के कर्म, ज्ञान और आचरण से प्रभावित होगा।

वर्तमान जीवन में परमज्ञान को साक्षात करने और उसको जीवन में सफलतापूर्वक अपनाने में विफल हो जाते हैं, वे ही पुनर्जन्म को अंगीकार करते हैं। ज्ञान के अभाव में हर एक प्रयास विफल होता है। शुभ कार्य करने के कारण वह कष्ट में नहीं होता है, लेकिन जन्म लेना होता है। भगवान स्वयं कहते हैं कि इस पुण्य कार्य करनेवालों के लोकों को प्राप्त करके और वहाँ दीर्घ अवधि तक रहने के बाद, वह जो योग से भ्रष्ट हो गया है। शुद्ध और समृद्ध लोगों के घरों में पुनर्जन्म पाता है। यह आवागमन तभी खत्म होगा, जब व्यक्ति अपनी आत्मा को खोज लेगा, जो इस ब्रह्माण्ड का असीम स्त्रोत है। इसके लिए ज्ञान का बोध ही हमारे जीवन को आगे ले जा सकता है।

ज्ञान से परम सत्ता का बोध

जिस व्यक्ति में श्रद्धा और भक्ति है, तथा इन्द्रियों को अपने वश में कर लिया है, वह ही उस परम ज्ञान को प्राप्त करता है। उस ज्ञान के बाद व्यक्ति परम शान्ति में अपने को पाता है। श्रद्धा को केवल बौद्धिक शिक्षा से नहीं प्राप्त किया जाता है। यह एक अद्वितीय गुण है। सकारात्मक मनोयोग की पूरी व्यवस्था को श्रद्धा की श्रेणी में रखा

गया है। उस परम को प्राप्त करने के लिए केवल श्रद्धा नहीं बल्कि भक्ति चाहिए। बिना भक्ति के वह सभी जगह है लेकिन उसको खोजना असम्भव होगा। भक्ति से ही हम संसार की अर्थपूर्णता को अनुभूत कर पायेंगे। ज्ञान की यह परिभाषा भगवान ने गीता के चौथे अध्याय के उनतालीसवें श्लोक में दिया है। ज्ञान और विज्ञान में कई समानताएँ हैं। दोनों में खोज शामिल है। विज्ञान की खोज जीवन के बाहरी सौन्दर्य और सुगन्ध की यात्रा है। ज्ञान की खोज आन्तरिक जीवन के सौन्दर्य की अन्तर्यात्रा है। विज्ञान की गति रेखीय है, ज्ञान की गति चक्रीय है। इतिहास में ज्ञान और विज्ञान की खोज की एक लम्बी परम्परा है। दोनों क्षेत्र में खोज अद्वितीय और अप्रतिम है।

शरीर और जीव इन दोनों का पारस्परिक द्वन्द्व जब सामने आया, तो यह सवाल उत्पन्न हुआ कि ऐसी कौन सी चित्त-वृत्ति या रहन-सहन है जिसके द्वारा इन्द्रियों के विषय जीव के ऊपर अपना अधिकार जमा नहीं पाते। गीता के 13 वें अध्याय के पाँच श्लोकों में कहा है कि सद्गुण ज्ञान का रूप है और इसके विपरीत जो जीवन है, वह अज्ञान है। इसमें इक्कीस प्रकार के आचार या वृत्तियाँ हैं–जैसे, मान, पवित्रता, आत्म संयम, शान्ति या क्षमा, आर्जव या हृदय, ईश्वर की अन्नय भक्ति, एकान्त, आत्मसंयम आदि। अच्छा ज्ञान वह है जो कर्म की प्रेरणा या भावना सब प्राणियों में दैवी गुण मान कर करता है। यही कर्म जब अलग-अलग विचार कर किया जाये तो वह रजोगुण है। जो बिना किसी भाव या विचार कर किया जाये तो वह तमस है। जब फल की आसक्ति नहीं हो, सफलता और असफलता में निर्विकार रहता है, ऐसे कर्म, विचार और ज्ञान को सत्व प्रधान होता है।

ज्ञान की परम्परा को भारत में सबसे ज्यादा प्रमुखता से स्थान दिया गया है। ज्ञान का अर्थ केवल जानकारी नहीं है, बल्कि निरन्तर चिन्तन और बुद्धि तथा शास्त्र के आधार पर आन्तरिक गहराई में उतरकर प्रत्यक्ष अनुभूति को विशुद्ध ज्ञान कहा गया। यह ज्ञान हमारे त्याग, संयम और तप की गुणवत्ता और तीव्रता पर निर्भर करता है। कठोपनिषद् में नचिकेता की कथा है। वह साक्षात मृत्यु से धन, पद और अमरता की नहीं, ज्ञान की माँग रखता है। महान व्याकरणाचार्य पाणिनि की लोक प्रसिद्ध कथा है। उनको व्याकरण के अलावा कुछ नहीं सूझता था। एक दिन व्याकरण पढ़ा रहे थे, तब बाघ आ गया। वह अपने शिष्यों को व्याघ्र की व्युत्पति बता रहे थे कि–व्याजिघ्रति स व्याघ्रः। पाणिनि व्युत्पत्ति समझाने में मग्न थे, जबकि शिष्य बाघ के भय से भाग चुके थे। और बाघ ने पाणिनि को अपना भोजन बना लिया। यह ज्ञान की उपासना की पराकाष्ठा है। भारतीय परम्परा में ज्ञान किसी भी मूल्य पर

बेचा-खरीदा नहीं जा सकता। जिज्ञासा या सच्चे तत्त्व को जानने की उत्कट इच्छा से ज्ञान प्राप्त किया जा सकता है।

हमारा ज्ञान विषय और वस्तु आधारित है। पदार्थ नहीं है, तो ज्ञान भी नहीं रहेगा। सारे विषय खत्म हो जायें तो हमारा ज्ञान भी शून्य हो जायेगा। फूल को देखकर सौन्दर्य का, सूरज को देखकर प्रकाश का और रात को देखकर अन्धकार का ज्ञान होता है। हम सौन्दर्य के मूल को नहीं जानते हैं, जो केवल सौन्दर्य हो, केवल शुभ हो। वैसा सत्य-ज्ञान बाहर से नहीं आता है और जो बाहर से आये, जानना कि वह ज्ञान नहीं है, मात्र जानकारी ही है। ज्ञान भीतर से जागता है। वह आता नहीं, जागता है और उसके लिए परदे बनाने नहीं तोड़ने होते हैं।

ऋग्वेद में ज्ञान एक देवता है। (10.71)। ज्ञान को उपास्य देवता कहा गया क्योंकि उसके निकट होना उपासना है। सर्वसार उपनिषद् में उत्पत्ति और विनाश से रहित नित्य चैतन्य को ज्ञान कहा गया। इसका सम्बन्ध हमारी इन्द्रिय ज्ञान से नहीं है। यह हमारे चैतन्य स्वभाव से जुड़ा है। ऋषि कहते रहे हैं कि व्यक्ति के भीतर भी जो चैतन्य का अणु है, वह अलग-अलग नहीं है, वह एक ही है–ऊपर के रूप अलग हैं, भीतर जो चेतना है वह एक है। जैसे हम भीतर प्रवेश करते हैं और हमारा मिटकर अस्तित्व के साथ संलग्न होते हैं, तब हम उस असीम प्रकाश या ऊर्जा के साथ अस्तित्व का हिस्सा हो जाते हैं।

गीता में ज्ञान, भक्ति और कर्म का मार्ग हमारी पहचान, हमारी भावना और हमारे आचरणों को परिलक्षित करते हैं। कर्ममार्ग के बिना कोई विनिमय सम्भव नहीं है तो भक्ति के बिना हम जड़वत हो जायेंगे और ज्ञान के कारण ही हमारा अर्थ होता है! यह मूल्य का निर्माण करता है। जीवन में इस त्रि-आयाम का संयोजन ही शिखर का आरोहण है। जीवन की सर्वश्रेष्ठ क्रिया तब होती है, जब मस्तिष्क (ज्ञान), हृदय (भक्ति) और हाथ-पैर (कर्म) का एक साथ संयोजन होता है। योगी ही एक साथ कार्य करता है, विचार करता है और उसकी समझता भी है।

वृहदारण्यकोपनिषद् के अध्याय चार में कहा गया है कि वह परम सत्ता मैं हूँ। जो पुरुष उसको जान जाता है, उसको क्या चाहिए? वह ईश्वर हो जाता है। भारतीय चिन्तन परम्परा की यह अद्‌भुत बात है कि एक व्यक्ति ज्ञान से परमसत्ता का बोध करता है। अथर्ववेद में कहा गया कि एको ह देवो मनसि प्रविष्टः प्रथमो जातः स गर्भे अन्तः। एक ही देव है, वह भीतर प्रविष्ट है। वही पहली बार प्रकट हुए, वही गर्भ में बार-बार आते-जाते हैं। (10.8.29)। विज्ञान अपनी तलाश से पदार्थ लघुतम रूप को प्रकाश, विद्युत तरंग और ऊर्जा बताया है। यह विद्युत तरंग हर एक पदार्थ

की सच्चाई है। हर एक पदार्थ स्वाभाविक रूप से विद्युत तरंग है। उसके लघुतम अणु से ऊर्जा नि:सृत हो रही है।

यहाँ एक सत्य है। वह सम्पूर्ण है और उनकी अभिव्यक्ति से यह अस्तित्व पूर्ण है। इसी का ज्ञान वास्तविक ज्ञान होता है। श्रीकृष्ण भी ज्ञान में परितृप्ति की बात करते हैं। उनका कहना है कि चाहे हम पापियों में सबसे अधिक पापी हों, फिर भी ज्ञान की एक किरण से तुम पाप के पार चले जाओगे। इस संसार में इतनी पवित्रता प्रदान करने वाला कुछ भी नहीं है, जितना ज्ञान या आध्यात्मिक ज्ञान है। योग की पूर्णता प्राप्त करने के बाद कोई भी इसे अपने में देख सकता है। ज्ञान की अग्नि में जो जलता है, वह स्वयं में इससे आनन्दित रहता है। इस अग्नि के कारण बहुत कष्ट में भी विचलन नहीं होता है। वह ज्ञान जो आन्तरिक प्रज्ञा से आता है, वही मनुष्य को सर्वोच्च शिखर की ओर ले जाता है।

अन्त:प्रज्ञा के ज्ञान से चेतन रूप से परमज्ञान को प्राप्त किया जाता है। यह एक पूर्ण विलय है, जो अज्ञान के खत्म होने पर प्रकट होता है। ज्ञान के माध्यम से हम अपने मूल स्रोत पर पहुँच जाते हैं, जो कि ब्रह्माण्ड का भी मूल है। इस ज्ञान के माध्मय से महात्मा बुद्ध ने परमज्ञान को प्राप्त किया, आइन्स्टीन ने सापेक्षता का सिद्धान्त दिया। इन्द्रियों से प्राप्त ज्ञान से हम बौद्धिक स्तर के उच्चतर स्थान तक पहुँच पाते हैं, लेकिन अन्त:प्रज्ञा से प्राप्त ज्ञान हमारे चैतन्य में अन्तर्निहित वास्तविक ज्ञान को उद्भासित कर देता है, जो खुद ज्ञानस्वरूप है। वेदान्त में भी ईश्वर को परम ज्ञान कहा गया है, जो वेद निहितं गुहायाम यानी वह हमारे हृदय के गह्वरों में छिपा है। वह असीम है, लेकिन लघुतम कणों में भी परिव्याप्त है। इस कारण भारतीय चिन्तन में कहा गया कि कण-कण में भगवान का वास है। इसलिए श्रीकृष्ण कहते है कि– सर्वं कर्माखिलं पार्थ ज्ञाने परिमसाप्यते का। यानी सभी कर्मों को ज्ञान में रूपान्तरित करो। न हि ज्ञानेन सदृशं पवित्रं इह विद्यते यानी इस संसार में ज्ञान के जैसा पवित्रकर और कुछ भी नहीं है। ज्ञान की यात्रा के लिए जीवन स्वयं ही पाठ पढ़ाता है। इसमें धर्माधारित ज्ञान हमें सदैव प्रकृति के विविध आयामों से प्राप्त होता है। जीवन की तरह प्रकृति का स्वभाव है, अस्तित्व की गति है और सभी सजीव का कर्म और शिखर का आरोहण है।

ऋतुएँ देती हैं जीवन का पाठ

सांसारिक जीवन के लिए ऋतुओं का चक्र एक पाठ है। भारतीय जीवन में धर्म का आधार ऋतु को माना गया। यह विराट भी ऋतु का ऋत यानी अनुशासन पर

आधारित है। अस्तित्व में जीवन चल रहा है। इसमें वृक्ष में कब फूल खिलेंगे, कब फल और कैसे पौधे बड़े होंगे। इसका निर्धारण कोई नहीं करता है। यह अपरिवर्तित नियम यानी ऋत पर यह स्वाभाविक होते हैं। इसे धम्म, धर्म, शील कहा गया है। भारतीय जीवन में सूर्य को ऋत का नियामक माना गया है। वह ऋत का अनुगमन भी करता है। यह ऋत नियमचक्र है। इसी कारण मौसम के अपरिवर्तनीय नियम के कारण उसको ऋतु कहा गया।

ऋतुओं की तरह हमारे जीवन का स्वभाव है। हम उस स्वभाव को स्वीकार नहीं करते हैं। अस्तित्व परिवर्तन लाता है, ताकि हम सीख सकें। हमारी क्षमताओं का विकास हो सके। इच्छा के द्वारा कुछ पाना सम्भव नहीं है। उसके बोझ से भीतर एक तनाव जरूर रहेगा। इच्छा का होना भी थकाता है। ऊर्जा का अपव्यय होता है। हमारी इच्छा और प्रयास से जो प्राप्त होता है, वह बोझ बन जाता है। केवल वही सदैव हमारे साथ रहता है, जो प्राकृतिक होता है। अंटार्कटिका में जहाँ हजारों पेंग्विन्स अपने अण्डे देते हैं, तब तापमान माइनस में होता है। जीवन बचाना सम्भव नहीं लगता है। ऐसी स्थिति में सारी पेंग्विन्स अपने-अपने अण्डे को बचाने के लिए एक-दूसरे से सटकर खड़े हो जाते हैं, ताकि उनके शरीर को गरमी मिले और अण्डों का प्रजनन हो सके। भयमुक्त जीवन और विकास के लिए बदलाव को स्वीकार करना होगा।

प्रकृति में मौसम का आना, मौसम के अनुरूप नदी, पहाड़, मैदान अपनी प्रकृति और स्वरूप को निर्धारित करते हैं। जंगल, पेड़-पौधों में गति और विकास होता है। एक मौसम में प्रकृति अपने को सहजती है, तो दूसरे मौसम में चहकती है। दिन में सूर्योदय के साथ जीव का उठ जाना, रात को अपने घर को वापस जाना सब कुछ ऋतु है। ऋतु के अनुसार हमारे शरीर की क्रिया घटती और बढ़ती है। खाने को पचाना बरसात में कठिन, जाड़े में सहज होता है। जिससे हम आते हैं और जिसमें अन्त में लीन हो जायेंगे। वह अचेतन नियम के तहत यात्रापथ का निर्धारण करते हैं। कुछ फल मौसम के अनुसार आते हैं, तो कुछ फल जैसे बेल के लिए पूरे संवत्सर तक इन्तजार करना होता है।

अस्तित्व में जो भी दिव्य है, वही वास्तविक है। अपने वास्तविक स्वभाव को बदलने का प्रयास सदैव ही पीड़ा लाता है। इस अस्तित्व में हम एक छोटे अणु हैं और यह अस्तित्व विराट है। विराट को यह अणु अपनी इच्छा के अनुसार नहीं बदल सकता है। विराट ही जीवन और जगत को चलायेगा। बस हमको साथ चलते

जाना है। ऋतुएँ इस भाव को अभिव्यक्त करती हैं। अस्तित्व में ऋतुएँ बदलती हैं, परिस्थितियाँ भी बदलती जाती हैं। लेकिन हम उसको देख नहीं पाते हैं। एक ऋतु के बाद दूसरी ऋतु आती है। यह स्वाभाविक है। अब इस बदलाव में अवसर देखने के बदले हम परिवर्तन से दुखी हो जाते हैं। पहले एक ऋतु आती है, उसके बाद दूसरी ऋतु। एक में सुख और दूसरे में दुख की अनुभूति करना गलत है।

दुख परिवर्तन के कारण नहीं होता है। यह हमारे स्वभाव के कारण होता है, जो एकरेखीय गति करता है। परिवर्तन का उपयोग करने में जब हम अपने को असमर्थ पाते हैं, तो बदलाव को दोष देते हैं। गरमी में ताप रहेगा, बरसात में बारिश होगी। ऋतु का स्वभाव है परिवर्तन। यह अस्तित्व का नियमचक्र है। इससे बदलाव होगा। बादल के टूटने से बारिश होती है। मिट्टी को तोड़ कर, कोड़ कर खेत बनाया जाता है। बीज जब टूटता है तो पौधे का जन्म आता है। पत्थर टूटता है, खण्डित होकर शालिग्राम बन जाता है। अस्तित्व में टूट, खण्डन, बदलाव अकारण नहीं होता है। यह बेहतर के लिए होता है। ऋतुएँ यह सीख हमें जीवन में देती हैं।

ऋतु जीवन है। ऋतु उत्सव है। ऋतुओं के कारण प्रकृति की गति है और जीवों में नृत्य होता है। ऋतु हमारे जीवन के विधान का निर्धारण करती हैं। यह विधान सदैव ही सूर्य को केन्द्र में रखकर किया जाता है। जब जीव की आयु एक ऋतु की होती तो यह सोच सकते हैं कि सृष्टि पर सनातन रूप से वसन्त या वर्षा या शरद ऋतु ही रहेगी, और काल की गति एकरेखीय है। यह वृत्तीय नहीं है। परन्तु हम जीवन काल में देखते हैं कि ऋतुएँ आती हैं और चली जाती हैं। यह ठहरती नहीं है। पुनः इनका आगमन होता है। अस्तित्व में यह परिवर्तन चक्र निरुद्देश्य नहीं है। इस स्वाभाविक क्रिया को समझने और इसका सहभागी होने के लिए अस्तित्व के विकास के साथ मनुष्य का तथा मनुष्य के विकास के साथ में सूर्य और ऋतुओं के ऋतचक्र यानी नियत विधान का जन्म हुआ।

जो हम पाना चाहते हैं और जो हमें मिलता है उसमें बहुत बड़ा फासला होता है। हमारी इच्छाएँ और हमारी पूर्ति के बीच एक क्षितिज का फासला रह जाता है। जहाँ ऊर्जा का आवेग तीव्र है, वहाँ दूरियाँ रह जाना स्वाभाविक है। इसलिए ऊर्जा के चरणबद्ध तरीके से रूपान्तरण में ही हमारी सफलता का राज छिपा है। यह रूपान्तरण कैसे हो? ऋतु से हम सीख सकते हैं। गरमी के बाद बरसात का आना स्वाभाविक है। जब धरती पर गरमी है, तो उसी के अनुरूप प्रकृति फल, फूल और सब्जी तथा अन्न उपजाती है। ताप में रस और जल चाहिए। तो आम, तरबूज जैसे

फल उपलब्ध होते हैं। यह एक सीख है कि कैसे हम भी जब कठिन समय हो, तो अपने को मधुर और सरल बनायें। जब बरसात आये, तो उसमें भीगें। यह शरीर के ताप को मिटाने का अवसर है। शरद शक्ति के संचयन का संकेत देता है। अब इन ऋतुओं के विपरीत हमारे हावभाव या चाल से हमारे जीवन में पीड़ा और दुख ही आयेंगे। मौसम संकेत देते हैं, सिखाते हैं और प्राकृतिक तरीके से सीखते हैं कि ऋतुएँ बदलती हैं, तो हमारे जीवन की स्थितियाँ भी बदलती रहेंगी। यह स्थिर नहीं रह सकतीं।

प्रकृति में अक्षय जीवन

सभी रूप और आकार के सृजन और विसर्जन का नाम प्रकृति है। वह ब्रह्माण्ड का मूल स्रोत है, जिसमें से सभी सजीव और निर्जीव निकलते हैं और विलुप्त हो जाते हैं। यह दैवी अनुभूति का सगुण स्वरूप है जो सदैव ध्यानस्थ और क्रियाशील है। जब हम अपने अन्त:करण में स्थित चेतना को मौन में समर्पित करते हैं तो वह प्रकट होती है। हम मौन में प्रकृति की आवाज को सहज सुनते हैं। इस मौन में बादलों को, बहते पानी को, पक्षी के कलरव, पेड़ों के नृत्य को, जीवन देनेवाले अन्न को रस में बदलकर जीवन का आरोहण करती है। प्रकृति न नेचर है और न ही क्रिएशन का रूप है। जो हमारे दृष्टि के समक्ष है और जो ओझल है, सब प्रकृति है। बहुत-सी घटना बाह्य प्रकृति में घटित होती हैं, और मनुष्य उसके सुख या दुख की अनुभूति अपनी आन्तरिक प्रकृति में करता है। एक पौधे का जन्म दृश्य के समक्ष नहीं होता है, लेकिन जब उस पौधे पर फूल आता है तो उसकी सुन्दरता की अनुभूति हमारे मन को प्रभावित करती है।

प्रकृति अपने असीम संसार में सौन्दर्य का आवरण धारण करती है। वह सदैव नये रहस्य मनुष्य की खुशी और सुख के लिए प्रकट करती रहती है। प्रकृति ही जीवन की यात्रा को सिखाती है। प्रकृति की दिनचर्या प्रार्थना से शुरू होती है। पहाड़ की चोटी से नीचे जब पानी अनाम पत्थर पर गिरता है तो वह प्रकृति के साथ अभिषेक करता है। जल के कम्पन, धारा और स्वर के साथ प्रार्थना की प्रतिध्वनि समूचे वातावरण को जाग्रत करती है। ये पेड़ और वनस्पति सभी आपस में बात करते हैं, एक-दूसरे से मिलने जाते हैं। वापसी में रास्ता दिखाने का काम जुगनूओं का होता है। दिन भर झरते पत्तों के साथ रात को उम्रदराज होती वनस्पति सुबह फूलने को उत्सुक वनस्पति को सिखाती है।

प्रकृति के पास संगीत की समृद्ध परम्परा है। जंगल में बहती हवाओं में एक

मद्धम राग होता है। वह भी ऐसा कि सुनने का इच्छुक ही सुन पाये। राग के साथ पेड़ सतर्क होते हैं ताकि उसमें बाधा न आये। परन्तु सुबह की रोशनी आती नहीं कि हल्के कलरव की आवाज से खामोश तथा साँस रोके पत्तों में हवा के चलने से एक अनाम राग बज उठता है। उस मोहक राग को गाती-बजाती सारी वनस्पति मुदित मन से डोलने लगती है। प्रकृति में यह सहज होता है। उसके पास संगीत का अक्षय कोष है। फिर कुछ देर बाद पक्षियों की चहचहाहट शुरू हो जाती है। पक्षियों की आवाज को सुनिए, कभी ऊपर-नीचे नहीं होती है। और न ही भटकती है। सभी पक्षी एक सुर में गाते हैं। जंगल में जब पक्षियों का कलरव होता है, तो प्रकृति सदैव व्यक्ति को बड़े होने का एहसास कराती है, व्यक्ति जब ऊँचाई से गहराई को झाँकता है तब उसको अपने छोटेपन की नहीं बल्कि बड़प्पन की अनुभूति होती है। स्टीफन हाकिंग ने इसलिए कहा कि ईश्वर के दिमाग को समझना है, तो प्रकृति कि नियमों को समझना होगा। उसके कार्य की अनुभूति करनी होगी।

जीवन सुन्दरता से भरपूर है। इसे देखिए। भँवरों की गुंजन, इन्द्रधनुषी आकाश, चलते बादल, खिलखिलाते बच्चे। हर एक क्षण प्रकृति में सृजन और सौन्दर्य की क्रिया चल रही है। बारिश की महक का आनन्द, हवा में उस परम का स्पर्श और मिट्टी में उसके साकार रूप को देखें तो जिन्दगी सम्भावना से परिपूर्ण बन जायेगी। विराट का प्रकटीकरण ही उसका आमन्त्रण है कि हम बर्फ को देखकर रोमांचित होते हैं, हवाओं में जीवन का स्पर्श करते हैं, सूरज की धूप सुकून देती है और बारिश ताजगी से भर देती है। प्रकृति में अच्छा-बुरा मौसम जैसी कोई चीज नहीं होती है। यह बस उस परमात्मा का रूप, रंग और रस का साकार स्वरूप है। वियतनामी बौद्ध भिक्षु तिक न्यात हन्न कहते हैं कि गाजर के एक टुकड़े को छूते हैं, तो उसको महसूस करें। बारिश और धूप को भी छूकर हम अस्तित्व से जुड़ सकते हैं। सम्पूर्ण पृथ्वी को स्पर्श कर सकते हैं। जब हम ऐसा करते है तो जिन्दगी अपनी जड़ों से जुड़ जाती है।

अस्तित्व में ईश्वर की सत्ता का बोध करना है तो प्रकृति को ध्यान से देखना होगा। इस सृष्टि में हर एक तत्त्व और सत्ता की अपनी गति है। जीव जगत की भी अपनी गति है। उसका ठहराव है और पुनर्गमन है। हमारा मन सोचता है और मानता है कि हम अपनी इच्छा के अनुसार अपना जीवन चला रहे हैं, जबकि ऐसा नहीं होता है। वही होता है, जो उसकी इच्छा होती है। प्रकृति इसका सन्देश देती और सिखाती है। रैल्फ वॉल्डो एमरसन कहते हैं कि प्रकृति स्वाभाविक गति से चलती है। लाख कोशिश कर लें, कितना भी बीज डाल दें, लेकिन रातोंरात पेड़ नहीं बनता है।

विकास की एक पूरी प्रक्रिया है। वह अपनी गति और विकास को दैवी गति के साथ स्वाभाविक रूप से जोड़े हुए हैं। पेड़ पर शाखाएँ फूटेंगी, पत्ते नये और पुराने होते रहेंगे, जड़ें धरती में और गहरी होती जायेंगी, धरती पर पेड़ की पकड़ मजबूत होगी तो आकाश में वह और दूर तक लहरायेंगे। यह सब होगा, लेकिन स्वाभाविक रूप से परिवर्तन होगा। इस स्वाभाविक प्रक्रिया में ही दैवत्व के लक्षण हैं। इस विकास में न कोई शोर है, न कोई घोषणा और न ही कोई उत्सव। क्योंकि प्रकृति सदैव ही आनन्द में है। उत्सव का प्रकटीकरण ही आनन्द में होता है। प्रकृति में सदैव उत्सव चलता रहता है। यही कारण है कि चीनी दार्शनिक लाओत्सू ने कहा कि वनस्पतियों का दिल हमारे इन्सान के माफिक नहीं होता है।

प्रकृति नृत्य मगन है। प्रकृति का हर एक अणु और उसका परमाणु नृत्य कर रहा है। पृथ्वी भी अपनी धुरी पर नृत्यरत है। आकाश में मेघ, वनस्पतियों में पत्तियाँ, नदियों में जल सब नृत्य में लीन है। शरीर के केन्द्र यानी अन्तःकरण में आनन्द का नृत्य लगातार चल रहा है। शरीर, प्रकृति, शक्ति इस अस्तित्व की परिधि है। अन्तःकरण, पुरुष और शिव हमारे जीवन-जगत के केन्द्र हैं, जहाँ उल्लास और उमंग का भाव उमड़ता है तो वह हमारे देह की परिधि पर प्रकट होता है। जीव, जीवन से आच्छादित प्रकृति और पंच तत्त्वों से बना चर-अचर तत्त्वों में यह आनन्द सदैव नृत्य का रूप धारण करते हैं। इसका न कोई नाम है और न ही कोई विशेष रूप। सब परिवर्तनकारी है। नामकरण हमारा है।

अस्तित्व में कोई नामकरण नहीं है...

अस्तित्व की हर एक रचना के भीतर सदैव एक धारा बह रही है। यह धारा उस विराट से जुड़ी है। अस्तित्व के साथ उस धारा का स्मरण सतत चलता है। लेकिन हमें इसका ज्ञान नहीं होता है। इस कारण हम अस्तित्व के स्मरण के लिए संज्ञाओं का उपयोग करते हैं। जितने शब्द हैं, जितनी ध्वनियाँ हैं और जितने भाव हैं। सब अपूर्ण हैं। ये सारी संज्ञाएँ हमारे शब्द हैं। ये अस्तित्व के शब्द नहीं हैं। अस्तित्व शब्द भी इसलिए क्योंकि यह भाव ज्यादा है। इसमें होने यानी बीइंग का भाव है। यह है, दिखता है। लेकिन इसके बाद इसके सारे शब्द उस अज्ञात का अपूर्ण नामकरण है। अज्ञात के नामकरण के लिए ऋषियों ने जिस एक ध्वनि का सहारा लिया, वह ओंकार है। वह ओम ही हमारे सभी विचार एवं वाक्य की शुरुआत बन गया। वैदिक ऋचाओं की शुरुआत इस ओंकार के उच्चारण से होती है।

इतिहास में राजा मिनांडर और बौद्ध गुरु नागसेन (नागार्जुन) की एक महान

चर्चा का विवरण मिलता है। इस ग्रन्थ का नाम मिलिंदपन्हो है। मिनांडर पूछता है कि आप कौन हैं? नागसेन कहते हैं कि मैं नागसेन हूँ। राजा कहते हैं कि यह संज्ञा है। मांस, मज्जा, खून, अस्थि और चर्म से ढका नागसेन है? बौद्ध गुरु कहते हैं कि नहीं, वह भी नागसेन नहीं है। राजा कहते हैं कि तब रूप, नाम, भावना, संस्कार के साथ जो देखता है, सुनता है, बोलता है और महसूस करता है। क्या वह नागसेन है? गुरु नागसेन कहते हैं कि नहीं। प्रति प्रश्न में नागसेन पूछते हैं कि राजन आप कैसे आये? राजा जवाब देते हैं कि रथ से। रथ उधर खड़ा है। नागसेन कहते हैं कि वहाँ रथ कहाँ है? वहाँ चक्का है, घोड़ा है, रस्सी है, चाबुक है और कोचवान है। यह सब रथ नहीं है। यह संज्ञा भर है। इस संज्ञा के साथ यथार्थ में कोई व्यक्ति नहीं होता है। वह नाम, रूप, पंच तत्त्वों के आधार पर खड़ा एक जीव है। मानव, जानवर, वृक्ष, पक्षी, नदी, सागर और पहाड़ एक संज्ञा है। यह हमारे शब्द हैं। अस्तित्व का यह नामकरण नहीं है।

गम्भीर खोज करनेवाले कोई भी साधक पहले नामकरण में नहीं पड़ता है। वह यह सोचता ही नहीं है कि अस्तित्व संज्ञा है, विशेषण है या सर्वनाम। नामकरण के कारण ही सारी दिक्कत है। दृष्टि बदलने से भाव बदल जाता है। भाव बदले तो भाव ही अस्तित्व की हरेक रचना में दिखाई देगा। चट्टान में वह गहरा सोया है। वृक्ष में मूक है, जानवर में ज्ञानहीन है। जो दिखाई पड़ता है, वह दुनिया है। दुनिया के पीछे जो अदृश्य है। वही, वह उपस्थित है। पत्ता, फूल, पानी, अग्नि, पत्थर सबमें वही है। जीवन में संज्ञा का कोई मोल नहीं है। न पानी शब्द है और न ही ईश्वर शब्द है। भूख लगी हो तो भोजन चाहिए। भोजन कहने से कुछ नहीं होगा। मृत्यु के समय अमरत्व का सिद्धान्त काम थोड़े आयेंगे, अमरता का बोध ही काम आयेगा। शब्द रसहीन भाव है। शब्द की यात्रा से कोई भी गन्तव्य को नहीं पहुँच पाता है। कबीर, वाल्मीकि, ईसा और मोहम्मद इसके बेहतरीन उदाहरण हैं। कहा गया है पोथी पढ़कर जग मुआ, पण्डित भया न कोय। शब्द नहीं शब्दों के बीच अन्तराल के मौन में ही सारे जीवन का सार है। एक क्षण को भी वह शब्द की यात्रा टूटी कि अनन्त आकाश की अन्तर्यात्रा शुरू हो जायेगी। शब्द से साधारण जीवन में काम चलता है। असाधारण को प्रकट करने के लिए मौन धारण करना पड़ता है। वहाँ शब्द कम पड़ जाते हैं। मौन ही अस्तित्व का माध्यम है। शब्द आकार है और निराकार को आकार कहाँ से प्रकट कर पायेगा। इसलिए जीवन में मौन का अतीव महत्त्व है। पदार्थ के बहुरूप को हमने विविध नाम दिये। कहीं पदार्थ को पहाड़ कहा, कहीं पदार्थ को बादल बताया। कहीं वह बर्फ है। कहीं पदार्थ का रूप आकाश हो गया। पदार्थ ही

पृथ्वी है, और जल तथा वायु भी। पदार्थ ही प्रकृति है। यह अनन्त रूपों में है। इसी प्रकार ईश्वरीय चेतना को भी हमने विभिन्न नाम दिये। इस चेतना को बुद्धि, मन, सुधि, स्मृति, प्रतिभा और मनीषा विभिन्न नाम और भाव से चित्रित किया है। साधु में सुधि यानी स्मरण है। बुद्धिमान में वह बुद्धि, खोजी में प्रतिभा और दार्शनिक में वह मनीषा हो जाता है। नानकदेव जी अपनी किताब जपुजी में कहते हैं कि यह सब– मति, स्मृति, मन, बुद्धि, प्रतिभा, सुधि–सब खेल है चेतना का। अलग-अलग ढाँचे हैं। इस ढाँचे में हम जो भी जानेंगे, वह सीमित होगा। इन ढाँचों के भी ऊपर जाना है।

सृष्टि में सारी चीजें निरन्तर परिवर्तनशील और गतिशील हैं। दिन-रात, सुख-दुख, जाड़ा-गरमी, जीवन और मृत्यु तथा युद्ध और शान्ति सारे शब्दों में एक शब्द है। प्रकृति के निरन्तर रूपान्तरण और अन्तर-व्यवस्था में ईश्वर को बिल्कुल महसूस किया जा सकता है। इस रूपान्तरण में एक सत्ता को भी देखा जा सकता है। इस रूपान्तरण की प्रक्रिया को चार बीज तत्त्व पृथ्वी, हवा, अग्नि, पानी और आकाश में विभक्त किया गया है। यह नाम भी संज्ञा भर है। नामकरण की प्रक्रिया रूपान्तरण की तरह चलती है। हमारी आँख में पृथ्वी है। इसमें अग्नि, हवा, पानी भी है। अतएव आँख में चारों तत्त्व हैं। संज्ञा का नामकरण इतना सहज और जटिल दोनों है कि हर चीज में हर चीज दिखती है। मानव की हर एक कोशिका में हर तत्त्व मौजूद है। हर सूक्ष्म में सम्पूर्ण अस्तित्व का विद्यमान होना सारे नामकरण को गौण सिद्ध कर देता है।

सारी सृष्टि एक खेल

सारी सृष्टि खेल है। यह बड़े खेल का रंगमंच है। वैसे भी जिस संसार में हम रहते हैं, उसकी कल्पना रंगमंच के समान होती है। यह विभिन्न पात्रों से भरा है लेकिन इसकी न तो पटकथा है और न ही कोई निर्देशक है। रंगमंच पर हमारी भूमिका सीमित है, हमारी भूमिका भी निश्चित है। हम अपनी भूमिका बदलते हैं, संवाद में भी बदलाव करते हैं और अन्तत: रंगमंच से विदा हो जाते हैं। नाटक जारी रहता है। नायक हो, या खलनायक सबका आगमन के साथ प्रस्थान का समय तय हो जाता है। इसके नेपथ्य में कौन है?

यह पता ही नहीं चलता है, इसलिए हम इसे लीला कहते हैं। यहाँ लीला चल रही है। भारतीय जीवन की ऋषियों ने गहरी खोज की है कि परमात्मा के लिए सृष्टि का कोई काम नहीं है, कोई मतलब नहीं है, कोई प्रयोजन नहीं है। यहाँ सब खेल है। इसलिए वह लीला है। लीला का अर्थ होता है कि सारी सृष्टि एक खेल है। इस

अस्तित्व के बाहर कोई लक्ष्य नहीं है। यह संसार किसी साध्य के लिए साधन नहीं है। विज्ञान की भाषा में यह तो मात्र ऊर्जा का एक खेल है। ऊर्जा स्वयं से खेलने में आनन्दित रहती है। वह स्वयं को विभाजित करती है, स्वयं में गतिमान रहती है। इसलिए जो आदमी अपने जीवन में लक्ष्य छोड़ दे और वर्तमान के क्षण में ऐसा जीने लगे, जैसे खेल रहा है, वह आदमी परमात्मा का अनुभव करने में सफल हो जाता है। अगर हम जिन्दगी को एक काम समझते हैं, तो हमारी जिन्दगी में एक बोझ होगा। और अगर जिन्दगी को हम खेल यानी लीला समझते हैं, तो जिन्दगी निर्बोझ हो जायेगी। जीवन में अर्थ की खोज बिना कारण की क्रियाशीलता से मिलती है। ऐसी क्रियाशीलता जिसमें कोई अड़चन नहीं है कि ऐसा क्यों हो रहा है? ऐसा क्यों नहीं हो रहा है? यह बुरा आदमी क्यों है? यह भला आदमी क्यों है? महाभारत युद्ध में मरनेवाले भी कृष्ण और मारनेवाले भी कृष्ण। दोनों तरफ ईश अंश है। दोनों तरह से लड़ाई चल रही है। और वह ईश्वर अकेला है। राम-रावण का युद्ध चल रहा है। जो राम में है, वही रावण में है। परमात्मा खेल रहा है। भारतीय चिन्तन में ईश्वर को लीलाधारी कहा गया। वह खेल रचता है, वही बस खेलता है। वह सृष्टि को धारण नहीं किया है, वैसे भी हम भी शरीर को धारण नहीं किये हैं। यह शरीर और सृष्टि के माध्यम से खेल चल रहा है।

जब सृजन की अवधारणा में हम इससे कोई साध्य और साधन की परिकल्पना कर लेते हैं तो फिर दौड़ शुरू हो जाती है। परमात्मा संसार का सृजन कर रहा है। यह कहना गलत है। सृजन में कुछ पाने की इच्छा रहती है, कहीं कोई कमी है। ऐसा नहीं है, यह सृजन पूर्ण है। इसमें कोई कमी नहीं है। गीता में श्रीकृष्ण कहते हैं कि यह समस्त जगत मेरी अव्यक्त स्थिति द्वारा व्याप्त है, सभी जीव और वस्तुएँ मुझमें स्थित हैं। लेकिन मैं उनमें नहीं हूँ। वे मुझमें हैं, मैं उनसे अलग हूँ। (गीता 9.4)। इस प्रकार इस रंगमंच से कोई विदा हो जाये तो उसमें असीम चेतना नहीं मिलेगी, लेकिन वह अव्यक्त रूप से रंगमंच पर है। जगत में जो व्याप्त है। वह हमारे भीतर भी छिपा है, वह सभी के भीतर भी छिपा है। पत्थर में भी वही सोया हुआ है, वनस्पति में प्राण है, मनुष्य में चेतना है। बुद्ध में वही जागा है, जो पत्थरों में सोया है। यह अजीब लीला है। हम पत्थर की पूजा कर, उस पर जलाभिषेक कर स्वयं की चेतना का विस्तार अनन्त तक कर ले जाते हैं। जो पत्थर में सोया है वही कृष्ण में जागा है। एक ही है। वही सोता है, वही जागता है। वही भटकाता है, वही घर लौट आता है। उसका ही सब खेल है, उसकी ही सारी लीला है। उसका कोई कर्मों का दोष नहीं होता, न ही उसको कर्म के फल की पिपासा है। जब भगवान को कर्म का दोष नहीं है, तो

हम कर्म के बन्धन में क्यों बँधें। जब हम स्वयं को शरीर से पृथक कर लेते हैं तो यह लीला समझ आने लगती है। कर्म के बन्धन बाँधते हैं, लेकिन लीला के बोध के साथ कर्म की आसक्ति खत्म हो जाती है।

कर्त्तापन हमारा भ्रम है। परमात्मा को ऐसा भ्रम नहीं है। वह यह सब करते हुए भी मैं अकर्ता हूँ। हम भी जिस दिन जानेंगे, पायेंगे यही कि सब करते हुए भी अकर्ता हूँ। जिस दिन हम यह जानेंगे, उस दिन हम भी परमात्मा का हिस्सा हो जायेंगे, तब लीला में अपनी भूमिका सार्थक तरीके से निर्वहन करेंगे। कृष्ण को सदैव पता रहता था कि वह जो कर रहे हैं, वह लीला है। वह किसी भी कर्म से बँधकर नहीं रहे। राधा से प्रेम किया, लेकिन जीवन में कभी नहीं मिले। धर्म के लिए वह सब कर्म किया, जो जरूरी था। स्वामी विवेकानन्द ने इस लीला में कैसे सफल हों इसका वर्णन अपनी किताब कर्मयोग में किया है कि–आपका मन पूर्णत: आसक्त है, लेकिन कोई बात नहीं। आप जारी रखिए। थोड़ी अनासक्ति का एक या दो स्थितियों में अभ्यास कीजिए। धीरे-धीरे आप में बल आयेगा, फिर एक समय आयेगा, जब हम कहेंगे कि मैं अनासक्त हूँ। जब मैं शरीर से स्वयं को पृथक कर लूँगा, तब इस लीला में सफलतापूर्वक शामिल हो सकूँगा। वहीं राम का कर्म लीलामय नहीं था। उन्होंने मर्यादा में अपने जीवन को जिया। जीवनभर सम्बन्ध और चरित्र में समन्वय बनाने में रह गये। इसलिए वह मर्यादा पुरुषोत्तम कहलाये। तुलसीदास ने रामचरितमानस को राम की लीला बना दिया। रामचरितमानस में कई कथाएँ हैं। शिव की कथा में काकभुशुण्डि आते हैं, याज्ञवल्क्य के वाचन क्रम में महादेव उपस्थित हो जाते हैं। मानस के सुन्दरकाण्ड में एक दृष्टान्त आता है। माता सीता की भावदशा का वर्णन जब हनुमान करते हैं, तो श्रीराम अश्रुपूरित हो जाते हैं। जो मर्यादापुरुषोत्तम है, वह माया के अधीन हो जाये। यह बात भक्त हनुमान को बेचैन कर देती है। उनको लगता है, गलती हो गयी। कहीं भगवान भी भाव विह्वल होंगे। वे करुणरस के कारण भाव विह्वल हो जाते हैं। यह देख शिवजी अपने को रोक नहीं पाते हैं, वे समाधि में चले जाते हैं। एक कथा के कितने भेद, कितने भाव और कितने रूप प्रकट होते हैं। देश और काल विविध रूपों में लोक की लीला प्रकट होती है।

जीवन को जीवन लीला कहा जाता है। बीज चलता है, जन्म होता है, शरीर मिलता है, पुन: मृत्यु होती है। एक वर्तुल पूरा हो जाता है। ऋतु भी शरद, गरमी, बरसात, हेमन्त और वसन्त के रूप में बार-बार आती है। संवत्सर में भी पर्व-त्योहार का पुन: आगमन होता है। जहाँ से चले थे वहीं पहुँच जाना है। इसलिए जीवन लीला है। कृष्ण लीला है। जीवन लीला में आसक्त मन होता है जिससे जीवन विस्तार कम

होता है। इसमें संकुचन होता है। वहीं कृष्ण की लीला में अनन्त कथाएँ चल रही हैं। माता यशोदा को अपने मुख में ब्रह्माण्ड का दर्शन कराते हैं, और वहीं माँ के हाथ से बँध भी जाते हैं। वह बाँसुरी बजाते हैं, तो उसी अँगुली में सुदर्शन चक्र धारण करते हैं। गाय की चरवाही करते हैं और दूसरी ओर परमज्ञान की शिक्षा देते हैं। इस अस्तित्व में परमात्मा नाच रहा है। इस रस और लय की लीला को ध्यान से देखिए। चाँद नाच रहा, सूरज नाच रहे, पृथ्वी नाच रही, तारे नाच रहे, पूरा ब्रह्माण्ड नाच रहा है। किसी गहन अहोभाव में लीन, किसी प्रार्थना में डूबा सारा अस्तित्व नाच रहा है। इस नृत्य से मोहित होकर ऋग्वेद की ऋचाओं में शान्तिपाठ है। जगत को मधु, मधुरिमा और मधुरस से भरने की प्रार्थना है।

शरीर से असीम संसार की यात्रा

शरीर की विराटता में जीवन

लोक जितना बाहर है, उतना अन्दर है। बाह्य जगत में यात्रा का परिणाम क्षयकारी और क्षणभंगुर है। दूसरी ओर लोक के साथ अन्तर्जगत की यात्रा में शाश्वत की प्राप्ति होती है। इस अन्तर्लोक में काल, देश और पुरुष का जहाँ मिलन होता है, वह शाश्वत और चिरन्तन है, जिसकी यात्रा के लिए उपनिषद् के ऋषि की बात है। ज्योतिर्मान देवलोक हमारी आत्मा है। पार्थिव लोक हमारा शरीर है। यह शरीर ही भौतिक जीवन है। हमारा मन ही अन्तरिक्ष है। उसकी तरह ही हमारा मन विराट और विस्तृत है। इसमें विचार और मन का कभी अन्त नहीं है। वह अछोर की यात्रा करता रहता है। मन से आगे की यात्रा आत्मा की होती है। आत्मा की ओर यात्रा का तात्पर्य है कि हम ज्योतिर्मय देवलोक की ओर गमन करते हैं। इसके बाद अन्तिम यात्रा होती है। यह शरीर, मन और आत्मा के बाद का लोक है। यह समाधि, निर्वाण और ब्रह्मत्व की स्थिति है। व्यक्ति की यात्रा शरीर, मन और आत्मा के पार जाना भर नहीं है, अपितु इसे उस अनन्त अस्तित्व के साथ एकाकार होना है, जहाँ से यात्रा प्रारम्भ हुई थी।

सृष्टि और शरीर की विराटता में जीवन अखण्ड है। साँस की हवा पर निर्भरता है, तो जीवन में ताप और मिठास सूर्य तथा चाँद व तारे से आती है। जीवन का होना ही सृष्टि का होना है। जन्म, मृत्यु और जन्म का यह चक्र जीव के साथ ही नहीं ऋतुओं के साथ भी है। यह सृष्टि भी लगातार बदल रही है लेकिन मूल स्वरूप के साथ। ऊर्जा चहुँओर है। सृष्टि से लेकर शरीर तक उसकी क्रिया और गति चल रही है। यह ऊर्जा ही परम सत्य है। यह परमतत्त्व भी है। अपने अन्दर की इस विराटता की अनुभूति ही व्यक्ति को श्रेष्ठता का बोध होना है। जीवन भर व्यक्ति विचार,

विकार, अहंकार की गहन गहराई की यात्रा करता है। इस कारण वह असफल रहता है। जिस ऊर्जा में जीवन है, जिसमें प्राण है और जो गति करता है। उसके बदले ठहराव को, जड़ता की यात्रा ही हमारी बीमारी है। भारतीय चिन्तन में कहा गया है कि मनुष्य के भीतर जो भी घटता और बढ़ता है, वह तीन शक्तियों का खेल है। जन्म के साथ लगातार निर्माण और निर्माण में जो अनुपयोगी होता है उसका विखण्डन करना और इसके बीच का सन्तुलन ही तो जीवन है। अगर यह नहीं हो तो जीवन में विस्फोट हो जाये। न केवल निर्माण और न ही संहार जीवन है। हर एक अणु में सत, रजस और तमस की गति हमारे अन्दर चल रही है। तमस रोकता है, रजस गति देता है और सत्व सन्तुलन करता है। गति और स्थिरता के बीच सन्तुलन जो करता है, उसे विष्णु कहा गया। यह न्यूट्रॉन है। जो तोड़ता है वह इलेक्ट्रॉन की प्रकृति शिव जैसी है। जो हमारे अणु में प्रोटॉन है वह निर्माण करता है। यह ब्रह्मा है, जो रचना करनेवाला है।

दूसरी ओर रसायन विज्ञान ने बताया कि अणु के सूक्ष्मतम कण यानी परमाणु में इलेक्ट्रॉन, प्रोटॉन और न्यूट्रॉन की गति चल रही है। शरीर के अन्दर का सबसे सूक्ष्मतम तत्त्व परमाणु में भी एक केन्द्र है। इस केन्द्र में भी शरीर की सारी व्यवस्था है। पाचन, रक्त का संचरण, श्वसन, उत्सर्जन, विसर्जन, संग्रहण इस न्यूनतम और सूक्ष्मतम केन्द्र पर भी चलता है। दो प्रमुख क्रिया विस्तार और विसर्जन इस निखिल ब्रह्माण्ड में भी चलता है और हमारे शरीर के सूक्ष्मतम केन्द्र पर भी। यह जीवन का विस्तार है और यही विसर्जन भी। शरीर के भीतर उस करोड़-अरब सूक्ष्मतम केन्द्रों पर जिस दिन यह क्रिया रुक जाती है, उसी दिन यह विशाल शरीर भी रुक जाता है। जिस पल इलेक्ट्रॉन उस केन्द्र का चक्कर लगाना रोक देता है, उसी वक्त व्यक्ति भी रुक जाता है। ऊर्जा हर एक जीव में गतिशील है। जीवन से ऊपर पृथ्वी में चन्द्रमा में और सूर्य में भी यही गति है। यह हर एक केन्द्र के चहुँओर गतिमान है। चन्द्रमा हमारी पृथ्वी का, तो पृथ्वी सहित नौ ग्रह अपने सूर्य का चक्कर लगाते हैं। सूर्य सहित आकाश के सारे तारे किसी अनन्त विस्तार में स्थित अपने केन्द्र की परिक्रमा करते हैं। यह चक्कर और परिक्रमा निरन्तर जारी है। केन्द्र पर अवस्थित ऊर्जा के चहुँओर इलेक्ट्रॉन की गति है। यह ऊर्जा अपने स्वरूप में शरीर में वही है, जो सूर्य और तारे में है। कहीं ऊर्जा अधिक है तो कहीं कम। शरीर में कम है, चन्द्रमा में यहाँ से ज्यादा है। पृथ्वी पर उससे ज्यादा। हमारे ग्रह में अधिकतम सूर्य में यह ऊर्जा है। इस ऊर्जा को ही मनोबल, गुरुत्व बल, आकर्षण, आत्मबल, ईश्वरीय शक्ति विविध नाम से

पुकारा जाता है। हर तत्त्व की ऊर्जा अपनी ओर इलेक्ट्रॉन को आकर्षित करती है।

हमारी विराटता का एक सूत्र हमारे शरीर का सूक्ष्मतम केन्द्र है तो दूसरा सूत्र इस सृष्टि का महत्तम केन्द्र है। दोनों में एक सी ऊर्जा होने के कारण अनन्त विस्तार की विराटता भी असीम, लेकन अखण्ड है। इस सृष्टि के ऊपर और नीचे ब्रह्मधाम में नारायण का वास है। पालनकर्त्ता श्रीहरि यहाँ शयन करते हैं। इसे ही विष्णुलोक भी कहा जाता है। यहाँ आने पर कोई भी लौटकर नहीं जाता। भगवान के सच्चे भक्त ही जनार्दन को प्राप्त करते हैं। ब्रह्मासन से ऊर्ध्व में परम ज्योतिर्मय शुभ स्थान है। वहाँ पार्वती के साथ भगवान शिव विराजमान रहते हैं। वहाँ नियत ब्रह्मवादी द्विजगण ही जाते हैं। महादेव में सतत ध्यानरत, तापस, ब्रह्मवादी, अहन्ता ममता के अध्याय से रहित, काम, क्रोध से शून्य, ब्रह्मत्व समन्वित पुरुष ही उनको देख सकते हैं। वहीं रुद्रलोक है।

आकाश का अर्थ है–जो हमारे चहुँओर बाहर की तरफ फैला है। व्योम का देश इससे बड़ा है। व्योम का अर्थ है–बाहर स्थित आकाश के साथ अन्दर का भी आकाश। एक अस्तित्व बाहर की ओर है, जिसका अनन्त विस्तार है, वह फैलता जाता है। इसे सृष्टि, जगत, विश्व या ब्रह्माण्ड कह सकते हैं। दूसरा आकाश अन्दर की ओर है। जो हमारे अन्दर फैला है, वह भी असीम है। अतएव दोनों के जोड़ को व्योम कहा जाता है। भारतीय चिन्तनधारा में विराटता के एक छोर पर सृष्टि का अनन्त विस्तार है, तो दूसरे छोर पर व्यक्ति के भीतर का सूक्ष्मतम आकार है जो स्वयं में असीम है। व्योम में सब आते हैं, सारे विराट हैं। पुरुष क्यों? एक बीज की विराटता का थाह लगाना कठिन है।

विराटता हर जगह मौजूद है। इस सृष्टि में और इस अस्तित्व के प्रत्येक जीवन में और मानव तन में भी। हर स्थान पर अणुओं का खेल चल रहा है। एक से सृष्टि नित्य नया आकार ले रही है। ब्रह्माण्ड का विस्तार हो रहा है तो दूसरी ओर व्यक्ति में भी वही खेल स्थूल और सूक्ष्म दोनों रूप में जीवन भर चलता जा रहा है। एक अणु का दो होना, और दो का तीन होना, इस प्रकार अणुओं के टूटने और जुड़ने से एक शिशु का विस्तार होता है, और वह बचपन से युवा, जवान बनता है। फिर इस अणु की ही क्रिया से वह जवान से प्रौढ़ तथा मृत्यु को अंगीकार करता है। इस स्थूल आँख और देह से हम न ही ब्रह्माण्ड की गतिशीलता को समझ पाये कि यह कैसे होता है, और न ही शरीर की क्रियाशीलता का उत्तर खोज पाये। अन्ततः प्राण के मुख्य अवयव हवा के उपस्थित रहने के बाद भी यह शरीर एक दिन अचानक

प्राणहीन कैसे हो जाता है? कैसे अणु जन्म के साथ कर्म करने लगता है और मृत्यु के साथ उसकी क्रिया रुक जाती है। इसीलिए कहा गया है कि जो अण्ड में है, वही ब्रह्माण्ड में है।

निरन्तर परिवर्तन में जीवन

निरन्तर परिवर्तन जीवन का एक सत्य है। यह अण्ड में भी है और ब्रह्माण्ड में भी अन्तर्निहित है। जन्म और मृत्यु एक स्थिति है। इससे हरेक जीवधारी को गुजरना होता है। जीवन है, इसलिए यह जगत है। मनुष्य की मृत्यु केवल जीवन से मुक्ति है, ये स्मृतियों से मुक्ति नहीं है। स्मृतियाँ मृत्यु के बाद भी रह जाती हैं। स्मृतियाँ सदैव ही आयु, काल और देश का अतिक्रमण करती है। सृजन और विसर्जन एक साथ चलता है। जब हम आगे बढ़ते हैं, तो बहुत कुछ पीछे छोड़ते जाते हैं, साथ में बहुत सारी चीज साथ में लेकर आगे बढ़ जाते हैं। हर साँस के साथ जगत में जीव आगे बढ़ता जाता है। साँस छोड़ने के साथ जीवन का विसर्जन है और साँस लेने के साथ जीवन का प्रकटीकरण है। ऐसे में यह विचार आता है कि आखिर कोई अन्तिम रूप से कहाँ जन्म लेता है और कहाँ किसी की अन्तिम रूप से मृत्यु होती है? एक हाथ में जन्म और दूसरे में मृत्यु के साथ जीवन बढ़ता ही जाता है। हमारी आन्तरिक जागरूकता इस द्वन्द्व से पार ले जाती है, जहाँ व्यक्ति जन्म और मृत्यु से परे देखता है।

जगत हो या प्रकृति। हर जगह निरन्तर परिवर्तन है। यही जीवन है। इस जीवन का आरम्भ है और अन्त है फिर पुनरारम्भ है। प्रकृति की तरह गतिशील। वसन्त के बाद गरमी की ऋतु आती है। अपने साथ वह बरसात को भी सन्देश भेज देती है। बरसात खत्म होते ही शरद का आगमन होता है। पीठ पर शीत सवार रहती है। हमारा जीवन भी बाल्यावस्था, किशोरावस्था, युवावस्था, प्रौढ़ावस्था और वृद्धावस्था से होकर ही गुजरता है। संवत्सर भी बार-बार वर्तुल में खुद को प्रकट करते हैं। ऋतु शब्द ही ऋत से आता है जिसका तात्पर्य अपरिवर्तनीय बदलाव। सभ्यता भी कृत, त्रेता, द्वापर और कलि के चरणों से होकर गुजरती है। सृष्टि भी कहाँ रेखीय गमन करती है? यह भी सृजन और प्रलय के वर्तुल पर नाचती है। शंकराचार्य ने ठीक लिखा है पुनरपि जननं पुनरपि मरणं पुनरपि जननीजठरे शयनम। इह संसारे बहुदुस्तारे कृपयाऽपारे पाहि मुरारे।। यहाँ पुनः-पुनः जन्म लेना है, पुनः-पुनः मरना है, और पुनः-पुनः माता के गर्भ में गिरना है, ऐसे इस संसार से, हे मुरारी, मेरी रक्षा

करो। समय का चाक घूमता है। वही चाक घूमता चला जाता है। वही काल फिर ऊपर आ जाता है, फिर नीचे चला जाता है और फिर वही आरे ऊपर आ जाते हैं। इस पुनरुक्ति से मुक्त होने की आकांक्षा ही हमारा लक्ष्य है।

भारतीय जीवन में मृत्यु को लेकर एक समझ है। किसी व्यक्ति का भौतिक शरीर का अन्त होता है लेकिन आत्मिक शरीर जीवित रहता है। भौतिक शरीर का पंच तत्त्वों में मिलन होता है लेकिन आत्मिक यानी सूक्ष्म शरीर अपने कर्मों के आधार पर पुनः जन्म धारण करता है। वह प्रतीक्षा करता है। यदि हमारा कर्म श्रेष्ठ है, तो आत्मा का आरोहण होगा। ऐसी आत्मा पुनः जन्म धारण नहीं करती है। लेकिन अगर कर्म साधारण है, तो पुनः जन्म के लिए प्रतीक्षा करनी होती है। यह कर्म निर्धारित करता है कि हम जन्म लेंगे या मुक्ति की ओर आरोहण करेंगे। गरुड़ पुराण के अनुसार हम अपने कर्मों के अनुसार स्वर्ग और नरक के भोग के अधिकारी होते हैं।

संन्यासी का जीवन इस जन्म और मरण के चक्र से बाहर होता है। एक साधु का जीवित अवस्था में ही अन्तिम संस्कार कर दिया जाता है, ताकि वह इस भौतिक शरीर से भौतिक जीवन के इच्छा, वासना और काम से खुद को दूर रख सके। उसके भौतिक शरीर को तुलसी, बरगद या बिल्व के पवित्र पौधे के साथ समाधि दी जाती है। संन्यासी की मृत्यु पर अग्नि संस्कार का प्रावधान नहीं होता है। मान्यता है कि संन्यास धारण के साथ एक तपस्वी इस भव चक्र से परे हो जाता है। हालाँकि आदि शंकराचार्य ने संन्यासी जीवन में रहकर माँ की इच्छा को मानना ज्यादा श्रेयस्कर समझा। माँ की इच्छा के अनुसार उनके मृत शरीर का अग्नि संस्कार किया, जबकि यह संन्यासी के लिए वर्जित है।

जीवन का शाश्वत सत्य क्या है? हमारा कुछ भी नहीं। भौतिक वस्तुओं की बात ही नहीं है। यह न तो हमारे शरीर का है और न ही हमारे मन और आत्मा का होता है। सुख, दुख और यादें भी हमारी नहीं हैं। हम जो विचार करते हैं, वह भी समय के साथ छूटता जाता है। जो सम्बन्ध जोड़ते हैं, टूटता जाता है। एक समय हमारी इच्छा, हमारा मन, हमारी बुद्धि भी हमारी कहाँ होती है ? हमारा आन्तरिक जागरण ही एकमात्र हमारा सच्चा धन है। इसलिए जरूरी है कि अपने अन्दर के जागरण को फैलाया जाये। उस जागरण को बढ़ाया जाये, जो हमारा सच्चा साथी है। आत्म जागरण के माध्यम से जीवन में आरोहण ही शाश्वत है, जहाँ न तो जन्म का कारण है और मृत्यु का कोई सन्ताप। हमारा जीवन जन्म और मृत्यु के रहस्यों के बीच रहता है। इसके बावजूद भी जन्म और मृत्यु की क्रिया लगातार जारी है। आरम्भ और अन्त के साथ सदैव ही एक सौन्दर्य, रहस्य और आश्चर्य का एक आवरण है,

जो अव्याख्यायित है। हर एक साँस एक जन्म है और नि:श्वास होना मृत्यु है। हम रोज कितनी बार जन्म लेते हैं। यह पता नहीं है। इसी प्रकार हमारे नि:श्वास, साँस छोड़ना या मृत्यु के साथ सदैव आगे बढ़ते जाते हैं।

जन्म की तरह मृत्यु भी एक बेहतरीन घटना है। यह पावन और पवित्र क्रिया है। इसमें डरावनी और भयभीत करनेवाली कोई चीज नहीं होती है। जब हम शरीर और उसकी रूप-काया पर सोचते हैं, तो वह डरावना प्रतीत होता है, पर जब हम शरीर के रूप से आगे अरूप यानी निराकार की अन्तर्यात्रा करते हैं, तो यह डर खत्म हो जाता है। सब कुछ शुभ और सुखकर होता है। शरीर के स्तर पर जीवन खत्म हो जाता है, लेकिन गहरे स्तर पर सूक्ष्म शरीर अपने दूसरे आयाम की ओर गमन कर जाता है। यह जीवन का पवित्र आयाम है, जो अविनाशी होता है। यहाँ कुछ भी क्षर और भय का वातावरण नहीं होता है। जब हम मृत्यु को स्मरण करते हैं, उसे स्वीकार करते हैं तो मन भी स्थिर हो जाता है। जर्मन दार्शनिक एक्हार्ट टॉल्ल कहते हैं कि मृत्यु के माध्यम से हम एक गहराई में उतरते हैं और उस गहनता में ऐसे स्थान पर पहुँच जाते हैं, जहाँ कोई मृत्यु नहीं होती है। मृत्यु में मन शान्ति में रहना नहीं चाहता है। वह भागता है। इस कारण डर की स्थिति बनती है। जैसे ही हम गहराई में उतरेंगे, डर खत्म होगा और जीवन तथा मृत्यु के बाद एक और यात्रा प्रारम्भ होगी।

जब हम कहते हैं कि हर एक तत्त्वों में आत्मा का वास है तो यह आत्मा वनस्पति, पत्थर, पशु-पक्षी, नदी, जंगल सबमें होती है। हम दैनिक जीवन में इनके आगे शीश को भी झुकाते हैं तो इसका आशय होता है कि संसार में हर एक चीज और वस्तु दिव्य है। उसमें देवत्व का गुण है। जगत की हर एक वस्तु अर्थपूर्ण और तर्कसंगत है तो हमारा जीवन सार्थक क्यों नहीं हो सकता है? जन्म और मरण के बीच ही उलझकर रह जाना न तो श्रेयस्कर है और न ही स्वीकार करने योग्य है। जीव और जगत के बीच अर्थपूर्ण सम्बन्ध नहीं बना तो दिव्यता के समक्ष झुकने का कोई अर्थ नहीं होगा। हम एक-दूसरे को अर्थ देते हैं तो इसकी परिपूर्णता जन्म और मृत्यु तक ही क्योंकर रहेगी। इसकी खोज ही जन्म और मृत्यु के बीच होनी चाहिए। इसके लिए हमारा स्वभाव सरल और सजल होना चाहिए।

हमारे स्वभाव की सरलता

सरलता का जीवन इस जगत के प्रति अनुग्रह का बोध है। परमात्मा को धन्यवाद है कि जैसा मुझे बनाया ठीक ही बनाया। जिस पल हम अपनी सहजता को अंगीकार करते हैं, उस पल अपने को परमात्मा को समर्पित कर देते हैं। जब उस परमात्मा

को हम सम्पूर्ण स्वीकार कर लेते हैं, स्वयं को समर्पित कर देते हैं, तब जीवन वैसे ही सरल और सहज हो सकेगा। जब हमको अपने ही पैरों पर विश्वास होता है, तब हम असहज हो जाते हैं। ऐसे में चुपचाप जीवन के साथ बहते जाना। वहाँ जहाँ ले जाये, उसकी मर्जी। जैसी उसकी मर्जी तो फिर क्या चिन्ता और कैसा बोझ? जब हमारी इच्छा तिरोहित हो जाती है, तब वह क्षण प्रार्थना का होता है। सरलता को नवान्न भक्ति का एक प्रमुख मार्ग बताया गया है जिसके माध्यम से व्यक्ति परम तत्त्व को प्राप्त करता है।

हम जीवन के केन्द्र में हैं। हम इस दुनिया में अहम भूमिका अदा कर रहे हैं। इसमें विनम्रता सदैव ही व्यक्ति को जड़ से जुड़े रहने का रस देती है। यह चीजों को देखने की शक्ति को बढ़ाती है, समझने की काबिलियत में विस्तार देती है, इतना ही नहीं यह उस अनकहे और अबूझे शब्दों को समझने में भी मदद करती है, जिसे हम प्रायः इग्नोर करते हैं। विनम्रता से हम अनकहे शब्दों से जुड़ जाते हैं। हॉलीवुड एक्टर केविन स्पेसी भेष बदलकर न्यूयॉर्क के मेट्रो में सफर करते हैं ताकि वे दुनिया से खुद को जोड़ सकें। वे लोगों की जीवनशैली देखते हैं, उनसे बात कर चीजों को देखने के नजरिये को समझते हैं, जिससे अपनी भूमिका में वास्तविक अभिनय कर सकें। व्यक्ति जब जीवन में शिखर की ओर बढ़ने लगता है तो उसमें आम लोगों से सम्पर्क और सम्बन्ध का क्रम कम होने लगता है। व्यक्ति भीड़ वाली सड़क पर पैदल चलने में संकोच करता है। रिक्शा पर बैठना या बस में सफर करना अपने स्टेटस के अनुरूप नहीं लगता है।

विनम्रता का दूसरा फायदा सजग जीवन के रूप में आता है। विनम्र व्यक्ति के पास सदैव समय होता है। वह सजग होता है। अपने जीवन के प्रतिपल के प्रति आत्मबोध ही सजगता है। सोच-समझकर फैसला लेना, जीवन को नियन्त्रित करना और आसपास खुशियों को खोजना और बनाना एक सजग जीवन के कर्म हैं। सजगता पहले खुद के अन्दर आती है, तभी व्यक्ति विनम्र होता है। जितना व्यक्ति विनम्र है, उतना ही वह सजग है। सजग व्यक्ति के लिए हर एक व्यक्ति एक ईश्वर का प्रतिनिधि है। हर एक व्यक्ति में ईश्वर को देखना ही सजगता है। यह सोचना कि हर पल वह खुद हमारे साथ है। घर पर परिवार के रूप में, गाड़ी में मूर्तियों के साथ, ऑफिस में हमारी सजगता तथा हर एक कर्म में हमारी विनम्रता के माध्यम से हम उस ईश्वर से जुड़ते हैं।

जब व्यक्ति खुद से सवाल करता है कि मैं बुरा आदमी नहीं हूँ और जवाब सकारात्मक आता है, तब भी आसपास खुशियाँ ला सकते हैं। इसके लिए विनम्र

व्यवहार के साथ सजगता जरूरी है। जब हम अपना हित देखते हैं, तो हम व्यावसायिक दुनिया के स्थापित फॉर्मूले को ही अपनाते हैं। हम वैसा व्यवहार करते है, जैसा इस दुनिया में उस ईश्वर ने बनाकर भेजा है, तब ही जीवन की सार्थकता है। संकट काल में खुद को बचाने के लिए विनम्रता और सज्जनता एक वैक्सीन की तरह है। इन्सान को जब जरूरत होती है, तब ये गुण ही उसको बचाते हैं। भोलेपन की खूबी होती है कि वह व्यक्ति को ज्यादा समय तक अशान्त नहीं रखता है। कृत्रिम गुण से तनाव होता है। इसमें हमारा स्वभाव दब जाता है। फिर जो होता है, वह केवल पाखण्ड रह जाता है। सरलता से सुख मिलता है और जटिलता से दुख। इसके कारण हमारा सम्बन्ध सत्य से छूटने लगता है। यह अस्तित्व सत्य है। इसके साथ होने की पहली शर्त है सरलता। सरलता के साथ हम अस्तित्व के संगीत से जुड़ जाते हैं। प्रकृति के नृत्य में हम सहभागी हो जाते हैं। इससे हमारा जीवन उत्सव बन जाता है।

ओशो कहते हैं कि परमात्मा सबके हृदय के द्वार पर खटखटाता है। खोल दो द्वार! परमात्मा का बीज आ जाना चाहता है, भूमि में ताकि अंकुरित हो जाये। लेकिन जिनके हृदय कठोर हैं, कठिन हैं, उन हृदयों पर पड़ा हुआ बीज सूख जायेगा, नहीं अंकुरित हो सकेगा। न ही उस बीज में पल्लव आयेंगे, न ही उस बीज में शाखाएँ फूटेंगी, न ही उस बीज में फूल लगेंगे, न ही उस बीज से सुगन्ध बिखरेगी। लेकिन सरल जो होंगे, उनका हृदय भूमि बन जायेगा और परमात्मा का बीज अंकुरित हो सकेगा। परमात्मा तक पहुँचने का मार्ग है सरलता और यह सरलता ही हमारा स्वभाव है। सरल व्यक्ति कभी भी विपरीत स्थिति में विचलित नहीं होता है। ऐसे सरल व्यक्ति ही वर्तमान समय के ऋषि हैं। इसके लिए गीता में कहा गया है कि वीतरागमभयक्रोधः यानी जो अन्धे राग, भय और क्रोध से मुक्त है। जीवन में सबसे बढ़कर शान्ति है। इससे सभी दुख नष्ट हो जाते हैं। और बुद्धि भी निश्चिन्तता में रहती है। मन चूँकि सदा विचलित रहता है। तब यह शान्ति ही हमारे आतरिक जीवन को अनुशासित करती है।

सरलता का सबसे अच्छा उपाय है कि मन की समस्त कामना को छोड़ दिया जाये। यह जब स्वाभाविक प्रक्रिया यानी प्रयासहीन अभ्यास से किया जाये। वृहदारण्यक उपनिषद् में इस स्थिति में आने के लिए तीन शब्द का उपयोग किया गया है–आप्तकाम, आत्मकाम और अकाम। जिसकी सब इच्छाएँ पूर्ण हो चुकी हैं, वह आप्तकाम है। जब व्यक्ति अपनी आत्मा का बोध करता है तो वह आत्मकाम और तब इच्छा रहित स्थित आती है, तो अकाम होता है। जीवन में जब इसका

थोड़ा भी अंश आ जाये तो इससे स्थिरता प्राप्त होगी, जीवन सरल बनेगा। आदिगुरु शंकराचार्य ने विवेक चूड़ामणि में (श्लोक 543) में कहा है कि–वह व्यक्ति एक असाधारण व्यक्ति है जो कि यद्यपि उसके पास कोई धन नहीं है, शक्ति नहीं है, साधन नहीं है फिर भी प्रसन्न है। आनन्दमय है। यद्यपि कि उसका कोई सेवक नहीं है फिर भी वह असीम रूप से शक्तिशाली है। यद्यपि की वह इन्द्रिय सुख का अनुभव नहीं करता है, फिर भी वह सन्तुष्ट है। यद्यपि की वह अतुलनीय है फिर भी सभी को अपने समान देखता है। वर्तमान युग में महात्मा गांधी और रामकृष्ण परमहंस ऐसे दो महामानव हुए जो इस प्रकार जीवन जीये। सरलता और सहजता ही हमारी शक्ति होनी चाहिए।

हमारी शक्ति हमारा अन्तःकरण

हमारी शक्ति हमारा मन नहीं, बल्कि हमारा अन्तःकरण है। यह जो अन्तःकरण है, जहाँ हृदय अवस्थित है, वही हमारी पहचान है। उसकी आवाज ही स्वतन्त्रता का उद्घोष है। जब अपने अन्तःकरण को हम स्पर्श करते हैं, उसकी सुनते हैं, तब हम विशालता की ओर बढ़ते हैं। जीवन का एकमात्र शुभ कर्म है कि हम विशालता को प्राप्त करें। विराटता को स्पर्श करें और उस असीमित और अनन्त के साथ कदमताल करें। मन की शक्ति का निर्धारण हमारी ज्ञानेन्द्रियाँ करती है, जबकि आत्मा की अनुभूति से हम अपने व्यक्तित्व का निर्णय करते हैं। यह बताती है कि संसार की सारी चीजों का अर्थ हमारे अन्दर ही छिपा है। इस संसार को अर्थ पूर्ण हमारे कर्म, हमारा ज्ञान और हमारा प्रेम ही बनाते हैं, तब हम आत्मा द्वारा ही मुक्ति को प्राप्त करते है। गीता में श्रीकृष्ण कहते हैं कि सभी को घेरे रखनेवाली आश्चर्यजनक वस्तु जो तुम्हारे अन्दर निवास करती है। वह मैं ही हूँ। वही सभी को देखती है, स्वीकार करती है, समर्थ बनाती है और आनन्द लेती है। (भगवद्गीता, अध्याय 13.22)।

आत्मिक स्वतन्त्रता का स्थान हमारे मन और बुद्धि में नहीं होता है, वह अन्तःकरण से उद्भासित होता है। जब हृदय बोलता है तो वह ईश्वर का स्वर होता है। वह दैवी विचार होता है। हमारे मन में सदैव एक विचार नहीं होता है। हमारा स्व एक नहीं होता है। वह सदैव मन और हृदय के स्तर पर घूमता रहता है, इस कारण हमारे विचार स्वाधीन नहीं होते हैं। दो स्व पर रहने की स्थिति में व्यक्ति चेतन अवस्था में रहने के कारण भी निर्णय नहीं कर पाता है। हमारी चेतना में एक स्व का विचार रहे, इसके लिए भी वर्तमान और हृदय को केन्द्र में रखना जरूरी है।

अन्तःकरण के आधार पर निर्णय से समूचा अस्तित्व ही करुणा और मैत्री भाव का संचार करता है। और उसकी विराटता में हम विशाल होते जाते हैं। अन्तःकरण की पवित्रता से हमारा सच्चा स्वरूप प्रकट होता है। यह स्वरूप ही वह आत्मा है, जो हमारे अस्तित्व की सच्ची पहचान है। सदैव इस बात का ध्यान रखना है कि शरीर एक माध्यम है और इस माध्यम से चेतना के शाश्वत केन्द्र से जोड़ना ही पूर्ण स्वाधीनता का अन्तिम लक्ष्य है। वर्तमान में जीवित होना ही आजादी नहीं है बल्कि हर एक पल और साँस में शान्ति, खुशी और पवित्रता की खोज ही आजादी है। अपने अन्तःकरण के माध्यम से दिव्यता की खोज और उस तक आरोहण भी आजादी का दैवीय आयाम होता है। यह जानना जरूरी है कि जब मन और दिमाग से निर्णय लेते हैं तो वह अधिकतर शुभ नहीं होते हैं।

हम एक भौतिक शरीर और सामाजिक प्राणी नहीं हैं, बल्कि हम सभी आध्यात्मिक जीव हैं। जिस पल हम अस्तित्व में आते हैं, उस पल से मृत्यु तक हमारी आत्मा साथ रहती है। वह सर्वव्यापी और सकल संसार की आत्माओं के साथ अन्तःसम्बन्ध स्थापित करती है। यह सम्बन्ध ही प्रेम, मैत्री, खुशी और सफलता के विविध आयामों को प्रकट करता है। इन आयामों के माध्यम से हमारी आत्माएँ अपनी स्वतन्त्रता और स्वाधीनता की घोषणा करती हैं। जब हृदय की धड़कन बन्द हो जाती है, तो यह आत्मा उस तरंगित, स्वरित और कम्पित ऊर्जा के साथ इस सृष्टि में प्रवाहित परम ऊर्जा में समाहित हो जाती है। हृदय का होना हमें इस सृष्टि में औरों से अलग करता है और यह बोध देता है कि हम स्वाभाविक रूप से जीवन जीने के लिए यहाँ आते हैं। हृदय सदैव यह संकेत करता है कि हम उस परमात्मा के अंश हैं और हमारा व्यवहार भी दैवी प्रज्ञा की तरह होना चाहिए। इसकी अनुभूति के लिए हमको हृदय के स्तर पर जीने का प्रयास करना चाहिए, ताकि जागरण सम्भव हो। जब हृदय खुला होता है तब संसार में सौन्दर्य दिखता है। जब हृदय में मैत्रीभाव होता है, तब अस्तित्व में प्रेमरस का मधुर बोध होता है। जब हृदय करुणा से भरा होता है, तब समूची प्रकृति विशाल और जीवन्त प्रतीत होती है।

यह जीव यानी आत्मा का स्वरूप क्या है? पाँच इन्द्रियाँ और मन की उत्पत्ति प्रकृति होती है। इन्हें ही शरीर कहते हैं, परन्तु यह शरीर जड़ होता है। इसको गति और जीवन देनेवाला तत्त्व जीव यानी आत्मा है। यह ईश्वर का सनातन अंश है। ईश्वर की शक्ति बार-बार जीव रूप में आती जाती है। शब्द, स्पर्श, रूप, रस और गन्ध रूपी पाँच विषयों को भोगने के लिए कान, त्वचा, आँख, जिह्वा और नासिका रूपी पाँच इन्द्रियाँ हैं। यही तो प्रकृति की बड़ी विभूति है, जिसने जीव को भुलावे

में डाल रखा है। जीव की व्याख्या करते हुए बताया गया है कि सृष्टि की दो मूल धाराएँ हैं एक सोम और दूसरी अग्नि। सोम ठण्डी धारा है और अग्नि को वैश्वानर कहा गया है। यह प्राण और अपान के रूप में जीवन शक्ति शरीरों में संचार कर रही है। यह अन्न को पचाने वाला है। इसे जठर कहा जाता है। इसी ताप के कारण शरीर के समस्त अवयवों में सिकुड़ने और फैलने की क्रिया होती है।

भीतर से देखें, और भीतर देखें। चित्त पर बहुत सी परतें हैं। वे सब दिखायी पड़ती हैं। आखिर में जब उस जगह पहुँच जाते हैं, जहाँ अन्त:करण है, सब शुद्धतम है। लेकिन वह भी पूर्णत: पवित्र नहीं होता है। वह आत्मा नहीं है। आत्मा पूर्णत: पवित्र है जबकि अन्त:करण शुद्ध होता है लेकिन पूर्णत: पवित्र नहीं। जब हम अन्त:करण से आत्मा तक पहुँचते हैं, तो हम शुद्ध होते जाते हैं। शरीर के निकटतम इन्द्रियाँ हैं। इन्द्रियों के निकट अन्तर की वासनाएँ हैं। ये भी सूक्ष्म इन्द्रियाँ हैं। इसके बाद हमारी बुद्धि आती है, जिसकी अपनी स्मृति होती है। उस बुद्धि के बाद अन्त:करण आता है। और अन्त:करण से आत्मा की यात्रा होती है। फिर अन्त: में परमात्मा का वास होता है।

ऊर्जा रूप मन क्या है? अन्त:करण में अन्दर का साधन। साधना कोई बाहर नहीं करनी है। अन्दर करनी है। दस ज्ञान या कर्म इन्द्रियाँ प्रकृति से उत्पन्न हैं। यह भौतिक है। अतएव आत्मा चेतन तत्त्वों के माध्यम से जुड़ नहीं सकती है। इसमें बीच की संधि है अन्त:करण। प्रकृति या बाहर के संसार से जुड़ना है तो अन्त:करण है। अन्त:करण के चार अंग हैं: मन, बुद्धि, चित्त और अहंकार तथा इन्द्रियाँ।

हमारी आत्मा अन्त:करण के माध्यम से इन्द्रियों से कार्य लेती है। और प्रकृति से जुड़ती है। ईश्वर से जुड़ने के लिए आत्मा अन्त:करण का प्रयोग करती है। शरीर के अन्दर आत्मा बैठी है लेकिन बीच में चार सतह हैं–अहंकार, चित्त, बुद्धि और मन। मन के अन्दर बहुत शक्ति है। मन का धर्म है जानना। पाँच ज्ञाननेन्द्रिय से ज्ञान प्राप्त होता है। कई बार जब आँख देखती है, तो ध्यान नहीं होने से हम देख नहीं पाते हैं, कान सुन नहीं पाता है। ज्ञान तभी होता है, जब ज्ञानेन्द्रियाँ पर मन रहता है। मन यदि किसी इन्द्रियाँ पर स्थिर नहीं है तो ज्ञान नहीं होगा। मन का कार्य इन्द्रियों से ज्ञान लेना है। मन जो जानकारी लेता है वह बुद्धि के समक्ष रखता है। बुद्धि निर्णय करती है। वह बुद्धि अपने मन को कहती है कि अपने हाथ को खाना खाने को कहना। आत्मा की चेतना स्वत: है। पुरानी जानकारी के अनुभव के आधार पर बुद्धि निर्णय करती है।

ऋग्वेद में मन ज्ञान प्राप्त करने वाला और कर्म करने वाला साधन है। मन

ही हमारा अन्तःकरण है। हमारी आत्मा को भौतिक संसार से जुड़ने के लिए, कर्म करने एवं ज्ञान प्राप्त करने के लिए जरूरत है। अन्तःकरण एक इकाई है। यह मन है। इसमें अहंकार, चित्त, बुद्धि और मन है। बुद्धि निर्णय लेने से पहले सोचती है। अपने संस्कार और ज्ञान के आधार पर विचार करती है। अपने हृदय की अनुभूतियों को ऊँचाई पर पहुँचाकर हम स्वाधीनता के शिखर को स्पर्श करते हैं। ऐसी ऊँचाई जहाँ से फूल की सुगन्ध में उसकी अरूप की अनुभूति मिले, पत्तियों की धारियों में उसका चिह्न दिखे और हर एक संरचना में उसका फैलाव दिखे। स्वतन्त्रता अपनी विराटता में शान्ति और शुभता को प्राप्त कर लेती है। यही सत्य है।

सत्य वह अमृत, जिसकी तलाश अपूर्ण

सत्य वह अमृत है, जिसकी तलाश अपूर्ण है। सत्य का शाब्दिक अर्थ है सते हितम् यानी सभी का कल्याण। यह तभी हो सकता है जब हर एक व्यक्ति अपने अन्तःकरण में यह भाव रखकर कार्य करता है, तभी सत्य बोला जा सकता है। सत्य की खोज सभी ने अपने तरीके से की। सत्य मिला, लेकिन बाहर नहीं। सभी को अपने अन्दर ही सत्य की अनुभूति हुई। हम जीवन की खोज बाहर करते हैं, हम खुशी भौतिक जगत में करते हैं। ये बातें चेतना की हैं। चेतना की बातें भौतिक जगत पर नहीं मिलेंगी। सुख, आनन्द, ईश्वर की खोज अन्दर होनी चाहिए। ये हमारे अन्तःकरण में मिलेगा। भौतिक पदार्थ की खोज का जहाँ अन्त होगा, वहाँ परमात्मा का संसार शुरू हो जायेगा। ऐसा ही सत्य है। उसे पढ़ने, जानने और सीखने से नहीं जाना जा सकता। जहाँ हम हैं, बस वहीं अपने अन्दर खोजना होगा। विशाल वृक्ष की यात्रा एक छोटे बीज से होती है। बीज को तोड़ दें, तो कुछ नहीं मिलेगा, लेकिन उसी बीज से बना विशाल वृक्ष हम सबको दिखता है। यह जो भीतर है, वहाँ से जीवन निकलता है। बाहर उसका प्रकटीकरण है। बाहर पद है, पैसा है, प्रतिष्ठा है। भीतर सत्य है, सुख है और ईश्वर है।

सत्य ही एक अपरिभाषित शब्द है। उसकी व्याख्या क्या होगी? सत्य कोई शब्दों का भाव नहीं है। वह शब्दातीत है, मन से भी परे है। यह अनुभव है। और उसका अतिक्रमण है। भारतीय चिन्तन में एक सत्य का सम्बन्ध हिरण्यगर्भ से है, जो परमब्रह्म का शाश्वत स्वरूप है। वह स्थिर होने के कारण सत्य है। लेकिन जब वह सक्रिय और गतिशील होता है, तब उसके क्रियात्मक और रूपात्मक स्वरूप का देश और काल यानी टाइम और स्पेस के चाक पर चिन्तन किया जाता है। परम सत्ता का सत्य यानी अस्ति (है) रूप उसकी संज्ञा पक्ष तो उसकी भवति (होना) रूप

यानी क्रिया ऋत पक्ष है। यह दोनों ही असीम, अज्ञेय और अपरिमित है। इसी कारण उस अव्यक्त सत्ता को एकोऽहं द्वितीयो नास्ति कहा गया। वही जब सत्य और ऋत में प्रकट करता है तो सृष्टि और प्रलय का प्रवाहक्रम चलता है। मन कभी सत्य को अनुभव नहीं करता है, उसका अतिक्रमण कर जाता है।

लेकिन सत्य का भ्रम जरूरी होता है। सत्य का भ्रम हमें इस प्रकृति के कारण होता है। इस विशाल और विराट जगत को देखकर होता है। बाहर की सीमा असीम लगती है! लेकिन सच यह है कि सीमा अन्दर की भी असीम है। जब हम अन्दर के माध्यम से जीवन को देखते हैं तो ही सत्य की अनुभूति होती है। तब उस विराट को हम देख पाते हैं। श्रीकृष्ण गीता में कहते हैं कि हम और तुम कई बार इस पृथ्वी पर आ चुके हैं। कृष्ण जो देखने में सक्षम है, वह अर्जुन नहीं देख पा रहा है। महात्मा बुद्ध वृक्ष के एक पत्ते को देखकर कहते हैं कि इसकी यात्रा काफी लम्बी है। सूर्य, चाँद, तारे से लेकर समूचा अन्तरिक्ष इसकी रचना में श॥मेल है। मैं इसकी हजार सालों की यात्रा देख पा रहा हूँ। हम अपने अगले कदम को नहीं देख पाते हैं और जीवन भर भटकते रहते हैं। अस्तित्व में सौन्दर्य सदैव विद्यमान है। यह सौन्दर्य चारों ओर सृष्टि के विविध अवयवों में फैला है और बह रहा है। इस जीवन में जो भी श्रेष्ठ है, इस जगत में जहाँ भी सौन्दर्य है और जीव में जो करुणा है, वहाँ उस ईश्वर का वास है। यह दिव्यता की अनुभूति ही सत्य है।

लाओत्सु ने अपनी किताब ताओ तेहकिंग में कहा है कि मुझे मजबूर करते हो तो कह रहा हूँ। लेकिन जो कहा जायेगा, वह सत्य नहीं होगा। जो नहीं कहा जायेगा, और जो अमूर्त रूप से मौजूद रहेगा, वहाँ भी सत्य रहेगा। सत्य हर तरफ है, हर जगह मौजूद है। और हर पल और हर जगह उस सत्य को अनुभूत किया जा सकता है। जब हम धारणा और विचार के माध्यम से सत्य को पकड़ना चाहते हैं, तो असफल सिद्ध होते हैं। सत्य के लिए समग्र चेतना की जरूरत होती है न कि व्याकुल मन की। चन्द्रमा हमसे ऊँचाई पर है, लेकिन जब हम चन्द्रमा पर जायेंगे, तो यह प्रतीत होगा कि पृथ्वी की स्थिति सौरमण्डल में ऊपर है। और जब हम सौरमण्डल में पृथ्वी, चन्द्रमा और सूर्य से कहीं दूर जाकर खड़े हो जायें, तो लगेगा कि दिशा कुछ नहीं होती है। पूर्व, पश्चिम, उत्तर और दक्षिण और ऊपर तथा नीचे जैसी स्थिति कुछ नहीं होती है। इसी प्रकार अगर हम कहते हैं कि दिल्ली, राँची से पश्चिम में है, तो यह तुलनात्मक है। यह लोक व्यवहार के लिए आवश्यक है। सत्य के धरातल पर दिशा की मान्यता नहीं टिकती है। इसी प्रकार समय की मान्यता भी असन्दिग्ध नहीं है। जब हम कहते हैं कि सूर्योदय हुआ, उसके ठीक साढ़े आठ मिनट पूर्व सूर्य का

उदय हो चुका होता है। इसी प्रकार आकाश में चमकने वाले कई तारे हजारों और लाखों साल पूर्व खत्म हो चुके होते हैं। यह भ्रमजाल इसलिए होता है कि खत्म हो चुके तारे की चमक पृथ्वी तक आने में हजार साल लग जाते हैं। इस प्रकार गति और वजन के सम्बन्ध में भी कहा जा सकता है। कुर्सी पर बैठा व्यक्ति स्थिर प्रतीत होता है, लेकिन वह हजार किलोमीटर से ज्यादा की गति से चल रहा होता है। पृथ्वी की इस गति से हम अन्तरिक्ष में चल रहे हैं। इसी प्रकार वजन भी सापेक्ष होता है।

ऐसे में शाश्वत सत्य की अनुभूति कैसे हो? वास्तविकता को कैसे समझा जाये? इन्द्रियबोध से जब ज्ञान का सच्चा स्वरूप सामने नहीं आये, तो इन्द्रियातीत ज्ञानबोध की ओर जाना होगा। मन और मस्तिष्क की सीमा है और इससे ज्ञान की अनुभूति सम्पूर्ण रूप में सामने नहीं आती है। दर्शन और विज्ञान की मान्यता का खण्डन और प्रतिविचार की एक लम्बी शृंखला है। अतएव इन्द्रियातीत बोध के लिए अध्यात्म की साधना जरूरी है। साधना और ध्यान के माध्यम से हम अन्तर्यात्रा करते हैं, तो एक सूक्ष्म दृष्टि विकसित होती जाती है, जिसके सहारे हम वास्तविकता के सही स्वरूप को देखते हैं। जब ध्यान में हम गहरे उतरते हैं, तो एक नवीन और विराट ज्ञान की अन्तःअनुभूति होती है, जिसमें सब कुछ स्वतः अपने वास्तविक स्वरूप में हमारी अन्तर्दृष्टि के समक्ष आता जाता है। ऐसे अवलोकन के क्षण में प्रतीत होता है कि इन्द्रियों के आधार पर प्राप्त सत्य भी अधूरा, अपूर्ण और असत्य ही होता है।

महात्मा बुद्ध एक बार पतझड़ में वन से गुजर रहे थे। वन में पत्ते बिखरे थे। वन में पत्तों का ढेर लगा हुआ था, चारों ओर पत्ते उड़ रहे थे। तब तथागत के शिष्य आनन्द ने कहा कि आपने सब कुछ जान लिया। अब आपके लिए कुछ भी ऐसा नहीं बचा, जो जानना बाकी है। महात्मा बुद्ध ने वन से मुट्‌ठीभर पत्ते उठाये और बोले कि मैं बस, इतना ही जानता हूँ। इस वन में जितने पत्ते बिखरे हैं, उनमें से बस मुट्‌ठीभर पत्तों के बारे में ही मैं इस जगत और जीवन को जान पाया हूँ। वह जो जानने को है, उसकी गिनती नहीं की जा सकती है। वह अज्ञेय है। शब्द उसका सही अर्थ नहीं बता सकता है। जगत में हम जितना जानने का दावा करते हैं, उससे कहीं बहुत ज्यादा अनजाना रह जाता है।

सत्य का भ्रम हमें इस प्रकृति के कारण होता है। फिर भी, भारतीय ज्ञान और पश्चिमी विज्ञान लगातार सत्य की खोज में लगा है। विज्ञान हर एक बार गहराई में जाता है तो उसे प्रतीत होता कि सत्य वह नहीं है, जो दिखायी पड़ा। 1907 ईस्वी में थॉमसन ने इलेक्ट्रॉन पार्टिकल्स की खोज की। इसके तीस साल बाद 1937 में उनके बेटे पीजे थॉमसन ने बताया कि इलेक्ट्रॉन पार्टिकल्स नहीं, वेव्स यानी तरंग है।

1952 में वर्नर हेजिनबर्ग ने बताया कि इलेक्ट्रॉन पार्टिकल्स है या वेव्स यह दिखायी नहीं देता है। इसी प्रकार आइंस्टीन, कार्ल सैगन, हॉकिंग इस सृष्टि की रचना के कारणों को खोजते रहे। आइंस्टीन ने तो जीवन के अन्तिम दिनों में कहा कि मैं जितना खोजता हूँ उतना ही हमारी अज्ञानता प्रकट होती जाती है। वह वैज्ञानिक थे, लेकिन मरने के समय कहा कि मैं रहस्यवादी के रूप में जा रहा हूँ। इसलिए उस परमसत्य की बात हरि अनन्त हरि कथा अनन्ता की तरह है, जिसमें समूची सृष्टि का मधुरस रहता है।

संसार में मधुरस

प्रकृति प्रतिपल अभिव्यक्त हो रही है। सौन्दर्य ही उसकी सर्वोत्तम अभिव्यक्ति है। माधुर्य उसका स्वभाव है। इस कारण सृष्टि मधुमय है। समूचा अस्तित्व मधु से सम्पन्न है। विराट की दृष्टि में मधुर है। संसार की गति में माधुर्य है। मधुमय जीवन ही सबकी चाहत है। हमारे कर्म और तप भौतिक हैं, लेकिन इसका प्रेरक अन्तःकरण है। वह भी मधुरस से संचालित है। प्रकृति में चेतना है। वही चेतन तत्त्व सभी प्राणियों में है, जिसे ऋषियों ने प्रीतिरस कहा है। इससे ही सूर्य तेजोमय है। चन्द्र का सौन्दर्य मधुमय है। सृष्टि की ध्वनि में मधुछन्दा का सुवास है। प्रकृति में मधुर ध्वनि है। मधुरस का वास है। इसकी गति मधुमय है। सभी रस, रंग और गन्ध से आपूरित है। सृष्टि में सभी एक प्रीति से लयबद्ध है।

प्रकृति सुसंगत है। यह ऋत है, जिससे प्रकृति जुड़ी है। यह जोड़नेवाला तत्त्व मधुरस है। वही चेतना है और वही प्राण है। वही जीवन ऊर्जा है। यह संसार को मधुमय देखने का चिन्तन है। इसमें समूची सृष्टि को मधुर बनाने का ज्ञान-कर्म-भक्ति का अनुष्ठान अनादि काल से चला आ रहा है। ऋग्वेद के ऋषि कहते हैं कि अन्तस् की मधुरता से यह जगत गतिमान है। यह मधुरस ही जगत के होने तथा गतिमान रहने का आधार है। वैज्ञानिकों का मानना है कि ब्रह्माण्ड लगातार फैल रहा है, जिसकी गति काफी तेज है। सभी ग्रह, नक्षत्र और आकाशगंगा एक-दूसरे से दूर जा रहे हैं, लेकिन एक शक्ति के बन्धन के कारण साथ में सन्तुलन में भी है। गुरुत्वाकर्षण की शक्ति इतनी नहीं है कि वह आकाशगंगा को थाम सके। ऐसे में कोई अज्ञात चीज है जो इन्हें थाम और सन्तुलन में रख रही है। यह अज्ञात उस परमतत्व से निःसृत होनेवाला मधुरस है।

मधुमयता का लोकमंगल जीवन में बहुत गहराई तक है। यहाँ कर्म का फल मधु है। तप की परिणति में मधुरस है। आदित्य को देवताओं का मधु बताया

गया है। द्युलोक उसका तिरछा बांस है। अन्तरिक्ष उसका छाता है। उसकी किरणें मधुमक्खियों के बच्चे हैं। (छां. उप. 3.1.1)। अथर्ववेद में मधु की अभीप्सा काफी गहरी है। इसके ऋषि विश्व को मधुमय बनाने की प्रार्थना करते हैं। सर्वत्र मधुमयता की इच्छा से जीवन और जगत को अमरता की ओर आरोहण कराना है। अथर्ववेद के दरश परस में जीवन के मधु का उल्लेख है। इसके रोगोपशमन सूक्त में 11 मन्त्र हैं, जिसमें देवता मधुलौषधि की स्तुति है। हर एक मन्त्र में कहा गया है कि मधु में मधुलाकर यानी आप मधुरता उत्पन्न करें।

जीवन के सभी आयामों में मधुरस है। फसलों में अन्न की तृप्ति गन्ध है। वृक्षों में मंजरियों का रसगन्ध है। पूजन और यज्ञ के हवन में देवगन्ध है। भजन, कीर्तन और प्रार्थना में गन्धर्व गन्ध है। लोक जीवन में छन्द गन्ध है। पारिवारिक रिश्तों में प्रीति गन्ध है। गाँव की धूल में जीवन की गन्ध है। जीवन के श्रम और तप कर्म में मानुष का गन्ध है। इस रस में मधु है। मधु के साथ शील है, मर्यादा है, प्रीति है और रीति है। ऋतुओं का अपना मधुराग है। वसन्त मधु से भरा है, तो फागुन में रंगरास है। गरमी में फलों का मधुरस है तो सावन-भादों में जलरस है। जीवन भर सहभोज है, महाभोज है, प्रीतिभोज है और ब्रह्मभोज है। बचपन से लेकर मृत्यु तक ज्ञानदान है, कन्यादान है, दीपदान है। अस्तित्व के अंश अपने जीवनरस के कारण ही सक्रिय हैं। हमारे कर्म, तप और यज्ञ के फल की प्राप्ति में अस्तित्व की भागीदारी होती है। जीवन में सुख मिले, सौन्दर्य की अनुभूति हो, आनन्दलोक में रहे। इसके लिए कर्म और तप के साथ आशा, धैर्य और प्रतीक्षा के साथ विराट का रास होता है। यह अस्तित्व का मधुरस है जिसके कारण बीज धरती में पड़ा रहता है और उगने की प्रतीक्षा करता है। गरमी में पृथ्वी धैर्य धारण करती है ताकि मेघ-पर्जन्य आये। फूल खिलने की प्रतीक्षा, नदियों के सागर से मिलने की प्रतीक्षा, रात्रि का सूर्यास्त का इन्तजार। इन सबमें एक परमतत्व की मधुरता है, जो सभी चराचर को नचाता है, प्रतीक्षा कराता है और सभी चराचर ऐसा करते हैं। जन्म के साथ शैशव, किशोर, युवापन, बुढ़ापा और मृत्यु का एक कालक्रम है। बावजूद इसके सारे चरण की प्रतीक्षा हम मधुमास की तरह करते हैं। यह प्रकृति का मधुरस ही प्रेम बनकर हमारे जीवन में भक्ति लाता है, जो परमसत्ता के प्रति शाश्वत प्रेम का प्रकटीकरण है। यह रास है जो महारास बनता है। हमारा जीवन इस जगत के केन्द्र में रहता है, हम उसे मानते नहीं हैं। इस कारण दिक्कत होती है।

हमारा सम्यक जीवन

भारतीय चिन्तन में पृथ्वी को ब्रह्माण्ड के केन्द्र में माना गया है। पृथ्वी को भूलोक कहा गया। इसके ऊपर देवलोक, तो नीचे पाताल लोक माना गया। ऊपर की यात्रा पर मानव को सुख, आनन्द, उत्सव और देवताओं की प्राप्ति होती है, जबकि नीचे की यात्रा में दुख, कष्ट, परेशानी और असुर मिलेंगे। अवधारणा है कि पाताल लोक में असुर रहते हैं जिसके राजा बलि थे। हरेक व्यक्ति जन्म लेता है, तो उसकी मृत्यु निश्चित है। स्वर्ग की धारणा का विकास मानव के जन्म और मरण के साथ जुड़ा है। हिन्दू मान्यता है कि व्यक्ति मृत्यु के बाद पितृलोक को जाता है। हमारा जिस प्रकार का कर्म और दृष्टि रहती है, उसी के आधार पर यमदेव आगे की यात्रा का निर्धारण करते हैं। हमारे कर्म के आधार पर हमारा पुनर्जन्म तय किया जाता है। अच्छे कर्म के बाद हम ऊपर की ओर तथा बुरे कर्म पर नीचे की ओर गमन करते हैं। भारतीय चिन्तन में स्वर्ग यानी हेवन और नरक यानी हेल की अवधारणा में अन्तर है। ईसाई और इस्लामिक मान्यता में चूँकि पुनर्जन्म नहीं है, अतएव हर एक व्यक्ति अपने कर्म के आधार पर एक ही बार स्वर्ग या नरक की यात्रा करता है। जबकि हिन्दू मान्यता में कई स्वर्ग हैं। स्वर्ग यानी मानव की विकास यात्रा के बाद ठहराव के घर कई हैं। हिन्दुओं को कर्म के अनुसार देवलोक मिलता है, तो अच्छे कर्म के खत्म होने पर व्यक्ति नरक में पहुँच जाता है। मानव अपने कर्म के अनुसार देवता और दानव दोनों होता है।

पाताल लोक ज्यादा समृद्ध और धन-धान्य से परिपूर्ण है, लेकिन वहाँ शान्ति नहीं है। पाताल लोक में मन और चित्त का सुख नहीं है। शारीरिक सुख चूँकि व्यक्ति की आत्मिक यात्रा का पहला सोपान है। अतएव पाताल में रहने वाले असुर, दानव या प्राणी एक अन्तराल के बाद देवलोक की कामना करते हैं। देवलोक में देवता अमर हैं, सुख से पूर्ण हैं। लेकिन वे भी सन्तुष्ट नहीं हैं। उनको भय है कि पाताल लोक से कोई उनके अधिकार को छीन न ले। यह भाव दिखाता है कि जीवन में सुख और शान्ति भौतिक समृद्धि पर आधारित नहीं होती है। दूसरा अमरता के बाद अगर व्यक्ति का जीवन यशपूर्ण और सन्तुष्ट नहीं, तो देवलोक भी बेकार है।

इस कारण भारतीय मनीषा में देवलोक से ऊपर भी लोक की बात कही गयी। देवलोक से ऊपर विष्णु या शिव लोक है। वैष्णव इसे विष्णु या कृष्ण या गोलोक तथा शैव मतावलम्बी इसे शिवलोक कहते हैं, जहाँ कोई लालस नहीं, कोई भाव नहीं है। सब सन्तुष्ट हैं। यहाँ की यात्रा केवल अच्छे और बुरे कर्मों के आधार पर नहीं की

जा सकती है। सम्यक जीवन ही उस लोक की यात्रा का पैमाना है। सम्यक जीवन में दृष्टि, कर्म, विचार, आहार आदि सब समान होता है। इसी कारण हिन्दू चिन्तन में कहा गया कि जैसी दृष्टि वैसी मुक्ति। अगर हम नजरिया बदल लें तो जीवन बदल जायेगा। यह हम पर है कि कर्म के आधार पर देवलोक जायें या सम्यक जीवन का आनन्द भोग विष्णु या शिवलोक को जायें।

स्वर्ग-नरक हमारी अवधारणा है। स्वर्ग में हम सुख की कल्पना करते हैं। नरक में दुख की स्थिति होती है। तिब्बती लोग नहीं मानते है कि नरक में दुख की लपटें हैं। उनका स्वर्ग गरम और उष्ण होता है। यह इसलिए है कि वे लोग ठण्ड में रहते हैं। इसलिए उनके नरक में बर्फ ही बर्फ जमी है। उसमें लोग गल रहे हैं। भीषण दुख भोग रहे हैं। अतएव न ही कहीं स्वर्ग है और न ही कहीं नरक है। स्वर्ग हम ही बनाते हैं। हमारी जो इच्छाएँ अपूर्ण रह जाती हैं, वह चाहते हैं कि स्वर्ग में प्राप्त हो जायें। स्वर्ग का अर्थ है–सुख-सुविधा, वातानुकूलित जगह, सम्पूर्ण भोग का अवसर, जीवन के लिए केवल सुख। हमको जो नहीं मिलता, उसकी कल्पना ही स्वर्ग है। हम मांसाहारी नहीं हैं तो हमको स्वर्ग और दूसरा शाकाहारी नापसन्द करता है तो उसके नरक मिलेगा। यह दण्ड का विधान हमारे विचार हैं, जो कल्पना में होते हैं। इसका मतलब केवल इस जीवन को सरल, स्वच्छ और स्वस्थ बनाने तक है। हम त्याग किये हैं तो वरदान और दूसरा शोषण किया है तो दण्ड का विधान। हमारी कामना ही स्वर्ग बनाती है और नरक का निर्माण करती है।

जीवन उसी का श्रेष्ठ है जिसको न तो स्वर्ग की कामना है और न ही नरक की चाह है। जो व्यक्ति कामना से परे हो गया। वही श्रेष्ठ व्यक्ति है। व्यक्ति में तीन गुण की प्रधानता होती है। तमस गुण स्थिर रखता है, रजस उसको गतिमान करता है और सत्व सन्तुलित रखता है। तमस की प्रधानता में व्यक्ति में भ्रम, आलस बढ़ जाता है। वहीं रजस की प्रधानता पर लालच, इच्छा, चंचलता और भोग बढ़ जाता है। सत्व की प्रधानता होने पर शरीर के सभी भागों में ज्ञान और आनन्द का आलोक होता है। तम गुण में रहने वाला पुन: जन्म की इच्छा रखता है, रजस में रहनेवाला सोचता है कि स्वर्ग मिले, नरक न जाना पड़े और सत्व शरीर का व्यक्ति सदैव ईश्वर में अपने को रखता है। वह स्वर्ग और नरक के चक्कर में नहीं पड़ता है। उसकी कामना खुद ईश्वर की होती है। वह अस्तित्व के साथ सन्तुलन बनाने के लिए विचार और कर्म करता है। ये गुण न केवल व्यक्ति के शरीर पर प्रभाव डालते हैं, बल्कि इसका प्रभाव हमारे मन पर होता है। मन पर प्रभाव के कारण हम अपने गुण के अनुसार स्वर्ग, नरक, मोक्ष की अवधारणा बनाते हैं। जीवन में स्वर्ग स्वयं के अन्दर है और बाहर नरक है।

ज्याँ पाल सार्त्र की एक प्रसिद्ध उक्ति है कि दि अदर इज हेल। दूसरा नरक है। वे ठीक कहते हैं। दूसरों पर निर्भरता से स्वतन्त्रता, निजता, अनुभूति और अभिव्यक्ति के हम गुलाम हो जाते हैं। यह गुलामी ही नरक है। भीतर स्वर्ग है। कहते हैं कि माता गंगा जब स्वर्ग से धरती पर आयी, तो उनकी आधी धारा स्वर्ग में रह गयी। भारतीय जीवन में उस धारा को आकाशगंगा के नाम से पुकारा गया। गंगा की आधी ही धारा धरती पर आयी। संसार में जो धारा आयी, वह नरकगामी है। कदाचित इसी कारण उस स्वर्ग की अनुभूति के लिए हम जल में डुबकी लगाते हैं। भारतीय जीवन में स्वर्ग की चाह के बीच जीवन और जगत के बुनियादी सत्य का अन्वेषण भी चलता रहा है। यह सवाल भी उठाया गया कि क्या स्वर्ग ही जीवन का एकमात्र लक्ष्य है? या इससे भी बड़ी कोई चीज है। जिसके लिए स्वर्ग को छोड़ा जा सकता है। राजर्षि विश्वामित्र की ब्रह्मर्षि होने की यात्रा यह सिखाती है कि अस्तित्व की विराटता में स्वर्ग-नरक हमारे यथार्थ के अन्तर्विरोध का नाम है। जब व्यक्ति खुद को सुख-दुख, विशिष्टता के भाव से अपने को ऊपर कर विराट से जोड़ देता है, तब वह ब्रह्मर्षि बनकर राम को पुरुषोत्तम का मार्ग दिखाता है। युधिष्ठिर स्वर्ग पहुँचकर भी बेचैन हैं कि वहाँ दुर्योधन क्यों है? व्यक्ति का अपना विकार और विरोध इतना प्रबल है कि वह स्वर्ग के विरोधाभास को समझ नहीं पाता।

जीवन के नियम हैं कर्म

जीवन में प्रेरणा का मूल राग होता है। यह राग ही अस्तित्व के प्रति हमारे जुड़ाव को प्रकट करता है। इसलिए कामना प्रकृति का अन्तर्भाव है और अतिकामना हमारे विरोधाभास का कारण है। इसीलिए कामना की प्राथमिकता है। कामना से कर्म की प्रेरणा मिलती है। सृष्टि का उद्‍भव भी कामना से हुआ है। कहा गया है–तत अग्रे काम सं अवर्तत। अथर्ववेद में तो काम को देव माना गया है। ऋग्वेद में भी काम को ज्येष्ठ माना गया है। इसी कारण कर्म के सिद्धान्त का भारतीय दर्शन में केन्द्रीय भाव है। इसका अर्थ है हम जिम्मेदार हैं। हम जहाँ हैं अपने कारण हैं। हम जो हैं उसके कारण खुद हैं। हम जैसे हैं और होंगे उसकी जवाबदेही हमी पर है। अगर यह जगत है तो वह हमारा बनाया है। इसे कोई परमात्मा ने नहीं बनाया है। लेकिन हमने कर्म के सिद्धान्त को ही भाग्यवादी बना दिया। लोग कहते हैं कि अब क्या किया जा सकता है। यह पिछले जन्मों के चक्कर का परिणाम है।

कर्मफल को हमने भाग्य का पर्यायवाची बना दिया। कर्मफल को कर्म से काटने की बात गलत है, यह होता नहीं है। इसलिए गीता में अकर्म की बात कही

गयी है। अकर्म यानी वह स्थिति जहाँ हमारी चेतना होती है, बस और कोई नहीं। वह जगह जहाँ पर करने का कोई भाव नहीं होता है। जहाँ मात्र चेतना होती है, अस्तित्व होता है। वैसे अस्तित्व ही सदा से विद्यमान रहा है। इस भाव बोध की स्थिति में हमें आत्मज्ञान होता है, बोधि की प्राप्ति होती है कि करने वाला शरीर है और भोगने वाला शरीर ही है। उसी प्रकार कराने वाला मन है, इसमें मैं कहीं नहीं है। इस आत्मबोध के साथ ही हमारा समस्त कर्म का बोझ, भाग्य के कारण का ज्ञान तिरोहित हो जाता है। कर्म में एक खतरा यह है कि हम फल के बारे में अधिक सोचने लगते हैं, जो हमें चंचल बना देता है। किन्तु यदि हम यह बात जान लें कि पूर्ण अनासक्ति और पवित्रता ही लक्ष्य है तो हम फलों की चिन्ता नहीं करेंगे और मन की चंचलता हमें अभिभूत नहीं करेगी। जब साधक यह जान लेगा कि कर्म का उद्‌देश्य उसकी स्वयं की आध्यात्मिक प्रगति के लिए आवश्यक चित्तशुद्धि है तो वह कर्म को और अधिक श्रद्धा और उत्साह के साथ करेगा। तभी कर्म कर्मयोग में तब्दील होगा। हमें कर्म के फल के बदले अपनी चित्तशुद्धि के लिए कर्म करना चाहिए। फल तो केवल प्रभु के हैं और बात समाप्त हो जाती है।

बीज रूप में हमारी उतनी ही शक्ति है जितना महात्मा बुद्ध, ईसा मसीह या किसी और महापुरुष की हो। परमात्मा ने इस आधार पर कोई भेदभाव नहीं किया है। सबको बराबर शक्ति दी है। सम्भावनाएँ सबकी बराबर हैं, लेकिन वास्तविकताएँ एक सी नहीं हैं। क्योंकि सम्भावनाओं को वास्तविकता में बदलने के लिए कर्म भी जरूरी है। कर्म ही वह क्रिया है जिसके कारण अन्तर आता है। महात्मा बुद्ध से उनके शिष्य ने कहा कि आप कहते हैं कि हर कोई मोक्ष चाहता है लेकिन सबको मोक्ष प्राप्त क्यों नहीं होता है। महात्मा बुद्ध ने कहा कि हर आदमी पाना चाहता है लेकिन उसके लिए प्रयास नहीं करता है। जीवन में बहुत बीज पैदा होते हैं लेकिन उनमें से बहुत कम ही वृक्ष बन पाते हैं।

एक पत्थर के छोटे टुकड़े से परमाणु विस्फोट किये जा सकते हैं तो मानवीय बीज का बुद्ध और श्रीकृष्ण बनने की सम्भावना है। कर्म इतना महत्तवपूर्ण है कि देवी-देवता भी इससे परे नहीं हो सकते है। पुराणों में कथा है कि एक दिन देवों को असुरों से बचाने के लिए विष्णुजी ने अपने सुदर्शन चक्र से शुक्राचार्य की माता को मार दिया, क्योंकि असुर शुक्राचार्य की माताजी के पीछे छिप गये थे। इस स्त्री हत्या के पाप के लिए शुक्राचार्य ने उन्हें शाप दिया कि वे तीन बार मनुष्य रूप में भूलोक में आयेंगे और तीनों बार उन्हें स्त्रियों का दुख समझना होगा और उस पीड़ा

से गुजरना होगा। भगवान विष्णु अपने तीन रूप परशुराम, रामचन्द्र और श्रीकृष्ण के रूप में क्रमशः रेणुका, माता सीता और राधा, रुक्मिणी तथा द्रौपदी के दुख को समझना होता है।

एक कहानी है–युवक ने सन्त से कहा कि वह जीवन के शिखर पर जाना चाहता है। परन्तु वह नीचे की सीढ़ियों पर चढ़ना नहीं चाहता है। अतएव कोई रास्ता दिखाये, जिससे कि सर्वोच्च शिखर तक पहुँचा जा सके। सन्त ने कहा कि तुम बगीचा से एक सुन्दर फूल को तोड़ लाओ। लेकिन एक शर्त है कि जो फूल तुम पीछे छोड़ोगे, उसे पलटकर नहीं तोड़ोगे। युवक जब भी कोई गुलाब का फूल तोड़ना चाहता, उसे दूर कहीं उससे सुन्दर गुलाब दिख जाता। इस प्रकार वह हर गुलाब को छोड़ता हुआ आगे बढ़ता जाता। वह आखिर में बगीचा के अन्त तक पहुँच गया, जहाँ एक मुरझाया हुआ फूल बचा था। वह सन्त के पास खाली हाथ पहुँचा। सन्त ने मुस्कुराकर कहा कि–जीवन ऐसा ही है। शिखर कोई एक जगह नहीं है जहाँ हम पहुँच जायें। हमारा हर एक कदम ही शिखर है। और ऐसे ही हर एक शिखर से सर्वोच्च शिखर बनता है।

वैदिक ऋषिका विश्ववारा को कर्म सिद्धान्त का 'उद्‌गाता' माना जाता है। ऋग्वेद के पाँचवें मण्डल की द्वितीय अनुवाक में 28 सूक्त की छह ऋचाओं का उन्होंने दर्शन किया। उन्होंने बताया कि क्रिया का प्रभाव तत्काल होता है, जबकि कर्म का प्रभाव जन्म-जन्मान्तर तक होता है। क्रिया में किसी प्रकार की इच्छा, भावना, संकल्प का संयोग नहीं होता है। जबकि कर्म में संस्कारों की प्रेरणा के साथ गहरे संकल्प की प्रधानता होती है। कर्म के तीन घटक हैं–क्रिया, विचार और भाव। कोई भी कर्म पहले भाव तल पर अंकुरित होते हैं फिर इसके अनुरूप योजनाएँ बनती हैं और तब क्रिया घटित होती है।

कर्म हों और कर्मफल नहीं हों, तो कर्म के बन्धन भी नहीं होंगे। यह तभी सम्भव है जब कर्म में हमारी कोई इच्छा, भावना और संकल्प न जुड़ें। जब हमारा प्रत्येक कर्म इदं न मम् यानी त्वदीय वस्तु गोविंदम्, तुभ्यमेव ही समर्पपाम् के भाव से किया जाये। यह सारा किया जाना वाला कर्म ईश्वर का है। हमें यह मानकर चलना होगा कि जगत में कुछ भी असम्बन्धित नहीं है। यहाँ सब कुछ जुड़ा हुआ है। यहाँ टूटा कुछ भी नहीं है। यहाँ पत्थर से आदमी जुड़ा है? जमीन से चाँद-तारे जुड़े हैं, चाँद-तारों से हमारे हृदय की धड़कनें जुड़ी हैं। हमारे विचार सागर की लहरों से जुड़े हैं। पहाड़ों के ऊपर चमकने वाली बर्फ हमारे मन को उद्वेलित करती है। सपनों को

बुनते हैं। यहाँ टूटा हुआ कुछ भी नहीं है, सब कुछ संयुक्त है। यहाँ अलग होने का कोई उपाय ही नहीं है, क्योंकि बीच में कहीं भी गैप नहीं है जहाँ से चीजें टूट जायें। ऐसे में कर्म हो और फल नहीं हो यह सम्भव नहीं है।

भगवान श्रीकृष्ण कहते हैं कि मैं भी अपने कँर्मों से बँधा हूँ और कर्म करते हुए लोक की यात्रा करनी है। यदि मैं लोक की यात्रा नहीं करूँ तो लोक नष्ट हो जाये। लोक संग्रह के पथ पर ब्रह्मज्ञानी जनक को भी यात्रा करनी पड़ती है और भगवान श्रीराम को भी वन-वन भटकना पड़ता है। जितना काम हम कर्ता भाव से करते हैं, वे सब खो जाते हैं। कर्म से भर कर हम कहीं नहीं पहुँचते हैं, बल्कि सारी चीजें खोते जाते हैं। पश्चिमी दुनिया कर्ताभाव से कर्म करती है। उसने सबसे पहले कहा कि ईश्वर मर चुका है। मनुष्य को केन्द्र में रख लिया, तो सब कुछ भोग करने की वस्तु हो गयी। कुछ नहीं बचा। कहा गया है कि गहना कर्मणो गतिः यानी कर्मों की गति बड़ी गहन होती है। संसार में कर्म ही सब कुछ है। कर्म में ही हमारा जीवन है। प्रकृति भी कर्म के सिद्धान्तों का पालन करती है। यह परमात्मा के करीब माना जाता है। यही कारण है कि श्रीकृष्ण कहते हैं कि ऐसा कुछ नहीं जो मैं बिना किये न प्राप्त कर सकूँ, फिर भी समाज एवं देश काल के लिए कर्म करता हूँ।

पुरुषार्थ से परम की ओर

जीवन का उद्देश्य क्या है? जब हम ठहरकर सवाल करते हैं कि जीवन का उद्देश्य क्या है? हर बार एक जवाब मिलता है सुखपूर्वक रहना। हमारे जीवन में खुशी हो। सुख और खुशी की खोज सदैव हम भविष्य में करते हैं, जबकि ये भाव एक पड़ाव है। सुख के साथ दुख और खुशी के साथ उदासी भी आती है। इसलिए सुख की खोज शिखर को छूने में नहीं बल्कि शिखर तक पहुँचने की हर एक क्रिया और मिलने वाले पड़ाव में खोजनी होगी। खुशी हर एक पल है। हम उसे पल में नहीं ढूँढ़ते! सुख हो या खुशी। उसका मूल स्रोत है आनन्द। जिसकी अनुभूति होती है। यह अनुभूति भौतिक सुख या सम्पन्नता से नहीं मिलती है। जो हम सुख भोगते हैं वह ऐंद्रिक सुख होता है, इसलिए वह स्थायी नहीं होता है। मानसिक आनन्द चिरस्थायी हो सकता है। इसके लिए भीतरी बदलाव जरूरी है। हम अगर अपने अन्त:करण को बदल लेते हैं तो खुश रहने की स्थायी विधियों को पा सकते हैं।

निर्मल वर्मा ने अपने उपन्यास 'वे दिन' में सुख के बारे में कुछ महीन बातें कही हैं। उसमें लिखते हैं कि दो तरह के सुख होते हैं–बड़ा सुख और छोटा सुख। बड़ा सुख हमेशा हमारे पास रहता है, परन्तु छोटा सुख कभी-कभी हमको मिलता है। छोटा सुख में आता है–चाय पीना, जाड़ों में अलाव पर हाथ सेंकना, गरमी में पानी से खेलना, यह छोटा सुख है। और बड़ा सुख? साँस लेना या चलना, यह जानना कि हम स्वस्थ हैं। यह बड़ा सुख है। जीवन में बड़ा सुख कामयाबी हासिल करना नहीं है।

इसलिए भारतीय चिन्तन कहता है कि लघुता में प्रभुता बसे, प्रभुता ते प्रभु दूर। लघुता में ही प्रभुता यानी देवत्व का वास है। जो अपनी आत्मा के साथ है, वह असीम और अक्षय सुख में है। इस ओर ही कबीरदास का इशारा है। सुख की दौड़ में कब बचपन बीता और कब जवानी आयी, यह पता ही नहीं चला। जवानी के साथ

चुपके से बुढ़ापा भी दस्तक दे जाता है। हम वर्तमान में इतनी तेजी से दौड़ लगाते हैं कि वर्तमान के सुख के साथ भविष्य और अतीत के सुख का एकतार छूट जाता है। शुद्ध भाव में सुख का वास होता है। वह भाव जो हमारे अन्तःकरण से निकलते हैं, जिनको हम बाहर से नहीं लाते हैं, वे शुद्ध भाव हैं। वे भाव जो बाहरी दुनिया से आते हैं और हमें अशान्त बना देते हैं, वह अशुद्ध भाव होते हैं। शुद्ध भाव चित्त की अवस्था है तो अशुद्ध भाव उसकी विकृति है। सुख भी हमारे अन्दर है, जो बाहर से आता है, वह सुख नहीं होता है। वह सुख का बवण्डर है, जिसके साथ दुख के कई पड़ाव आते हैं। सुख के एक क्षण में भी उसके विराट का स्वाद मिल सकता है और दुख की घड़ी में भी उस अस्तित्व की सुगन्ध पा सकते हैं। बस भीतर कोई फूल खिल जाये। क्षण भर के लिए एक दीया जल जाये, तो हम सुख और दुख के पार उस परम के साक्षात दर्शन कर पायें।

सुख हो या दुख। यह हमारी यात्रा के माध्यम हैं। जब हम उसके साथ जड़बद्ध हो जाते हैं, तब हम ठहर जाते हैं। तब हम सुख या दुख के साथ जुड़ जाते हैं। प्रकृति में न सुख है और न ही दुख का कारण है। सदैव सृजन है, सौन्दर्य है और सुख-दुख से परे आनन्द है। जीवन की राह में धूप कितनी भी कड़ी क्यों न हो, कभी हवा के झोंके तो कभी सूरज को क्षण भर को ढक लेने वाले बादल, बारिश के बहाने खुद को तलाशने की कोशिश में ही खुशी है। इन सेकेंड की सूई सा सुख है और दुख भी है। उदासी के पल में कुछ एक पल खुशी के मिलते है तो उसमें हम अस्तित्व के साथ खुद जुड़ सकते हैं। अन्तःकरण के अन्तिम सोपान पर ना तो शुभ रह जाता है और ना ही अशुभ का लक्षण होता है। शुभ और अशुभ दोनों विलीन हो जाते हैं। जो व्यक्ति अपनी सभी धारणाओं को गिरा देता है। वह शुभ और अशुभ से परे चला जाता है। यह अस्तित्व के साथ एकाकार की अवस्था है।

सारा दुख सीमाओं का दुख है। सारा दुख बन्धन का दुख है। सारा दुख अधूरेपन का है। इस जीवन में सब चीजें मिल जाती हैं तो भी मैं पूरा नहीं हो पाता हूँ मेरा अधूरापन कायम रहता है। तब मनुष्य के अन्दर यह विचार आया कि हर चीज में पूर्णता नहीं मिलती है। इसका तात्पर्य यह है कि उसको पाने की यात्रा ही गलत है। तब हमें प्रतीत होता है कि हमारा सुख यदि किसी दूसरे पर निर्भर है तो वह दुख ही देगा। यह खोज ही हमारी परतन्त्रता है, जो हमें स्वतन्त्र नहीं होने देती है। सारे आनन्द की यात्रा हमारी चेतना की स्वतन्त्रता से है। यह तभी प्राप्त होगा, जब हम अन्तर्यात्रा करें। जब हम ऐसा करते हैं, तो वह कोई बन्धन नहीं होता है। वह बस हम होते हैं। हमारी चेतना ही कभी सृष्टि के साथ एकाकार हो जाती है। हम ही फैलकर ब्रह्म बन

जाते हैं। श्रीकृष्ण ने इस स्थिति के सम्बन्ध में कहा है कि जब हम ब्रह्म में अपनी चेतना को स्थिर कर देते हैं तो मोह रहित होकर प्रिय को प्राप्त करके न तो सुख होता है। और अप्रिय प्राप्त होने पर न ही दुख होता है। (गीता–5.20)। हमारे जीवन में जो सुख-दुख मिलते हैं, वह इन्द्रियजनित होते हैं। उसका एक आरम्भ और अन्त है। इसलिए इन्द्रियों पर नियन्त्रण कर ही हम सुखी होते हैं।

कर्म का निर्धारण करते शब्द

स्वर इस सृष्टि की इन्द्रियों में से एक है। शब्द इस आवाज के स्वर हैं। व्यक्ति और सृष्टि के लिए स्वर का महत्त्व है। हमारी अन्त:करण की आवाज ही शब्द बनते हैं। हजार शब्द के बदले वह एक शब्द श्रेष्ठ है जो जीवन को बदलता है। शब्द हमारे कर्म का निर्धारण करते हैं। शब्द पहले हमारे मन में मुखरित होते हैं, फिर वे कर्म में बदल जाते हैं। हमारे विचार, हमारे मन के स्वर की अभिव्यक्ति हमारे कर्म का निर्धारण करते हैं। मन, विचार, कर्म और शब्द सब एक सतह की बात है। इसलिए कहा गया है कि जितना अच्छा शब्द पढ़ें या सुनें या बोलें उससे कोई सार्थक परिणाम नहीं मिलता है। उन शब्द के जीवन में उपयोग से परिणाम मिलता है।

अपने शब्दों को बदलें, अपना जीवन बदलें। मनुष्य के शब्द मनुष्य में ब्रह्म की अभिव्यक्ति है। और वे शब्द हमारी आत्मा को प्रतिबिम्बित करते हैं। निष्ठा और प्रेम से परिपूर्ण शब्दों एवं भावों के साथ एक सर्वव्यापक ब्रह्माण्डीय स्पन्दन के साथ खुद को जोड़ती है, और हमें शक्ति एवं सृजन में सहायता प्रदान करती है। इसलिए जरूरी है कि ऊर्जा को केन्द्रित करने के लिए शब्द के चुनाव पर जोर दिया जाता है। जब हम आकलन करेंगे कि हमारी दिनचर्या तब सही होगी, जब हम सकारात्मक शब्दों से अपने विचार, वाणी और सोच को जोड़ते हैं। शब्द हमारे मस्तिष्क को वस्तुतः पुनर्गठित करते हैं। वैज्ञानिक भी इस बात को स्वीकार करते हैं कि एक शब्द में जीन को अभिव्यक्त करने की शक्ति होती है, जो शारीरिक और भावनात्मक तनाव को नियन्त्रित करती हैं।

असल में हमारे द्वारा बोले जानेवाले शब्दों से हमारी भावनाओं का पता चलता है। ये हमारी मनोदशा को न केवल प्रभावित करते हैं, बल्कि हमारे कर्म का निर्धारण भी करते हैं। मनोवैज्ञानिकों का मानना है कि यदि हम अपने विचार और सोच पर नियन्त्रण रखना सीख जायें तो जीवन में अवसाद के पल कम हो जायेंगे। इसके लिए हमें अपने भाव को नियन्त्रित करने की जरूरत है। जब अच्छे भाव हमारे मन में आते हैं, तो भाषा एवं शब्द का भी हम वैसा ही इस्तेमाल करते हैं। हम जिस तरह

के शब्दों का इस्तेमाल करते हैं या जैसी सोच रखते हैं, उन सब की हमारे जीवन में तनाव कम या अधिक करने में अहम भूमिका होती हैं। कई बार हम सिर्फ अपने शब्दों को बदलकर अपने पूरे जीवन को बदल सकते हैं।

शब्दों में फेरबदल करना महज शब्दावली बदलना नहीं है। जब हम किसी शब्द को बातचीत में इस्तेमाल करते हैं तो वह हमारे हावभाव, हमारे अनुभव को भी प्रभावित करता है। पूरा दिन काम करने के बाद हम कह सकते हैं कि आज काम के बोझ के तले थक गया। या आज का दिन काम के लिहाज से व्यस्त रहा। दोनों शब्द के मायने अलग-अलग हैं। व्यस्त शब्द का प्रयोग यह दर्शाता है कि आज आपने अच्छा काम किया, एक उपलब्धि हुई, दूसरी ओर थकान शब्द के प्रयोग से पता चलता है कि कुछ खास अर्जित नहीं किया। अलबत्ता थकान जरूर हो गयी। हमारे द्वारा बोले जानेवाला शब्द हमारे जीवन का दिशा निर्धारण करता है। यह हमारे सकारात्मक और नकारात्मक नजरिये का परिचायक होता है। जब हम कठिन, असम्भव, परेशानी, थकान जैसे शब्दों का प्रयोग करते हैं, तो जीवन भी वैसा ही रूप धारण करता जाता है।

जीवन को उत्सव बनाने के बदले हम शब्द का उत्सव मनाते हैं। भाव के स्तर पर आनन्द की अनुभूति हम ले ही नहीं पाते हैं। फ्रांस के विचारक ज्याँ पॉल सार्त्र ने अपनी आत्मकथा का नाम ही शब्द रखा। शब्द और बहुत सारे शब्द और उनसे मिलकर वाक्य। इसका उच्चारण। और जोर से उच्चारण। मन के भीतर शब्दों का विचार। हम शब्द ही जीने के आदी हो गये हैं। हम शब्दीकरण के अभ्यस्त हो गये हैं। ओशो कहते हैं कि हम जन्म से लेकर मृत्यु तक शब्दों के संसार में जिया करते हैं– विचार, स्मृतियाँ, कल्पनाएँ और स्वप्न ये सभी शब्द ही तो हैं। शब्द हमारे संसार का, हमारे बाहरी जीवन से जुड़ा है जिसका उत्सव और आनन्द से कोई जुड़ाव नहीं है। अगर ऐसा नहीं होता तो सिकन्दर जीवन भर सुख के लिए अकूत सम्पत्ति क्यों बटोरते रह जाता!

हम जो शब्द गढ़ते हैं वह इस संसार के लिए है। दूसरों के लिए है। अपने लिए सिर्फ मौन है। जीवन की अन्तर्यात्रा में शब्द नहीं जाते हैं। वहाँ हमें नि:शब्द ही जाना होता है। शब्द के साथ संसार आ जाता है। यह जगत और जीव की बात आती है, लेकिन नि:शब्दता के साथ हम उस संसार के नियन्ता से जुड़ जाते हैं। शब्द की यात्रा सीमित है, लेकिन मौन की यात्रा असीमित है। शब्द थकान लाता है और मौन हमें ऊर्जावान बनाता है। इस जीवन के साथ शब्द है, उसका व्याकरण है। यह भाव प्रकटीकरण का माध्यम है। लेकिन कुछ भी प्रकट करना सही हो सकता है, लेकिन

उससे हमको लक्ष्य प्राप्त नहीं होगा। जीवन में अन्दर की यात्रा हो या बाहर की दिशा और लक्ष्य प्राप्ति के लिए मौन जरूरी है। जहाँ भी सत्य है, वहाँ कोई भाषा और शब्द नहीं होता है। वह निःशब्दता ही उसको प्रकट करती है।

महान चिन्तक मिखाइल नईमी ने लिखा है कि शब्द जहाज हैं, जो स्थानों के समुद्र में चलते हैं और अनेक बन्दरगाह पर रुकते हैं। सावधान रहो, कि तुम उनमें क्या लादते हो क्योंकि अपनी यात्रा समाप्त करने के बाद वे अपना माल आखिर तुम्हारें ही द्वार पर उतारेंगे। शब्द बस ध्वनि है। हमारे हर शब्द टकराहट से पैदा होते हैं। इसलिए ऐसे शब्द की आयु कम होती है। इसलिए उन शब्दों की यात्रा करने से कोई लाभ नहीं होता है, जिनकी कोई अपनी सीमा नहीं है। इसलिए ऋषियों ने कहा कि वह जो भीतर का ओम है। वह अस्तित्व का स्वर है। वही हमारे साथ रहेंगे, बाकी शब्द एक बोझ है। यह भार रहेंगे। वैदिक ऋषियों ने मन्त्र सुना, बोला नहीं। इसलिए वेद की ऋचा अपौरुषेय है। इसलिए जगत के सारे ऋषि कहते हैं कि जो आपके भीतर गूँज रहा है। जो आपके प्राणों का स्वर है। वह शब्द ही आपका है। वह शब्द ही अस्तित्व का है। इसको खयाल में रखकर ही शब्द का उपयोग करें, तो जीवन सार्थक होगा।

हमारा मन सदैव शब्द का आश्रय लेता है। इस कारण शब्द सत्य के आगे खड़ा हो जाता है। शब्द और स्वर के घेरे में खड़ा व्यक्ति सत्य को सुन ही नहीं पाता है। सत्य ध्वनि के पीछे है, जो मौन होने का इन्तजार करता है। जब हम भाषा के, शब्द के बिना जीते हैं, तब भाव की दशा आ जाती है। भाव की दशा में सत्य प्रकट होने लगता है। योग कहता है कि व्यक्ति जीवन भर पहले तल यानी शब्द के सतह पर ही जीता है। जबकि जीवन में और कई सतह शब्द के ऊपर होते हैं। दूसरा सतह चिन्तन का होता है। यहाँ कोई कोई ही रहता है। तीसरा तल होता है ध्यान यानी मन का। यहाँ एकाध ही पहुँचते हैं और एक और ऊपरी तल होता है। इसे परा कहा गया, वहाँ कदाचित युग में कोई एक पहुँच पाता है। इसलिए शब्द की यात्रा शब्दातीत हो जाये, तभी जीवन की सार्थकता है। जीवन को सार्थक बनाने के लिए शब्द के साथ एक व्यवस्था बनायी गयी, जिसको आश्रम, पुरुषार्थ और वर्णप्रणाली कहा गया।

आश्रम व्यवस्था से न्यायपूर्ण समाज

प्रत्येक भारतीय के लिए उसका जीवन आत्म-साक्षात्कार तथा आत्मसंयम द्वारा आत्म विकास की पाठशाला है। इसके चार सोपान आश्रम कहलाते हैं। आश्रम शब्द श्रम से बना है जिसका अर्थ है श्रम करते-करते ठहरने का स्थान। अतः भारतीय

जीवन में आश्रमों का अर्थ है वे स्थान जहाँ जीवन यात्रा करते हुए मनुष्य कुछ अवधि के लिए ठहरता है। प्रत्येक आश्रम जीवन की पूर्णता की ओर जाने की एक पूर्ण व्यवस्था है। व्यक्ति उत्तरोत्तर विकास कर इहलोक में उन्नति करते हुए विभिन्न धर्मों का निर्वाह करते हुए अन्तिम आश्रम (संन्यासी) में आध्यात्मिक विकास के उच्चतम सोपान मोक्ष को प्राप्त करता है। छान्दोग्य उपनिषद् में केवल तीन आश्रमों का उल्लेख है : ब्रह्मचर्य, गृहस्थ और वानप्रस्थ। जिस प्रकार मोक्ष पुरुषार्थ को पुरुषार्थ में ध्येय माना गया उसी प्रकार संन्यास आश्रम को भी ध्येय प्राप्ति का पूर्ण साधन माना गया। श्वेताश्वर उपनिषद् के अनुसार संन्यास आश्रम में संन्यासी सभी सामाजिक बन्धनों से मुक्त है इसलिए उसे निजी आश्रम में रखना आवश्यक नहीं समझा जाता था। आपस्तंब, गौतम जैसे धर्मसूत्र के चिन्तकों की मान्यता थी कि जिस व्यक्ति ने पहले तीन आश्रमों के नियमों का विधि-पूर्वक पालन नहीं किया है, वह मोक्ष के लिए प्रयत्न करने का भी अधिकारी नहीं माना जा सकता। कौटिल्य का मत है कि उन सबको दण्ड देना चाहिए जो अपने आश्रमों के कर्तव्यों का पालन न करें क्योंकि वर्णाश्रम व्यवस्था न रहने से समाज में अव्यवस्था फैल जायेगी।

ऋग्वेद स्पष्ट शब्दों में कहता है कि ब्रह्मचर्य आश्रम में विद्यार्थी के दो मुख्य उद्देश्य, बुद्धि का विकास और चरित्र का निर्माण था। मन को आत्मा के वशीभूत करके बुद्धि का विकास और चरित्र का निर्माण करना था। इस आश्रम में बालक अतीत के साहित्य (ज्ञान, विज्ञान तथा अध्यात्म), बड़ों का आदर करना तथा सादा जीवन एवं उच्च विचारों को अपनाता था। महान ऋषि याज्ञवल्क्य ने ब्रह्मचर्य के नियमों के बारे में बताया है–कर्मणा मनसा वाचा सर्वास्थासु सर्वदा। सर्वत्र मैथुनत्यागो ब्रह्मचर्य प्रचक्षते।।

सभी कालों में सभी अवस्थाओं में तथा सभी स्थानों में मनसा, वाचा, कर्मणा मैथुन-भोगादि प्रवृत्ति से पूर्णतया दूर रहने में सहायता करना ही ब्रह्मचर्यव्रत का लक्ष्य है। आज विश्व की (भारत का भी साथ में) सामाजिक संरचना इतनी बदल चुकी है कि छात्र जीवन के प्रारम्भ से ब्रह्मचर्य जीवन बीतना सम्भव नहीं है। आज ज्ञान, शिक्षा तथा मानसिक विकास की अनेक संस्थाएँ तथा संगठन हैं परन्तु ऐसी सम्भवत: कुछ ही संस्थाएँ हैं जो पूर्ण व्यक्तित्व विकास पर ध्यान देती हैं। ब्रह्मचर्य यानी जीवन की तैयारी का आश्रम है। तैयारी जितनी अच्छी होगी जीवन उतना ही सफल और सार्थक होगा। उपनयन संस्कार (जो 8 से 12 वर्ष के बीच होता है) से पूर्व जीवन अनुशासनहीन एवं अनियमित तथा उद्देश्यहीन होता है। मनुष्य शूद्ररूप जन्म लेता है और उपनयन संस्कार के बाद द्विज कहा जाता है। आज की सभ्यता

का सबसे बड़ा भीषण संकट पवित्रता का है। विद्याध्ययन में लगे विद्यार्थी भले ही कितनी भी उन्नति करते हैं, कुशाग्र बुद्धि होते हैं, लेकिन चरित्र, संस्कार एवं व्यक्तित्व के मामले में प्राय: दरिद्र ही होते हैं। परन्तु भारतीय जीवन रचना में विद्यार्थी अपने ब्रह्मचर्य आश्रम के दौरान गुरु के आश्रम में जब छात्र अध्ययन कर लेता था तो वह परम चरित्रवान बन जाता है। अध्ययन का तात्पर्य मनोरंजन नहीं वरन् चरित्र निर्माण के लिए ही मनुष्य को अपने गुरु के निर्देशन में वेदोध्ययन करना होता है और उनके अनुसार तपस्या करनी होती है। दास की भाँति जीवन व्यतीत करना, द्वार-द्वार भिक्षा माँगना, गुरु आज्ञा से भोजन करना आदि ब्रह्मचर्य आश्रम के नियम हैं। भारतीय ऋषियों ने बताया है कि मानव जन्म लेने के साथ ही तीन ऋणों का भार लेकर जन्म लेता है। ऋषियों के प्रति उऋण होने का अवसर ब्रह्मचर्य आश्रम में मिलता है। पूर्ववर्ती ऋषियों द्वारा अनुभूत, संग्रहित ज्ञान राशि को मानव जन्मत: ही प्राप्त कर लेता है। आर्यभट्ट, पाणिनि, कौटिल्य को जो बातें मालूम थीं, वह आज के मामूली व्यक्ति को सहज मालूम होती है। यह पूर्व के ऋषि, मनीषी, चिन्तकों, विचारकों, कलाकारों ने कठोर साधना के द्वारा ही ज्ञान अर्जन किया था और हमें हर काम के लिए नये सिरे से नहीं करना पड़ता। बहुत तैयार मिलता है। अत: उन सभी ऋषियों, चिन्तकों के रचित, सृजित ग्रन्थों, कला का स्वाध्याय करने से, उनकी ज्ञान, तप, साधना की परम्परा को आगे बढ़ाने से ऋषि-ऋण से उऋण हुआ जा सकता है। इसके द्वारा मानव सामाजिक धरोहर को निरन्तर गतिशील बनाये हुए उसमें संवर्द्धन तथा संशोधन करता है।

ब्रह्मचर्य आश्रम में विद्यार्थी बौद्धिक एवं नैतिक विकास करता था। तैत्तिरीय उपनिषद् में स्पष्ट लिखा है कि विद्यार्थी को स्वाध्याय के साथ-साथ न्याय, सत्य, आत्म-संयम आदि गुणों का अभ्यास करना चाहिए। शिक्षा की समाप्ति पर आचार्य शिष्य को उपदेश देता था। सत्य बोलो, धर्म का आचरण करो। स्वाध्याय से प्रमाद मत करो। अपनी कुशलता का ध्यान रखो। ऐश्वर्य प्राप्ति के लिए प्रयत्न करो। देवताओं और पूर्वजों के प्रति कर्तव्य की उपेक्षा मत करो, अपने माता-पिता, आचार्य और अतिथि को देवता तुल्य समझो। जो अच्छे कर्म हैं, उनका ही अनुसरण करना चाहिए दूसरे कर्म का नहीं। जितना ही उच्च वर्ण का बालक होता उतना ही मोटा या खुरदरा कपड़ा उसे पहनना पड़ता था। जैसे कि ब्राह्मण के लिए सन वस्त्र, क्षत्रिय के लिए रेशम तथा वैश्य के लिए ऊन। आश्रम में यदि महाराजा-महारानी या कोई अन्य प्रतिष्ठित तथा धनिक व्यक्ति जाते थे, तो उन्हें पर्णमाला में रहना, कुशा के

आसन पर सोना तथा जंगली कन्द-मूल फल खाने पड़ते थे।

मनु भगवान ने आचार्य को ब्रह्मचारी का, आध्यात्मिक गुरु कहा है। ब्रह्मचारी ध्यानपूर्वक गुरु की बातों को सुनता, गुरु के खाने के पश्चात् शेष भोजन करता, कम सोना (गुरु के बाद तथा गुरु के उठने के पूर्व उठना), सादा पोशाक पहनता था। अध्ययन के लिए शुल्क देना तथा अध्यापन कार्य के लिए शुल्क का लेना दोनों निन्दनीय कार्य था। केवल शिक्षा समाप्ति के पश्चात् विद्यार्थी सामर्थ्यानुसार गुरु-दक्षिणा देते। इससे समाज के प्रखर बुद्धिमान विद्यार्थी भी वह कितना ही निर्धन परिवार का हो शिक्षा प्राप्त कर सकता था। इस आश्रम में धर्म का सबसे ज्यादा महत्त्व था। आज के तथाकथित सभ्य समाज, विभिन्न शैक्षणिक संस्थाएं, विद्यार्थी एवं गुरुजनों के लिए ब्रह्मचर्य आश्रम से सीख एवं उदाहरण ले सकते हैं। अथर्ववेद (11-5-17) कह उठा–ब्रह्मचर्येन तपसा राजा राष्ट्रं विरक्षति। ब्रह्मचर्य रूपी तप के बल पर ही राज्य-राष्ट्र की विशेष रक्षा करता है।

अपने गुरु के आश्रम से जब विद्यार्थी स्वाध्याय करके आते तब गृहस्थ जीवन में प्रवेश करते थे। गृहस्थ जीवन में प्रवेश करके विवाह की अनुमति दी जाती है। इस आश्रम में प्रवेश करके व्यक्ति सांसारिक सुखों का उपभोग करता और पुत्रोत्पत्ति करके अपने वंश की परम्परा को अक्षुण्ण रखता है। आज भारतीय जीवन में चार आश्रम घटकर दो रह गये हैं–गृहस्थ एवं संन्यास। महाभारत के शान्ति पर्व में गृहस्थ जीवन के बारे में स्पष्ट कहा गया है कि यह सर्वश्रेष्ठ आश्रम है। इसी आश्रम में मनुष्य तीनों पुरुषार्थ, धर्म, अर्थ, काम का पालन कर मोक्ष की ओर अग्रसर हो सकता है। इसी आश्रम पर सभी पशु-पक्षी, चर-अचर जीव निर्भर हैं। गृहस्थ को सारे समाज के जीव सदृश्य हैं, वही पुरुष धन उपार्जन करने वाला होता है। निर्धन, दुर्बल, स्त्री-बच्चे आदि जब कार्य करने में असमर्थ हैं वे गृहस्थ के ऊपर ही निर्भर करते हैं। गृहस्थ से अपेक्षा की गई कि वह विद्या, धन, यश और धर्म का उपार्जन रहे तथा व्यसन, कुसंग, इन्द्रियलोलुपता आदि का परित्याग करें।

गृहस्थ से आशा की गयी कि वह कार्य करके कर्मफल की आकांक्षा करें, मनुष्य की सहायता कर कृतज्ञता की आशा करें। गीता में भगवान श्रीकृष्ण ने गृहस्थ आश्रम के लिए ही कहा है कि सब कुछ भगवान का समझकर मिट्टी-अमिट्टी में समस्वभाव रखते हुए आज की और फल की इच्छा का त्याग कर भगवदानुसार केवल भगवान के ही लिए सब कर्मों का आचरण करना (22-48, 5-10)। यह भारतीय जीवन रचना की विशेषता है कि हमने आदर्श रख जो जन्गा है सो खायेगा,

जो खायेगा सो खिलायेगा। भारतीय संस्कृति ने ऊँचाई इस बात से मापी कि उसमें अपने दुर्बल-वृद्ध-अपंग सदस्यों को खिलाने की कितना क्षमता है। आज भी पश्चिमी कल्पना से यह कोसो दूर की बात है। भारतीय परिवार में बच्चे और बूढ़े कमाते नहीं, पर उपभोग अधिक करते हैं। जबकि परिवार का मुखिया सबसे ज्यादा परिश्रम एवं कार्य करता है। हमारे व्यक्गित आरोहण के लिए समाज में व्यवस्था की गयी।

भारतीय सामाजिक व्यवस्था

भारतीय सामाजिक व्यवस्था में गृहस्थ के तीन मुख्य कर्तव्य निर्धारित किये गये हैं– यज्ञ, अध्ययन और दान। समाज के ब्रह्मचर्य, वानप्रस्थ आश्रम के व्यक्ति धन नहीं कमा सकते। लेकिन वह स्वाध्याय, वैराग्य, तपस्या तथा चिन्तन साधना द्वारा समाज का उपकार करता है, समाज का मार्गदर्शन करता है, लोगों को बुराई से बचाता है। इन आश्रम के व्यक्ति सुधा-तृप्ति हेतु भिक्षाटन करते हैं। अतः दान गृहस्थों के लिए एक आवश्यक गुण बताया गया है। गृहस्थों से आशा की गयी कि वह निष्कपटता से जीवन यापन करना सीखे और कमाई का कुछ भाग (50 प्रतिशत तक) समाज कल्याण में दे। दान योग्य एवं परोपकारी व्यक्ति हो ही देना चाहिए। दान को भी तीन श्रेणी– सतोगुण, स्त्रीगुण तथा तमोगुण में विभक्त किया गया है।

स्वाध्याय तथा आत्मसंयम (दम) भी गृहस्थों के लिए आवश्यक बताया गया है। स्वाध्याय का अर्थ है मन्त्र जप तथा उत्तम ग्रन्थों का प्रतिदिन नियमपूर्वक अध्ययन तथा चिन्तन कर जीवन में उतारना। समाज सेवा तथा आध्यामिक उत्थान हेतु स्वाध्याय को जरूरी बताया गया है। घर में श्रेष्ठ ग्रन्थों को होना चाहिए अतः इसके क्रय पर कुछ व्यय करना चाहिए। भोगदर्शन (2-44) में लिखा है–स्वाध्यायादिष्ट देवता सम्प्रभोगः, अर्थात् स्वाध्याय से इष्ट देवता की भलीभाँति प्राप्ति होती है। वेद (तैत्तिरीय उपनिषद्) का तो आदेश है स्वाध्यात्मा प्रमद अर्थात् स्वाध्याय में आलस्य मत करो। जहाँ तक आत्मसंयम का प्रश्न है, वह विशेषकर गृहस्थों के लिए ही है। भारतीय सामाजिक-रचना में विवाह परिवार-समाज के प्रति एक सामाजिक कर्तव्य है। विवाह का उद्देश्य सन्तानोत्पत्ति मात्र नहीं है, इसका उद्देश्य उस संस्कृति परम्परा को आगे बढ़ाना है जो हमें विरासत में मिली है। सन्तान की उत्पत्ति आदर्श एवं उद्देश्य प्राप्ति के लिए की जाती है। अतः संयम जरूरी है ताकि कामेच्छा को गौण और धर्म एवं संस्कृति का संवर्धन किया जा सके। गृहस्थ जीवन में व्यर्थ ही इन्द्रियों को विषयभोग की ओर नहीं मोड़ना चाहिए यद्यपि कि यह आश्रम विभिन्न काम पुरुषार्थ की पूर्ति के लिए है। आधुनिक समाज विवाह एवं नारी को केवल

इन्द्रिय एवं भौतिक सुख का आधार समझता है। यह वृत्ति से गुण है। व्यक्ति चाहे वह गृहस्थ ही क्यों न हो परम सुख की खोज में रहता है और यह चिरन्तन सुख शरीर से आगे मन, बुद्धि तथा आत्मा की सुख प्राप्ति के बाद ही मिलता है। विषय लोभ एक क्षणिक तथा आवेशमयी सुख है।

भारतीय ऋषियों चिन्तकों की धारणा रही है कि प्रत्येक व्यक्ति तीन ऋण लेकर जन्म लेता है। इसमें से ब्रह्मचर्य आश्रम में वह स्वाध्याय द्वारा ऋषिऋण से विमुक्त होता है। परन्तु गृहस्थाश्रम में ही उसे दो अन्य ऋण से ऋण लेना पड़ता है। मनुस्मृति के अनुसार प्रत्येक गृहस्थ को पाँच महायज्ञ करना चाहिए। ये पाँच यज्ञ हैं ऋषि पक्ष (जिसकी पूर्व में चर्चा हो गयी है), देवयज्ञ, पितृयज्ञ, भूतयज्ञ तथा अतिथि यज्ञ (मनुष्य यज्ञ)। इस पंच महायज्ञ के सिद्धान्त में तीनों ऋणों को मानना भी समाहित है। शतपथ ब्राह्मण (यजुर्वेद से सम्बन्धित) में कहा गया है कि जो पुरुष इनको यथाभक्ति नहीं करता, वह सदा ऋणी रहता है। ऋषियों द्वारा रचित श्रेष्ठ ग्रन्थों के पढ़ने तथा उसका अध्ययन कर परम्परा रूप में समाज में अन्य लोगों को देने से ऋषि ऋण से मुक्त हो सकते हैं। देवयज्ञ का अर्थ है अग्निहोत्र, हवन तथा यज्ञ। इसे देवयज्ञ इसलिए कहा जाता है कि सुगन्धित सामग्री तथा मन्त्रोच्चारण द्वारा प्राकृतिक शक्तियों तथा स्थितियों को शुद्ध एवं हवन बताया जाता है। हवन से वातावरण पवित्र बनता है पवित्र एवं शुद्ध वातावरण का निर्माण होता है। हवन करते समय आहुति के बाद इदं न मम् अर्थात् यह मेरा नहीं कहने की परिपाटी है। सब कुछ परमेश्वर (या समाज) का है ऐसा कहने से समुत्कर्ष (ऐहिक और पारलौकिक कल्याण) तथा निःश्रेयस (मोक्ष) की ओर जीवन अग्रसर होता है। देव यज्ञ में ही अन्तर्निहित है देवऋण। प्रकृति हमें श्वास लेने के लिए शुद्ध हवा, पीने के लिए अथाह पानी, खाने के लिए भोजन, रहने के लिए आवास इत्यादि देती है। प्रकृति द्वारा ही समूचे मनुष्यमात्र को मानसिक तथा आध्यात्मिक उन्नति का साधन मुहैया कराती है। अतः इन देवप्रदत्त सुविधा का उपभोग विवेक तथा आवश्यकतानुसार ही करना चाहिए। उन्हें नष्ट नहीं करना चाहिए। पितृयज्ञ अर्थात् माता-पिता, पूज्यजनों, विद्वानों तथा सन्तों का आदर करना। गृहस्थ का कर्तव्य है कि वह सबकी सेवा करें तथा इसके अन्तर्गत ही है पितृऋण। माता-पिता के कारण ही मानव शरीर मिलता है। अपार कष्ट सहकर माता-पिता सन्तान का पालन-पोषण करते हैं। इनके बिना मानव जन्म न तो सम्भव होता और न ही मानव कुछ देख सकता, सुन सकता। यह मानव शरीर तथा उसमें अन्तर्निहित शक्तियाँ, पूर्वजों के विचार, कठोर तपकर्म का परिणाम है। तैत्तिरियोउपनिषद् के अनुसार यह आज भी सर्वमान्य के कल्याण की दृष्टि

से अतिमहत्त्वपूर्ण है देवपितृकार्याम्यां न प्रमदिव्यम्। मातृदेवो भव। पितृदेवो भव। आचार्यदेवो भव। अतिथिदेवो भव। (तैति. उप. 1/11)।

अर्थात् देव और पितृ कार्य में प्रमाद नहीं करना चाहिए। माता-पिता, आचार्य और अतिथि देवताओं के समान उपासना करने योग्य है। माता-पिता, अतिथि, आचार्य, हमारे दैनिक जीवन के अभिन्न अंग स्वरूप, चलते-फिरते और जीते-जागते देव-विग्रह है। शास्त्रों में कहा गया है कि "भूमेर्गरीयसी माता स्वर्गादुच्चतर: पिता:।" अर्थात् माता पृथ्वी से भी अधिक तथा पिता स्वर्ग से भी अधिक महान है। मातृ-पितृ भक्तों में श्रीराम-सीता, गणेश, ध्रुव, पाण्डव, नचिकेता, परशुराम, भीष्म आदि प्रमुख हैं।

गृहस्थों के लिए अतिथि यज्ञ तथा भूत यज्ञ भी आवश्यक कहा गया है। भारत की प्राचीन सनातन परम्परा के अनुसार आतिथ्य भी एक उत्कृष्ट धर्म माना गया है। अचानक बिना सूचना के द्वार पर आया धार्मिक विद्वान, योगी संन्यासी हमारा अतिथि होता है। उसको भोजन, जल, आसन देकर यथोचित सत्कार करना चाहिए। भारतीय संस्कृति ने तो बैरी भाव रखने वाले, शरणागत सभी को अतिथि मानकर सत्कार किया है। भारतीय समाज सदा से अतिथ्यशील रहा है और यही बहुत बार भारतीय अस्मिता के लिए संकट भी खड़ा किया। कई शताब्दी पूर्व जब अरब-तुर्कों से पराजित फारस के पारसी जल-पथ से भारत (सूरत) में आये तो राजा यादव राना ने उनका खुले हृदय से स्वीकार किया। इसी प्रकार इतिहास के कालक्रम में यहूदी आये और 60 के दशक में लाखों तिब्बती तथा उनके गुरु दलाईलामा आये। साथ-साथ हमने ईसाई को, मुसलमानों को (राष्ट्रकूट साम्राज्य), विदेशी व्यापारी (जो बाद में भारत को गुलामी के ज़ंजीर में कसे) को भी शरण दी। भूतयज्ञ द्वारा पशु-पक्षी तथा वृक्ष आदि उपकारी तत्त्वों के संरक्षण, पालन-पोषण और सेवा का विधान है। अपना जीवन पूर्णत: इस गृहस्थाश्रम जैसा बना ले तो समाज-परिवार का जीवन अति सुखमय, शान्ति तथा स्नेहपूर्ण बन जायेगा। यह ऋण मनुष्य को बाँधने के लिए नहीं है। मनुष्य की स्वतन्त्रता के विकास एवं विस्तार हेतु है। क्या ऋषि के ऋणों को पूरा किया जा सकता है? लेकिन ऋषि भी कल्याण कर अपने ज्ञान को उस अविरलता के साथ जीतते हैं तो ज्ञान खण्डित नहीं होता टूटता नहीं जुट जाता है।

ताण्ड्य महाब्राह्मण में वानप्रस्थ जीवन का उल्लेख मिलता है। यह आश्रम का तृतीय सोपान है। जब गृहस्थ के बाल पकने लगते हैं, शरीर ढीला पड़ जाता है तथा घर में पौत्र का जन्म हो जाये तब वानप्रस्थ आश्रम में प्रवेश किया जाता है। इस समय यह पता चलने लगता है कि विषय तथा भौतिक सुख स्थायी नहीं है।

वानप्रस्थी अपने परिवार घर और सामान को छोड़कर अरण्य में रहता, ब्रह्मचर्य में रहता, शरीर पर कोपीन धारण करता तथा वन से कंद, फल-फूल खाकर जीवन व्यतीत करता है। भूमि पर सोना, जीवन से वैराग्य तथा आध्यात्मिक उन्नति के लिए तैयारी करना ही वानप्रस्थी का कर्तव्य है। तपस या तपस्या वानप्रस्थी के लिए है। गृहस्थ जीवन से विरक्त होने पर मनुष्य को शरीर, मन, तथा जीभ का संयम रखना चाहिए। यही तपस्या है। ब्रह्मचर्य के लिए स्वाध्याय, गृहस्थ के लिए पाँच महायज्ञ, दान, आत्मसंयम का महत्त्व है, वही वानप्रस्थों के लिए तपस्या का है। विचारों, चिन्तनों के नये-नये विकास एवं धाराएँ ऐसे ही तपस्वियों में आये जिनकी क्रियाएँ ध्यान के मानसिक तथा आध्यात्मिक अभ्यास से सम्बन्धित थीं।

वैखानस धार्तसूत्र (तीसरी शक्ति) से पता चलता है कि वानप्रस्थ सपत्नीक तथा अपत्नीक दोनों हो सकते हैं। इसका तात्पर्य है कि कुछ व्यक्ति पत्नी सहित भी रहते थे किन्तु वे प्राय: सांसारिक बन्धनों से मुक्त रहते। वन में निवास करते, संचय नहीं करते। इस आश्रम में अर्थ और काम, मोह, धर्म तथा मोक्ष मुख्य ध्येय होता है। वानप्रस्थी भले ही सपत्नीक हो या अपत्नीक लेकिन वे सामाजिक कर्तव्यों का निर्वाह करते थे। कण्व मुनि ने विश्वामित्र मेनिका पुत्री शकुन्तला का भरण पोषण किया। वाल्मीकि मुनि ने सीता को अपने आश्रम में रखा। आज भी अन्ना हजारे, बाबा आमटे, नाना जी देशमुख जैसे व्यक्ति वानप्रस्थी जीवन व्यतीत कर रहे हैं।

वानप्रस्थों के लिए जीवन की सादगी, आज की भाँति तथा आध्यात्मिक उन्नति के साथ स्वतन्त्रता तथा राष्ट्रीय स्वाभिमान के लिए अपने कर्तव्यों को पूरा किया। हज़ारों, लाखों, कौपीनधारी, सर्वस्व त्यागी, नग्न-अर्द्धनग्न ने कभी दण्डमिस, डायोमियस, चाणक्य, विश्वामित्र, शंकराचार्य, समर्थ गुरु रामदास, विधारण्य, रामकृष्ण-विवेकानन्द, महर्षि रमण, योगी अरविन्द, महात्मा गांधी के रूपों में इस भारत राष्ट्र की जनता के मस्तिष्क में राष्ट्रीयता की आध्यात्मिक भूमिका को स्थापित किया। मृत्यु के समय कहा कि शरीर एवं सिर के टुकड़े किये जा सकते हैं, परन्तु आत्मा के नहीं। यूनानी तथा अन्य विदेशी यात्री ने इसका विशद वर्णन भी किया है।

वर्णाश्रम धर्म में चौथी अवस्था संन्यास आश्रम कष्ट साध्य अवस्था है। इस आश्रम में आने के पूर्व सन्यासी अपने पारिवारिक सम्बन्ध को पूर्णत: खत्म करता है। संन्यासी का जीवन यज्ञमय होता है। कहा गया है कि दो प्रकार के मनुष्य अव्यधिर शक्तिशाली होते हैं–एक क्षत्रिय तथा दूसरा संन्यासी जो आध्यात्मिक अनुशीलन में लगा रहता है। संन्यास भक्ति का तात्पर्य है कि जीवात्मा अपने को पहचाने एवं

तदनुसार कर्म करे। तपस्या में वानप्रस्थी पतिव्रता, सत्यता, ब्रह्मचर्य तथा अहिंसा व्रत का पालन करते हुए परमेश्वर, ब्राह्मणों, गुरु, माता-पिता की सेवा-आदर भाव पैदा करता है। बाकी की तपस्या में वानप्रस्थी मन को क्षुब्ध करने वाली वाणी पर संयम रखता है। साधक, हितकर तथा भाने वाली वाणी का ही उच्चारण करता है। मन की तपस्या में सन्तोष, सरलता, गम्भीरता, आत्मसंयम, जीवन की बुद्धि आती है। संन्यासी को समस्त सामाजिक वर्ण तथा आश्रमों में गुरु का स्थान मिला है। उसके केवल एक ही सहायक 'भगवान' होते हैं। मेरी रक्षा कौन करेगा? जिस भी व्यक्ति को यह भय या भावात्मकता रहती है, वह इस आश्रय को धारण नहीं करता। संन्यासी तो यह सोचता है कि मैं अकेला नहीं, भले ही वह निविड़ जंगल तथा पर्वतों के गह्वरों में सदा के लिए ध्यानावस्थित हो। संन्यासी भिक्षाटन के बहाने गृहस्थों को दर्शन देना अगली जीवन-यात्रा की तैयारीहेतु चैतन्य करता है उनकी अन्तरात्मा, चिन्तन को जगाता है। संन्यासी वह श्रेष्ठ पुरुष है, जिसके आगे सभी स्वतः झुक जाये। संन्यासी के लिए दो कार्य होते हैं–'आत्मनो मोक्षाय जगत् हिताय च।' अपने मोक्ष तथा जगत् के हित के लिए सदैव प्रयत्न करना। उसका जीवन जीता-जागता यज्ञ होता है। इसी कारण, संन्यासी यज्ञ की अग्नि के रंग यानि गेरुवा (भगवा) वस्त्र धारण करता है। हमारे देश में अनेक अत्याचारी शासकों को गर्व चूर करने तथा अत्याचारियों के विरुद्ध स्वाभिमान तथा राष्ट्रीयता के ओज भरने का महान कार्य संन्यासियों ने किया है।

इस प्रकार भारतीय जीवन रचना मोक्ष की तैयारी पर आधारित है। ब्रह्मचारी शिक्षा प्राप्त करके भारत की सांस्कृतिक परम्परा की रक्षा करता है, तो गृहस्थ परिवार एवं समाज के सदस्य के रूप में महायज्ञ, दान, आत्मसंयम द्वारा समग्र विकास का कार्य करता है। वानप्रस्थाश्रम में वैराग्य, अध्ययन एवं चिन्तन द्वारा आध्यात्मिक शान्ति तथा संसार के लिए अनुभूत ज्ञान मिलता है और इस प्रकार व्यक्ति संन्यासाश्रम में पूर्णतः मुक्ति की ओर आरोहण करता है। इस आरोहण के लिए भारतीय जीवन में पुरुषार्थ की व्यवस्था है। यह हमारे आन्तरिक एवं बाहरी जीवन को साधता है।

बाह्य और अन्तर्जगत की यात्राएँ

बाह्य और अन्तर्जगत की यात्राएँ हैं पुरुषार्थ। जगत की यात्रा में आते हैं काम और अर्थ। अन्तर्जगत की यात्राएँ हैं धर्म और मोक्ष। मोक्ष की साधना है धर्म। कामना की तृप्ति का मार्ग है धन। ऋषियों ने चार पुरुषार्थ की प्राप्ति के लिए ही चार आश्रमों

की व्यवस्था बनायी थी। आश्रमों में अपना कर्तव्य पूरा करने के लिए मनुष्य चारों पुरुषार्थों का उचित प्रशिक्षण प्राप्त करता है। इसलिए भारतीय जीवन में पुरुषार्थों को आश्रम व्यवस्था का मनोवैज्ञानिक तथा नैतिक आधार कहा गया। मनुष्य के जीवन का सम्पूर्ण समाज के व्यापक हितों के साथ तालमेल बैठाने हेतु अर्थ, काम, धर्म की आवश्यकता है। भारतीय जीवन में अर्थव्यवस्था को समाज के लिए जरूरी माना गया। अर्थव्यवस्था के अन्तर्गत दण्डनीति, वार्ता, आर्थिक स्थिति सभी आते हैं। एक ओर जहाँ अर्थव्यवस्था को धर्मानुकूल होने की बात कही गयी तो दूसरी ओर यह भी कहा गया कि अर्थाभाव में धर्म धारण सम्भव नहीं। इसलिए नीतिशास्त्रों ने कहा सैकड़ों हाथों से कमाओ, तथा हजारों हाथों से बाँटों (अथर्ववेद 3-24-5)। अर्थ का प्रमाण एवं अव्यवस्थित स्थिति भी समाज के लिए हानिकारक है। इसलिए इसे धर्मानुकूल होने की बात कही गयी। मनु ने घोषित किया है–यावत् भ्रियेत जठरं तावत् स्वत्वं हि देहिनाम्। अधिकं मोडमिमयेत स स्तेनो दण्डमहेति।।

शरीर की स्थिति के लिए जितना आवश्यक है उतना ही उपभोग करने का मनुष्य को अधिकार है। जो अधिक ग्रहण करता है वह चोर है तथा दण्डनीय है। हम समाज के एक अवयव हैं, तो हमें निजी स्वामित्व की भावना को भी नहीं रखना चाहिए। हम बस एक समृद्धि धरोहर के संरक्षक हैं। गांधी जी भी इस संरक्षक (ट्रस्टीशिप) के आधार पर आर्थिक व्यवस्था का पुनर्गठन करना चाहते थे। समन्वय एवं सम्पूर्ण समाज की सेवा की भावना हमें वैदिक युग से ही देखने को मिलती है। इशोपनिषद् में एक मन्त्र है–ईशावस्यमिदम् सर्वम् यत्किंच जगत्यां जगत्। त्येन त्यक्तेन भुजीथाः मा गृधः कस्यस्विदनम्।।

अर्थात् इस जगत में जो कुछ भी है वह सब परमात्मा द्वारा परिव्याप्त है। अतः त्याग के द्वारा तू सब का उपभोग कर, दूसरों की सम्पत्ति के प्रति लोभ मत कर। इस प्रकार व्यक्ति के आचरण से समाज में व्यवस्था रह सकती है। हमारे यहाँ माना गया कि अपनी जरूरत के लिए किया गया उत्पादन ही उत्पादन है। समाजरूपी राष्ट्र की समृद्धि एवं उन्नति का मापदण्ड प्रतिव्यक्ति आय को नहीं वरन् सबसे नीचे के आदमी की स्थिति में सुधार को माना। आज की सभ्यता की पहचान तथा सूचक दुनिया की खोजों तथा शरीर की पूरक सार्थकता से जोड़कर माना जाता है। लेकिन वस्तुस्थिति है कि इस अर्थसुख के लिए पहले लोगों को मारपीट कर गुलाम बनाया जाता था। आज लोगों को पैसे और भोग-लालच देकर गुलाम बनाया जाता है। अतः व्यक्ति का शरीर, भूमि, मानव समूह तथा भौतिक उपभोग से बना अर्थ पुरुषार्थ धर्म पर आधारित होना ही चाहिए।

साथ ही यदि अर्थ का अभाव हो जायेगा तो धर्म भी समाप्त हो जायेगा। पर्याप्त मात्रा में अर्थ होगा तभी व्यवस्था में समन्वय एवं स्थायित्व रहेगा। एक सुभाषित में कहा गया है कि–'बुभुक्षित: किं न करोति पापम्, क्षीणाः नराः निष्करुणाः भवन्ति', अर्थात् भूखा सब पाप कर सकता है। विश्वामित्र पर जब भूखे मरने की बारी आ पड़ी तो उन्होंने चण्डाल के यहाँ से जूठा कुत्ते का मांस चोरी करके खाया। प्राण रक्षा तो सभी धर्मों एवं कर्मों का आधार है। कहा गया 'धनाद् धर्मः ततः सुखम्' जहाँ धन तथा धर्म है, वहीं सुख है। परन्तु 'त्येन त्यक्तेन भुंजीथा:' के अनुसार त्यागपूर्ण ढंग से उपभोग करने की बात कही गयी। सबका उपभोग हम न करे वरन् उसका कुछ भाग दूसरों को भी दें। सदन कसाई था तो यह 'भूख के कारण' ही था। लेकिन इसके बावजूद खुद भगवान ज्ञान-योग की बात सीखने के लिए इसके पास आये।

भारत में सभ्यता विकास की एक रूपरेखा–महाभारत में महर्षि व्यास ने की है–अकृत्वा पर सन्तापमगरवा खलमन्दिरम्। अनुल्लंघ्यं सतां मार्ग, यत्स्वल्पमपि तट्बहु।।

कुछ कर्म भी मिलता है, तो बहुत है। ऐसा विकास जो दूसरों को पीछे धकेल करके हो दूसरों को हटाकर हो दूसरों का नाश करके हो विकास नहीं। विकास का मतलब सबको साथ लेकर चलना है।

'काम' पुरुषार्थ का अर्थ उन सब इच्छाओं से है जिनकी पूर्ति करके मनुष्य सांसारिक सुख प्राप्त करता है। भारतीय सामाजिक व्यवस्था में काम का भी समुचित ध्यान दिया गया ताकि धर्म की हानि न हो। काम भी धर्म से मर्यादित है। आहार, निन्दा, भय, मैथुन के अतिरिक्त, मन की विभिन्न इच्छाएँ राष्ट्र का संकल्पादि काम भावनाओं का शरीर में निवास है। वैसे कामशास्त्र के विद्वानो में विख्यात वात्स्यायन ने कला सम्बन्धी ज्ञान में 64 कलाओं का वर्णन किया है। काम के मुख्य उद्‌देश्य सन्तानोत्पत्ति के द्वारा समाज को आगे बढ़ाना है। मानव के इस सौन्दर्यप्रियता की प्रवृत्ति की तुष्टि तथा कामेच्छा के लिए ही विवाह सम्बन्ध तथा गृहस्थ आश्रम की व्यवस्था की गयी है। यौन सुख जीव के लिए आवश्यक है और विवाह सम्बन्ध के अन्तर्गत यौन सुख की छूट मिली है। परन्तु अनियोजित को शास्त्र वर्जित मानता है। भोजन, सोना तथा सुरक्षा भी व्यक्ति को जरूरी है। परन्तु इसकी भी अधिकता से व्यक्ति विलासी, तमोगुणी एवं अधर्मी हो जाता है। मन को सुख, सन्तोष देने वाली संगीत, नृत्य, शिक्षा, प्रकृति का आस्वादन भी जरूरी है ताकि मानव बुद्धि चिन्तन द्वारा ज्ञान के नये-नये क्षेत्र का पता लगाये। राष्ट्र संकल्प की कल्पना के बल पर

मनुष्य ने ज्ञान, विज्ञान, अध्यात्म आदि में आश्चर्यजनक उन्नति की। इसके सम्बन्ध में हमारे नीतिशास्त्रकार मनु ने बड़ी ही व्यावहारिक बात कही है–'कामात्मता न प्रशस्ता न चैवेहारुत्यकामता' (2-2)।

अर्थात् कामात्मता यानि कामनाओं के पीछे अन्धे बनकर दौड़ना उचित नहीं है। इसी प्रकार अकामता यानी कामनाओं का सम्पूर्ण दमन करना उन्हें सन्तुष्ट न करना भी उचित नहीं है।

समाज की सुस्थिति एवं कल्पना के साथ व्यक्ति के विकास के मेल को देखने की दृष्टि को ही पुरुषार्थ या पदार्थ कहा है। सामूहिक रूप से कहा गया है कि यह पुरुषार्थ मनुष्य की पैतृक सहमति यौन-भावना, उसका अर्थ (धन) तथा सामर्थ्य की अभिलाषा, उसकी कलात्मक, सौन्दर्यात्मक तथा सांस्कृतिक जीवन के प्रति तृष्णा तथा परमात्मा से पुनर्मिलन की इच्छा को सन्तुष्ट करने का प्रयत्न करता है। किन्तु पुरुषार्थ का ध्येय मुक्ति की प्राप्ति, बिना समाज के प्रतिरूपों को चुकाये नहीं हो सकता। इसके लिए कई तत्त्वों का सहयोग लिया जाता है। उपवास हमारे पुरुषार्थ की सफलता का अहम आयाम है।

निरोग रहने का फॉर्मूला है उपवास

उपवास केवल भोजन से अवकाश नहीं है, बल्कि यह आत्मा के निकट बैठना है। इस अस्तित्व के साथ ख़ुद को जोड़ने के लिए जब हम शरीर की ऐच्छिक क्रियाओं से अवकाश लेते हैं, तो वह उपवास है। इसका भोजन से सीधा कोई सम्बन्ध नहीं है। जिस व्यक्ति का चित्त, चेतना और चिन्तन का केन्द्र उसकी आत्मा बन जाती है। उसका आत्मिक उन्नयन अधिकतम है। उपवास उन्नयन का सरल मार्ग है। भोजन की चिन्ता छोड़कर स्वयं के भीतर की तल्लीनता में खोना उपवास में ज्यादा जरूरी है। भोजन का विस्मरण और आत्मा का स्मरण हमारी इन्द्रियों की वृत्तियों को नष्ट कर देता है। उसकी वासना खत्म होने लगती है। फिर शरीर रूपी यन्त्र का उपयोग अपनी अन्तरात्मा की खोज में लगा देते हैं। उपवास भी उस परमात्मा रूपी रस का स्वाद अनुभव करने का मार्ग है।

इसलिए पहला जोर शरीर पर होता है। शरीर को साधने, मन के सन्तुलन और दोनों की शुद्धि के लिए उपवास किया जाता है। आहार शुद्धि से चित्त की शुद्धि होती है और शुद्ध चित्त से हम उस परमतत्त्व की ओर आरोहण करते हैं। इस प्रकार उपवास हमारे उन्नयन का रास्ता है। शरीर को साधकर उसकी परमशक्ति के साथ खुद को जोड़ते हैं। फिर उस शक्ति के अस्तित्व की गतिमान शक्ति से समन्वय

करते हैं। जीवन में परमऊर्जा की खोज और उसके साथ उन्नयन में ही उपवास की उपयोगिता है।

शरीर एक उपकरण है, जिसे हम शिखर तक जाने के लिए उपयोग करते हैं। हमारे जीवन को परम ऊँचाई तक ले जाने के लिए शरीर को साधना पड़ता है। शरीर एक यन्त्र है, जिसकी मशीन की तरह समय अन्तराल पर सर्विसिंग जरूरी होती है। शरीर रूपी यन्त्र को आराम देने से वह स्वयं को ऊर्जावान बनाता रहता है। विज्ञान अब यह मानता है कि उपवास से हमारे शरीर की पुरानी और मृत कोशिका एवं ऊतक बाहर निकल जाते हैं। वैदिक काल से ही उपवास में आहार और जल की मात्रा के सन्तुलन की एक पद्धति थी, जिससे साधनारत लोगों को आत्मिक उन्नति का मार्ग सहज हो जाता था। साधना के लिए माह में कतिपय दिन निर्धारित होते थे, जिसमें उपवास करने से उसका शरीर, मन और चित्त पर विशेष प्रभाव होता था। यह चन्द्रमा के चक्र, सूर्य की गति और ऋतुओं के गमन से निर्धारित किया जाता था। पूर्णिमा, अमावस्या, ग्रहणकाल, एकादशी का अवसर इसके लिए ज्यादा अनुकूल होता था, जिसमें शरीर को सावधानी के साथ चित्त को साधना होता था।

उपवास में शरीर के भोजन की माँग को अस्वीकार करना होता है। जब सहजता से शरीर की माँग को पूरा नहीं करते हैं, तब हम अपने शरीर को ऊपर उठाते हैं। उपवास का अर्थ है स्वयं को शरीर से बड़ा बनाना। जब मन भोजन के साथ नहीं रहे, वह साक्षी बन जाये। तब एक ताप उत्पन्न होता है। यह ताप ही ऊर्जा बनाता है, जो भय को नष्ट करता है और सिद्धि की प्राप्ति कराता है। तप का सम्बन्ध पूजा या पुण्य से नहीं बल्कि चेतना के ऊर्ध्व विकास से है। उपवास अग्नि है। अग्नि ही तप है। और तप साधना की सिद्धि का मार्ग है।

व्रत की विरासत भारत में वैभवशाली रही है। व्रत में उपवास की परम्परा हमारे जीवन को सक्रिय और गतिशील बनाने की होती है। हिन्दुओं में हर एक सप्ताह किसी दिन या पर्व विशेष पर व्रत रखने का प्रावधान है। कई बार दिन में एक बार खाने का रिवाज है। वैज्ञानिक रिसर्च से यह साबित हुआ है कि व्रत के दौरान जरूरी जींस शरीर को फायदा पहुँचाने को सक्रिय हो जाते हैं। सूर्य किरणें भी शरीर में मौजूद ऐसे जींस को सक्रिय करती हैं। व्रत करने से और शरीर को सूर्य स्नान कराने से कोशिकाओं में सिट्रूइन जीन सक्रिय होते हैं और सुस्त पड़ी कोशिकाओं को सक्रिय कर देते हैं। इससे बॉडी की मरम्मत क्षमता बढ़ती है। जब सिट्रूइन सुस्त पड़ने लगता है, तब बुढ़ापे जैसी खतरनाक बीमारी हावी होने लगती है। भूख, गर्मी और सर्दी शरीर में इस सिट्रूइन को रिएक्टिवेट करते हैं। जिसके कारण शरीर की मरम्मत क्षमता

बढ़ जाती है। इसके लिए जरूरी विटामीन डी का एकमात्र स्रोत सूर्य ही है। इस प्रक्रिया से हम निरोगी रहकर लम्बा जीवन जी सकते है। डेविड सिंक्लेयर जो हार्वर्ड मेडिकल स्कूल में जेनेटिक विभाग के प्रोफेसर हैं। उनका मानना है कि व्रत में जरूरी जींस के कारण शरीर सक्रिय हो जाता है। (दैनिक भास्कर, 2 नवम्बर, 2019)।

जीवन में उपवास का महत्त्व है। इस कारण भारतीय जीवन में उपवास को व्रत, पर्व और उत्सव के साथ जोड़ दिया गया है। उपवास को सबसे अच्छा इलाज माना गया है। यह शरीर के विषैले तत्वों को दूर करता है, जिस कारण शास्त्र में इसे लंघनम सर्वोत्तम औषधि यानी उपवास को सर्वश्रेष्ठ औषधि माना गया है। उपवास में पेट को खाली रखने का रिवाज है। माना जाता है कि उपवास जितना लम्बा होगा, शरीर की ऊर्जा उतनी ही अधिक बढ़ेगी। इससे स्वाद ग्रहण करनेवाली ग्रन्थियाँ पुनः सक्रिय हो जाती हैं। यह आत्मविश्वास प्राप्त करने का बढ़िया साधन है। इससे शरीर पर नियन्त्रण की कला भी उपवास के साथ जुड़ी है। उपवास केवल भोजन का त्याग नहीं है। उपवास की साधना एक तपस्या है। उपवास के दौरान मस्तिष्क अन्तर्यात्रा पर जाये, तभी उपवास की सार्थकता है। यह शरीर को भोजन नहीं देना और मन में हर समय भोजन की चिन्ता रखना नहीं होता है।

हमारा मन और मस्तिष्क जब शान्त हो, जब शरीर का स्मरण न हो, तब ही उपवास होता है। ऐसी स्थिति बन जाये कि भूख का एहसास मन में नहीं हो और मन अपनी आत्मा के साथ एकाकार हो, तो ही उपवास है। जितना समय हमारा आत्म ध्यान में व्यतीत होता है, जितना समय हमारी स्मृति में शरीर तत्त्व गायब रहता है। उतना समय ही साधना का है। उपवास भी एक तप है, यह व्रत है। यह व्रत है, जब हम आत्मा में स्थिर हैं। यह तप है, जब सिद्धि की प्राप्ति होती है। अगर भूख की माँग उठी, तो उपवास तप या व्रत नहीं रहता है। इस कारण भी उपवास को अनशन से अलग माना गया है। उपवास का शाब्दिक अर्थ है–उप मतलब ऊपर और वास मतलब रहना। यानी ऊपर रहना। अनशन में व्यक्ति हर समय भोजन के साथ रहता है। भूख की इच्छा अनशन है और भूख को विस्मृति उपवास है। इसलिए हम अपने मन और बुद्धि से उपवास में रहें और मन में सात्विकता को अपनायेंगे तो जीवन में कई परिवर्तन दिखेंगे। जब व्यक्ति का मन सात्विक होगा तो निश्चित ही उसके कर्म और बोल भी सात्विक होंगे। उपवास की पूरी आधारशिला भोजन पर आधारित है। इस कारण भोजन को भारतीय जीवन में पावन कार्य माना गया। भोजन से जीवन क्रियाशील होता है और भगवान की ओर मुड़ता है।

ब्रह्माण्ड से आया दूत है भोजन का ग्रास

सदियों से भोजन को प्रार्थना से जोड़ा गया। यह भोजन ही ईश्वर है। इसके लिए हिन्दू जीवन में हर एक कर्म के साथ प्रार्थना को जोड़ा गया। उठते हैं तो प्रार्थना। पृथ्वी पर पैर रखने के पूर्व प्रार्थना। स्नान करने के पूर्व प्रार्थना, ताकि पानी को परमात्मा से पूर्ण बनाया जा सके। हमारी प्रार्थना ही हमारी वृति को, भाव को और अन्ततः व्यक्ति को बदलती है। भोजन का प्रत्येक अंश देखने में सामान्य लगता है लेकिन भोजन का हरेक निवाला ब्रह्माण्ड से आया वह निवाला है, जिसमें बहुत कुछ है और जो हमसे कुछ कहना चाहता है। हममें कुछ जोड़ना चाहता है। हमें खाने के साथ-साथ उसको सुनने एवं जोड़ने का अभ्यास करना चाहिए। आलू का एक टुकड़ा हो या रोटी का एक ग्रास। पेड़ पर छितराया पत्ता हो या उसके साथ जुड़ा एक फूल या फल। इन पत्तों, फूलों, फल और रोटी या आलू के साथ ब्रह्माण्ड के अनगिनत तत्त्व कई रूपों एवं कई स्थानों की यात्रा करते हैं।

भूमि के जल और हमारे शरीर में बहने वाले रक्त के बीच गहरा सम्बन्ध है। दोनों को मिलाने वाला माध्यम अन्न है। मेघ,नदी तथा सरोवर के जल पौधों के शरीर में पहुँचकर दूध में बदल जाते हैं और वही दूध ही गाढ़ा होकर गेहूँ, आलू, केला, गाजर, चावल, ईख के दानों में जम जाते हैं। यही दूध अन्न के रूप में मनुष्य तथा पशु और पक्षी में प्रविष्ट होकर शक्ति और तेज उत्पन्न करते हैं। जो जल पृथ्वी पर बहते हैं, वे पहले आकाश में विचरण करते हैं। वही जल पृथ्वी पर आते हैं, तो भूमि की धारण शक्ति के साथ मिलकर दूध बन जाते हैं। इसलिए अथर्ववेद में वृक्ष और वनस्पति को मनुष्य की भाँति पृथिवी का पुत्र कहा गया है।

महात्मा बुद्ध ने अपनी देशना में एक सुन्दर सन्देश दिया है। पत्ते का उदाहरण देकर महात्मा बुद्ध ने आचार्य कश्यप को बताया कि जड़ और चेतन सभी प्राणी परस्पर निर्भरता के अनुरूप सहवर्द्धन के विधान के अनुसार ही विकास करते हैं। आसमान में लहरा रहे पीपल के पत्ते की ओर देखो। उन्होंने स्पष्ट देखा कि उसमें सूर्य और तारागण सभी विद्यमान हैं, क्योंकि बिना सूर्य, बिना प्रकाश तथा बिना अग्नि तत्त्व के पत्ते का अस्तित्व ही सम्भव नहीं है। उन्होंने पत्ते में बादलों की उपस्थिति देखी। बिना बादलों के वर्षा सम्भव नहीं और वर्षा के बिना पत्ते का अस्तित्व नहीं है। उन्होंने देखा कि पृथ्वी, काल, आकाश और मनस् तत्त्व सभी उस पत्ते में विद्यमान हैं। वास्तव में उस पत्ते में ही समस्त ब्रह्माण्ड अवस्थित है।

हमारे कर्म की गति ही हमारा जीवन है। यह पूरी तरह से हमने बनाया है। इसी प्रकार हमने भोजन को पूरे ध्यान से समझा और स्वीकार किया है। अलग-अलग तरह के लोगों के लिए क्या खाना चाहिए, इसका निर्धारण किया गया है। उनके लिए अलग-अलग तरीके के खाने को महत्त्वपूर्ण बताया गया है। मेहनतकश मजदूर को जो खाना चाहिए, वह आध्यात्मिक व्यक्ति के लिए अनुकूल नहीं हो सकता। उसी प्रकार पढ़ने वाले युवा और सीमा के पहरी का खाना भी भिन्न होगा। व्यवसायी का खाना और श्रमिक के खाने एक जैसे नहीं हो सकते। यह बात समझनी होगी। हम अपने मूल स्वभाव के अनुसार काम करेंगे, तो हम इसको समझ सकेंगे। इसके लिए पहले शरीर को सुनना होगा। लेकिन हम अपने मन की सुनते हैं, शरीर की नहीं सुनते हैं। जबकि हमारा शरीर के साथ सम्बन्ध पहले जरूरी है। मन का स्थान शरीर के बाद होता है। शरीर नहीं होने पर मन भी नहीं रहेगा, यह बात हमारे पल्ले नहीं पड़ती। हमारे शरीर से एक आवाज आती है–तुम जो खा रहे हो। वह सही है, यह सही नहीं है। गलत खाने से बाद में तकलीफ होगी। लेकिन हम नहीं सुनते या सुनना नहीं चाहते और कष्ट भोगते हैं।

इसका कारण है। हम भोजन करते समय किसी दूसरी दुनिया में होते हैं। कदाचित ही भोजन के साथ वर्तमान में रहते हैं। भोजन के दौरान स्वाद का पता जब चलता है, तब तक पेट भर जाता है। फिर स्वाद के लिए ज्यादा भोजन करते हैं। जबकि सही यह है कि भोजन करना है तो स्वाद लेकर या मौन में करना। भोजन के प्रत्येक कौर के साथ दूसरा कुछ भी मुँह में न डालें। चाहे हमारी कोई इच्छा हो, चिन्ता हो या कोई सुखद अनुभूति। जब मुँह में कोई भोजन का टुकड़ा डालें तो बस उस तक ही अपनी विचारों को केन्द्रित रखें। इसके साथ कुछ भी साथ में न चबायें। यदि पूरी तरह से चबाकर और स्वाद के साथ खाने को ग्रहण करेंगे, तो कभी भी ज्यादा भोजन नहीं कर पायेंगे।

बौद्ध गुरु थिच नात हान अपनी आध्यात्मिक सभाओं में ऑरेंज मेडिटेशन की बात सिखाते हैं। सन्तरे को हथेली पर रखकर उसे देखते हुए साँस भीतर और बाहर करते हैं, जिससे कि सन्तरा यथार्थ बन जाये। वह कहते हैं कि यदि हम यहाँ पूरी तरह से उपस्थित नहीं, तो सन्तरा भी वहाँ नहीं है। जो सन्तरे को खाते हैं लेकिन फिर भी उसे नहीं खाते। वे सन्तरे के साथ अपना दुख, भय, क्रोध, भूत और भविष्य चबाते रहते हैं। वे कहते हैं कि यदि आप यहाँ हैं, तो जीवन भी यहीं है। सन्तरा जीवन का सन्देशवाहक है। जब आप सन्तरे को देखते हैं, तो आप जान पाते हैं कि यह फल कैसे बड़ा हुआ, फिर पीला बना और इसमें उपलब्ध एसिड चीनी में परिवर्तित हुआ।

सन्तरे के पेड़ को इस उत्कृष्ट कलाकृति को बनाने में कितना समय लगा।

भोजन करें, इसके पूर्व यह जानना जरूरी है कि भोजन के माध्यम से हम अन्य जीवन को चुनते हैं और खाते हैं। और उसको अपना बनाते हैं। दुनिया का हर एक जीवन इस धरती और आकाश के माध्यम से आता है। एक केंचुआ हो या एक आदमी। एक जानवर हो या एक पौधा। सब मिट्टी से बना लेकिन उसके रूप में बदलाव हो जाता है। हर एक जीवन एक निश्चित जानकारी एवं व्यवस्था के आधार पर चल रहा है। प्रकृति ने हरेक जीवन की सरल व्यवस्था बनायी है। अतएव हमें भी अपने जीवन में सरल व्यवस्था को स्थान देना चाहिए। केंचुआ अपना भोजन पेड़-पौधों से तथा आदमी केंचुआ से भोजन नहीं ले सकता। सृष्टि एक जीवन चक्र पर आधारित है। उसमें एक व्यवधान पूरे जीवन के लिए संकट उत्पन्न कर देगा। एक जानवर जिसमें विचार और भावना हो उसे नहीं खाना चाहिए। क्योंकि वह हमारे जीवन का हिस्सा नहीं बनेगा। अगर खा लिए तो उस व्यक्ति में जानवर की प्रकृति प्रकट होने लगेगी। अतएव वही खाइये जो हमारे लिए अच्छा है।

देवत्व की प्रतिष्ठा हैं यज्ञकर्म

भोजन के साथ क्रियाशीलता का भाव है तो यज्ञकर्म के साथ आत्मिक क्रियाशीलता का जागरण किया जाता है। यज्ञ भी एक दैवी भोजन का अनुष्ठान है। प्राचीन भारत में यज्ञों की मंजिल स्वर्ग है। अग्नि देवता और मनुष्यों के बीच की कड़ी है। देवता चूँकि सूक्ष्म देह में है, इसलिए यज्ञों के माध्यम से उनको खुश किया जाता है ताकि स्वर्ग पहुँचा जाये। महर्षि विश्वामित्र इसको चुनौती देते हैं। उनका स्पष्ट मत है कि यदि स्वर्ग वास्तव में कोई जगह है, तो वहाँ व्यक्ति को अपने स्थूल देह के साथ जाना चाहिए। मर कर एक आदमी कहाँ गया? इससे धरती के यथार्थ जीवन में क्या अन्तर पड़ता है। इसलिए विश्वामित्र त्रिशंकु को स्वर्ग भेजने के लिए यज्ञ की प्रणाली को ही बदल देते हैं। वह अन्तः रूपान्तरण पर जोर देते हैं।

दूसरी ओर महात्मा बुद्ध अपनी मुक्ति को तब तक टाल देते हैं, जब तक इस धरती के हर एक व्यक्ति को निर्वाण प्राप्त न हो जाये। वह इन्तजार करते हैं ताकि सब मुक्त हों। महात्मा बुद्ध से पूर्व रामकथा में भी एक वर्णन आता है। वनवास के दौरान लक्ष्मण अत्रि मुनि से कहते है कि क्या तपस्या व यज्ञ का लक्ष्य यह नहीं है कि वह सब पाया जाये, जो इन्द्र के पास है? इस पर मुनिवर कहते हैं कि इन्द्र के पास सब कुछ है। स्वर्ग का वह राजा है, लेकिन इसके बाद भी उसका मन निरन्तर उन सबको खोने के भय से व्याकुल रहता है। स्वर्ग भले ही देवलोक है, किन्तु मुझे वहाँ

जाने की कोई इच्छा नहीं है। मुनि अत्रि कहते हैं कि मैं वहाँ जाने की इच्छा रखता हूँ जहाँ कोई भूखा नहीं हो। ये कहानियाँ हमें न केवल नरक से बाहर निकालने की राह दिखाती हैं, बल्कि स्वर्ग की आकांक्षा को छोड़कर उससे ऊँचे यथार्थ की ओर जाने का सन्देश देती हैं।

ईश्वर की आराधना के लिए अनुष्ठित हर एक कर्मयज्ञ है। निष्काम भाव से जब हम समाज के लिए अपने विचार एवं बुद्धि से जो कर्म करते हैं, वह भी यज्ञ है। दिवस कर्मयज्ञ है और रात्रि भावयज्ञ है। भावरहित कर्म में थकान रहती है और कर्मरहित भाव एक आत्मविलास होता है। जब दिन रूपी अग्नि या ताप का रात रूपी सोम या मधु के साथ समागम होता है। अग्नि में सोम की आहुति से यज्ञ देवता प्रज्वलित हो उठते हैं। यह हवनकर्म या यज्ञकर्म लगातार चलता रहता है। रस, मधु, भाव, सुख, जल आदि विभिन्न रूप रात यानी सोम के प्रतीक हैं। वही अग्नि, ताप, प्रकाश, बल, कर्म, शक्ति आदि रूप दिन के प्रतीक हैं। अग्नि भूख है, सोम अन्न है। बिना सोम की आहुति के अग्नि निर्जीव है। सोम के सम्पर्क और सम्बन्ध से अग्नि हमारे जीवन का प्राण और ऊर्जा बनती है।

श्रौतकर्म में परमात्मा का आत्ममेघ और विश्वव्यापी सविता शक्ति के विविध कर्मों से लेकर यज्ञ-यगादि मानवीय कर्म सब कुछ आ जाते हैं। यज्ञ भी कर्म है क्योंकि यजन एक कर्म है। आकाश में सूर्य का तपना, उसकी तपने से निकली मधु का वनस्पति और औषधि में मिलना, धरती पर हरीतिमा का विस्तार सब कुछ कर्म है। वही सूर्य सृष्टि में तपता है। देह में वैश्वानर बनकर बैठा है, भोज्य पदार्थ को तपाता है। पचाता है। यह यज्ञ है। धरती पर गार्हपत्य अग्नि बनकर आकाश में आदित्य बनकर यज्ञ कर्म में लगा है। इस सूर्य रूपी अग्नि के सारे कर्म ही यज्ञ हैं।

जब हम कहते हैं कि जीवन एक यज्ञ है। तो इसका तात्पर्य होता है कि हम सबको कर्म करना है, तपना है, धर्म का निर्वहन करना है। ऋत का पालन करना है। कर्म करना है ताकि फल प्राप्त हो। शतपथ ब्राह्मण में कहा गया है कि यज्ञो वै श्रेष्ठतम कर्मम्। (1/9/11) इस विराट कर्मचक्र में निरन्तर परिवर्तनशील जीवन यज्ञ है। यज्ञ यानी कर्म से जीवन विकास करता है। इस प्रकार सृष्टि क्रिया के प्रसव और फल को केन्द्रीय रूप से यज्ञ का रूप बताया गया। तब विष्णु यज्ञ है। अग्नि यज्ञ है, आत्मा ही यज्ञ का रूप है। अन्त में कहा गया कि जगत में मानव की उत्पति भी यज्ञ है। पुरुष सूक्त में कहा गया कि ईश्वर अपनी ही आहुति देकर सर्वहुत यज्ञ करता है और विश्व लीला को जन्म देता है। अन्ततः यज्ञ एक विश्वव्यापी एवं सर्वकालिक क्रिया बन जाता है। चौरासी लाख योनियों की आहुति यानी यात्रा पश्चात हम अपने मूलस्वरूप को पाते हैं।

उपनिषद् में कहा गया है कि सृष्टि में निरन्तर यज्ञ चल रहा है। बीज से पौधे का बनना, पहाड़ से पानी के रूप में नदियों का बहना, पर्वत पर जड़ी-बूटियों से आच्छादित हरीतिमा, पेड़ में फल का आना और उसका पकना। फिर खत्म हो जाना। यह सारा कर्म ही यज्ञ है। छह ऋतुओं का चक्र यज्ञ है। आकाश में सूर्य, चाँद, तारे का परिभ्रमण भी यज्ञ है। अतिथि को भोजन देना यज्ञ है तो अपनी भूख मिटाना भी यज्ञ ही है। भक्त को भगवान से एकत्व स्थापित करता है यज्ञकर्म।

हर एक सजीव यज्ञकर्ता है। यजमान ईश्वर है। विराट से अंश का एकत्व ही सच्चा यज्ञ है। जीवन का स्वाभाविक कर्म और एकमेव यज्ञ ईश्वर की ओर अन्तर्यात्रा है। मन की साधना रूपी आहुति से चेतना का जागरण ही मूल कर्म है। हर एक सजीव के भीतर उस दिव्य अनुभूति को प्रतिष्ठित करने के लिए ही सारा प्रयास होता है। जीव में देवत्व की प्रतिष्ठा ही यज्ञ है। जीवन खुद एक यज्ञ है। और सद्कर्म ही होमशिखा है। गृहस्थ जीवन को आगे बढ़ाने के लिए रतिक्रिया भी यज्ञ है, अन्यथा यह कामभाव की आहुति है। इन भौतिक और आत्मिक कर्मकाण्डीय अनुष्ठान के माध्यम से पुरुषोत्तम की यात्रा होती है। यह देवत्व की अवधारणा है।

पुरुषोत्तम रूप है अवतार की पूर्णता

अवतारवाद की धारणा ईश्वर का मानवीकरण है। ईश्वर जब अपने असीम को छोड़कर सीमा का वरण करता है और जीवन कर्म में ऋत का पूर्णतः पालन करता है, तो वह अवतार कहलाता है। अवतार में जो महत्त्वपूर्ण बात होती है वह ईश्वर के द्वारा मनुष्य की सीमा का वरण है। श्रीराम एक नर है। एक आम पुरुष है, लेकिन उनका दुख, उनका कर्म और उनका आन्तरिक सौन्दर्य उनको दिव्यता तक ले जाता है। राम का दुख भी पूर्ण है। उनकी करुणा भी आदर्श है। जीवन में अवतार की सार्थकता जीवन की पूर्णता है, तो राम ने उस सीमा को सम्पूर्णता में निर्वहन किया। उस कर्म निर्वहन के मध्य अपने चरम ईश्वरीय भावों को प्रकट किया। इस प्रकार राम के कर्म और सत्ता में एक नैतिक सोपान की भी पूर्णता आती है।

राम का जीवन ही अवतार की पूर्णता और उपलब्धि का रहा है। इस कारण भारतीय होने का अर्थ ही राममय या राम की तरह माना गया। राम केवल संयम और पुरुषार्थ के ही नहीं बल्कि कर्म के भी पूर्ण पुरुष हैं। भारतीय जीवन में कृष्ण पूर्ण देव हैं। इसलिए वह नमनीय हैं। शिव देव हैं। लेकिन शिव देव के साथ गृहस्थ हैं। शिव ऐसे योगी हैं जो गृहस्थ बने हैं। अतएव शिवत्व को प्राप्त करना कठिन है। राम ही एकमात्र गृहस्थ हैं जो साधु की तरह जीवन जीते हैं। इसके लिए वह अनुकरणीय हैं।

श्रीराम ने रस, शील और अध्यात्म को अपने पूरे जीवन में पूर्णतः केन्द्रीय भाव से प्रतिस्थापित किया। इस सृष्टि के सारे अवतार में मनुष्यत्व की कमी है, सिवाय श्रीराम के। वह सौन्दर्य, नैतिक और आध्यात्मिक तीनों स्तर पर अपने कर्म, विचार और मानसिक स्थिति से चरमस्थिति को पहुँचते हैं। मनुष्य की सीमा हैं श्रीराम। राम सुन्दर हैं लेकिन दिव्य हैं। निर्मल होने के साथ ही उनका जीवन दीप्त है। उनमें रस है, करुणा है, माधुर्य है। वे वीर हैं, योद्धा हैं लेकिन शान्त हैं। व्यक्ति वीर हो, करुणा हो और शान्त हो, तो वह पुरुषोत्तम है। राम ने ज्ञान, राज और योग के बदले केवल कर्म से अपने व्यक्तित्व की परिभाषा इस जगत के समक्ष रखी। वीरता के साथ धीरता, युद्ध में विवेक और कर्म में धर्म का शतप्रतिशत पालन मनुष्य के लिए सम्भव नहीं होता है।

राम शुरू से दुख भोगते हैं। सुख आता है और चला जाता है। लंका काण्ड के बाद दुख ही उनके जीवन की व्यथा है और कथा भी है। अवतार का अर्थ होता है कि मनुज तन में और मानवीय सीमा में एक आदर्श रखना। कृष्ण की तरह श्रीराम के लिए भी सब सम्भव था। लेकिन मानवीय जीवन में वे दुख पर दुख भोगते हैं, लेकिन उफ्फ भी नहीं करते हैं। अपनी बातों एवं कर्मों का सदैव धर्म के आधार के मापदण्ड पर रखकर मूल्यांकन करते हैं। परशुराम से संवाद में श्रीराम कहते हैं कि दमन से पशु को वश में किया जाता है। दण्ड और दमन से समाज की रचना नहीं होती है। प्रतिशोध के बदले क्षमा से ही समाज के अधूरेपन को भरा जा सकता है। हर एक निर्णय के क्षण में राम अहम् से ऊपर अपने को उठाते हैं, आत्मा के स्तर पर स्वयं को स्थापित कर वचन बोलते हैं। एक व्यक्ति इस अपूर्ण जगत में सम्पूर्ण जीवन जीने का अनवरत कर्म कर रहा है।

तपस्या ही मनुष्य को इस योग्य बनाती है कि व्यक्ति अपने मूल्य का निर्धारण कर सके। वह अपने कर्म का निर्धारण करता है। समाज में मनुष्य का मोल उसकी प्राप्ति के आधार पर होता है लेकिन श्रीराम ऐसा नहीं सोचते हैं। वह इस तरह का मूल्यांकन कभी नहीं चाहते हैं। इस कारण अयोध्या के सिंहासन को वह कोई सम्पत्ति नहीं मानते हैं। जिस सिंहासन और राज्य के महाभारत में भीषण संघर्ष होता है। उसको श्रीराम सहज ही छोड़ देते हैं। उनका निर्णय सदैव समाज आधारित होता है, जिसमें व्यक्ति की इच्छा या भाव गौण हो जाते हैं। वह भावना के बदले नियम और व्यवस्था को ज्यादा महत्त्व देते हैं। ऐसा करते हुए उनको इस बात का पछतावा नहीं होता कि इससे उनके पिता, माता, पत्नी और बच्चों को कितनी पीड़ा होगी। नियम

का पालन करना उनका कर्म है। ऋत के अनुसार चलने के कारण ही वह पुरुष में पुरुषोत्तम बन पाये।

जाबालि भौतिकवाद और सुखवाद दर्शन के ऋषि थे। वनवास के दौरान उन्होंने श्रीराम से कहा–तुम अपने पिता की ओर से दिये वचन तथा पारिवारिक प्रतिष्ठा को बहुत मान दे रहे हो। यह तुम्हारे लिए भार हो रहा है। तुम जीवन के आनन्द से विमुख हो रहे हो। इस पीड़ा को भूल अपने राज्य को वापस चले जाओ और सुख भोगो।

श्रीराम कहते हैं–आप मुझमें एक नरेश का जीवन देखते हैं, जिसे मैंने नकारा है। मैं आपकी तरह से जीवन को देखने के बदले अपनी तरह से जीवन को देखना चाहता हूँ। मेरे लिए राजसी शान और सुख-सुविधा का त्याग कोई पीड़ा का कारण नहीं है। वनवास भी त्रासदी नहीं है। मर्यादा की यात्रा पर निकले श्रीराम कहते हैं कि मैं यह समझना चाहता हूँ कि आखिर क्या है इस राजपाट में? क्या है इस सुख-सुविधा से दूर होने में? मेरे लिए यह एक अवसर है। मैं समझना चाहता हूँ कि आखिर एक स्थिति को पाने का इतना आकर्षण क्यों है? क्यों कोई दूसरी स्थिति वनवास, पीड़ा और संकट से भागना चाहता है। मैं फिर दुबारा देखना चाहता हूँ। इस जीवन को और इसकी घटनाओं को समझना चाहता हूँ।

जाबालि विस्मित हो जाते हैं। जिस जीवन में लोग अधिकतम सुख की चाहत रखते हैं। अधिकतम सम्पत्ति, ज्यादा से ज्यादा प्रतिष्ठा की कामना करते हैं। पद और पैसा अर्जित करने में लगे रहते हैं। उसके बिना जीवन अधूरा लगता है। उस जीवन को श्रीराम सहज ही अस्वीकार देते हैं। वे जीवन को समझना चाहते हैं। एक बार पहले भी श्रीराम अपने जीवन के 16 वें वर्ष में पूरे भारतवर्ष की यात्रा करते हैं। यात्रा के बाद उनमें विरक्ति आ जाती है, तब विश्वामित्र के कहने पर वशिष्ठ ने एक विस्तृत उपदेश दिया। जिसके परिणामस्वरूप योगवशिष्ठ का जन्म होता है। इसमें वे वशिष्ठ से जीवन, कर्म, मोक्ष, त्याग, संसार, सुख आदि पर सवाल करते हैं। उसके प्रति वशिष्ट अपने विचार को प्रकट करते हैं। इसके बाद राम निर्लिप्त होकर निर्णय करते हैं। दूसरी बार वनवास में कर्म के माध्यम से उस जीवन को जीने का प्रयास करते हैं। जाबालि कहते हैं कि आप एक ऋषि हो। मैं आपको प्रणाम करता हूँ।

राम की अन्तर्यात्रा की सहयोगी माता सीता है। उनके सहयोग और समर्पण के बिना यह सम्भव नहीं था। सीता को वन छोड़ने के समय लक्ष्मण व्याकुल हैं। वह राजाज्ञा का पालन करते हैं लेकिन अपने क्षोभ और दुख को छिपाते भी नहीं हैं। माता सीता ने लक्ष्मण की इस दुविधा को देखा। उनको अनुभव हुआ कि लक्ष्मण एक

ग्लानि के भाव में हैं। माता ने सान्त्वना दी और पूछा कि क्या आपको लगता है कि श्रीराम ने अपनी सीता का त्याग किया है? जनकनन्दनी खुद ही जवाब देती हैं–वह ऐसा नहीं कर सकते। उन्होंने ऐसा नहीं किया है। वह स्वयं नियमचक्र से बँधे हैं। वह किसी का त्याग नहीं करते। साथ ही मैं शक्ति का रूप हूँ। अतएव मेरा भी कोई त्याग नहीं कर सकता। सब अस्तित्व के ऋत का पालन कर रहे हैं। यह नियमचक्र है। विधान के तहत कर्म कर रहे हैं। सीता को स्मरण हो आया कि श्रीराम ने विवाह के बाद एकपत्नी व्रत की बात कही थी।

रामायण में राम खुद विष्णु के अवतार हैं, इस बात से वे अनभिज्ञता दर्शाते हैं। ताड़का वध के समय जब विश्वामित्र विष्णु द्वारा भृगुपत्नी के वध का उदाहरण देते हैं। उस समय विश्वामित्र राम के अवतार से अनभिज्ञ हैं। अग्नि परीक्षा के समय देवता राम की विष्णुरूप में स्तुति करते हैं। लेकिन दशरथ राम से कहते हैं कि वह पुरुषोत्तम हैं। युद्ध काण्ड में ही उनकी तुलना विष्णु से होती है। राम की तुलना विष्णु, इन्द्र आदि से की जाती है जिसका अर्थ कि वे दोनों भिन्न हैं। हालाँकि राम अपने कर्म और विचार से उस पद को प्राप्त करते हैं, जैसे परवर्ती काल में महात्मा बुद्ध अपने कर्म से विष्णु के अवतार माने जाते हैं।

अवतारवाद बाद की भावना है, जिसे राम के जीवनकर्म पर समाज द्वारा स्वीकार किया गया। हर एक युग में राम और सीता महल और वनवास में बिना किसी मोह या पीड़ा के शान्तिपूर्वक रहते हैं। वे सदैव तप और यज्ञ यानी कर्म के बीच सन्तुलन बनाते हैं। तपस्या से आन्तरिक शक्ति प्राप्त कर अपने विचार को शुद्धता और शुभता की भावभूमि से जोड़ते हैं। दूसरी ओर कर्म की सीमा रेखा में अपने सन्तुलन तथा समन्वय की मर्यादा बनाते हैं। राम एक देव नहीं हैं। वह सदैव इसको अस्वीकार करते हैं, लेकिन उनके कर्म और विचार हर एक पल उनको देवत्व से जोड़ते हैं। यही कारण है कि भगवती शक्ति जब शिव से आग्रह करती हैं कि कोई ऐसी कथा सुनाएँ, जो कष्ट में सान्त्वना और पीड़ा में शान्ति दे सके। शिव माता को राम और सीता की कथा सुनाते हैं। यह कथा विविध रूपों, विविध भावों, विभिन्न भाषाओं और विविध जनों में सनातन काल से चलती आ रही है। इन कथाओं के माध्यम से अस्तित्व की तलाश होती है, जो हमारे जीवन को सहज तरीके से आगे बढ़ाता है। इसके लिए यज्ञ, कर्म, तप और जप की व्यवस्था है।

अस्तित्व की तलाश है तपकर्म

भारतीय संस्कृति में ब्रह्मा यज्ञ का अनुष्ठान करते हैं। वह प्रजापिता हैं। जनता के पिता हैं। अतएव यज्ञकर्म से वह प्रकृति पर विजय प्राप्त करने की अभिलाषा रखते हैं। वह कर्म के बाहरी ताप (प्रभाव) से सफलता चाहते हैं। जीवन में श्रेष्ठता के लिए कर्म जरूरी है, लेकिन कर्म के साथ व्यक्ति की धारण शक्ति भी चाहिए। कर्म से इच्छित फल मिलता है, लेकिन धारण शक्ति से वह फल जीवन का स्थायी भाव बन जाता है। इसलिए यज्ञकर्म के साथ तप जरूरी है। यज्ञ बाहरी जीवन को सँवारने का कर्म है और तप आन्तरिक सक्रियता का कर्म है। जीवन में मूल्य की तलाश के लिए आन्तरिक सक्रियता जरूरी है। भगवान शिव सदैव विकास के लिए तप को जरूरी मानते हैं। व्यक्ति का शिखर की ओर आरोहण खुद व्यक्ति की अन्त:प्रेरणा, अन्त:क्रिया और अन्त:चिन्तन पर निर्भर है।

आन्तरिक अग्नि को प्रज्वलित करने का कर्म ही तप साधना है। जब व्यक्ति खुद पर प्रभुत्व प्राप्त कर लेता है, तो समाज उसे स्वीकार करता है। ब्रह्म और शिव के बीच विष्णु के विविध रूप हमारे समक्ष आते हैं, ताकि समाज की अन्त:चेतना को रास्ता दिखाने के लिए सवाल उठाये जायें। वामन और परशुराम के अवतार में वे यज्ञकर्म को अपना समर्थन देते हैं, लेकिन जब यज्ञ बाहरी प्रदर्शन और आडम्बर का मण्डप बनने लगा, तो श्रीराम और श्रीकृष्ण के रूप में वे यज्ञ के स्थान पर कर्म और धर्म को अपना समर्थन देते हैं। उस यज्ञ पर सवाल खड़ा करते हैं, जहाँ व्यक्ति का श्रम और विवेक गौण हो जाता है। बाद के काल में महात्मा बुद्ध ने उसका सर्वथा परित्याग कर दिया। सूर्य की तरह विष्णु केवल कर्म नहीं करते हैं, बल्कि उस लोक के साथ साहचर्य हो जाते हैं, उस विवेक को खुद जीवन में अंगीकार करते हैं, जिससे समाज व्यवस्था के साथ ही जीवन के विधान संरक्षित और संवर्द्धित होते रहें।

तप हमारी शरीर की अग्नि है। इस अग्नि को प्रज्वलित करने के लिए ध्यान और साधना का मार्ग है। तप से सिद्धि प्राप्त होती है, तप से शक्ति मिलती है। व्यक्ति खुद को अपने अन्दर खोजता है। यह भी यज्ञ है। आन्तरिक यज्ञकर्म चलता है, जिसका परिणाम ब़ाह्य जीवन में मिलता है। संकुचित रूप में यज्ञकर्म के माध्यम से हम अपने बाहरी जीवन में ज्ञान, सम्पदा और सत्ता का प्रदर्शन करते हैं। जबकि तपकर्म के माध्यम से आन्तरिक जीवन को वीर्यवान और शक्तिशाली बनाते हैं। जीवन में संयम और सन्तुलन के माध्यम से मन का भय खत्म होता है, जीवन की गाँठें अपने

आप खुल जाती हैं और हम अपने सच्चे अस्तित्व की तलाश में निकल पड़ते हैं। यज्ञकर्म और तपकर्म का फलक जब विस्तृत हो जाये, जब उसमें एक सन्तुलन बनाया जाये तो दोनों ही अहं को खत्म कर मन को मनस्वी और तेजस्वी बनाते हैं। ऐसा जब होता है, तब वेद का वह उद्घोष सुनाई पड़ता है–अहं ब्रह्मास्मि, तत् त्वम् असि। तुम भी वही हो।

यज्ञकर्म में भौतिक जीवन से आत्मिक जीवन की यात्रा करते हैं, जबकि तपकर्म में आत्मिक उन्नयन के साथ भौतिक जीवन की अन्तर्यात्रा की जाती है। यज्ञकर्म तब अपनी प्रासंगिकता पर सवाल खड़ा कर लेता है, जब हम भौतिक प्रचुरता, धन प्रवर्धन और शारीरिक सन्तुष्टि के माध्यम से आत्मिक जीवन को चुनौती देते हैं। अगर जीवन के सवाल का उत्तर मिलता है तो यज्ञ जरूरी है। जीवन ही यज्ञ है। रसोई पहली यज्ञ-शाला है। रसोई में ही कच्चे भोजन को पके भोजन में बदला जाता है। यह पका भोजन हमारे शरीर को पोषित करता है, मन की जिज्ञासा का समाधान करता है और चित्त को ऊर्ध्व गमन को प्रेरित करता है। भोजन अगर पोषण है, तो जीवन बिना यज्ञ के एक दिन भी नहीं चल सकता है। इसलिए जहाँ पोषण है, जहाँ जीवन का अंकुरण है। उसे हमने माता का स्थान दिया। अन्न को हमने अन्नपूर्णा कहा। वह पार्वती का पर्यायवाची है। वह भगवती हैं, जो त्यागी और योगी शिव को कैलाश से काशी लायीं, ताकि गृहस्थ जीवनरूपी यज्ञ को साकार किया जा सके। माता ने सिखाया कि तप मन के लिए जरूरी है, लेकिन यज्ञ के बिना शरीर धारण करना भी सम्भव नहीं है। भोलेबाबा जब योगी से गृहस्थ बने, तब उनको भी अनुभूति हुई कि यज्ञ और तप रूपी कर्म एक-दूसरे के पूरक हैं। एक शरीर के लिए जरूरी है, तो दूसरे के बिना व्यक्ति का उन्नयन ही सम्भव नहीं है।

यज्ञ हो या तपकर्म। इसका कभी भी उद्देश्य सम्पदा, शक्ति और सत्ता प्राप्त करना नहीं रहा। यज्ञशाला में अग्नि आधारित कर्मकाण्ड का लक्ष्य अपने मन की गाँठ को खोलना रहा। व्यक्ति अग्नि के समीप शरीर से दूर उस अनन्त अस्तित्व के साथ एकाकार हो, जिसके ताप से यह जीवन चल रहा है। और उसी ताप के साथ यज्ञशाला की अग्नि का साक्षात्कार हो रहा है। एक अग्नि यज्ञशाला से निकल रही है, दूसरी अग्नि इस सृष्टि के समस्त चराचर चेतन में परिव्याप्त है। जब तक दोनों अग्नि का मिलन नहीं होता, तब तक यज्ञ का मूल लक्ष्य ही पूरा नहीं होता है। समिधा के साथ जब प्रत्येक आहुति अग्नि को समर्पित होती है, तब अहम् के मकड़जाल से हम मुक्त नहीं होते हैं। आत्मा का आरोहण उस परम शिखर की ओर नहीं होता है, तब तक यह यज्ञ कर्मकाण्ड ही रह जायेगा। ऐसे कर्मकाण्ड पर हर एक युग में

मनीषियों ने सवाल उठाये। यज्ञवेदी से उठनेवाली अग्नि की ज्वाला सन्देश देती है कि संसार को सदैव अपने नजरिये से देखने के बदले दूसरे के दृष्टिकोण से देखना चाहिए। जब हमारे अन्दर ऐसे विचार आते हैं, तब हमारा रूपान्तरण हो जाता है। यह रूपान्तरण ही यज्ञकर्म का लक्ष्य है। इस रूपान्तरण के साक्षी बनने पर ही एक ऋषि कौशिक बदले स्वरूप में ब्रह्मर्षि विश्वामित्र कहलाये।

जहाँ तप स्वयं में यज्ञ है, वही यज्ञ भी तपकर्म है। हम यज्ञ के लिए प्रकृति को बलि नहीं चढ़ा सकते, ठीक उसी प्रकार तप के बिना यज्ञ का लक्ष्य प्रकृति पर अधिकार हो जायेगा। आखिर तप की साधना ही यज्ञ पर अंकुश लगाती है। अन्तर्मन के नियन्त्रित नहीं होने पर व्यक्ति अति भोग का शिकार हो जाता है। इससे भौतिक संसाधनों की बर्बादी होती है। ऋषियों ने अपने मन्त्रों के माध्यम से बताया कि प्रकृति स्वाभाविक है। और स्वभाव पर मन का नियन्त्रण जरूरी है। इससे व्यक्ति का प्रकृति के प्रति स्नेहपूर्ण व्यवहार होता है। याद कीजिए इस जगत पर सर्वप्रथम भगवान शिव ने प्रजापति के यज्ञ का विध्वंस किया था। क्यों? वह यज्ञ अतिभोग और अपनी सत्ता का प्रदर्शन था। ऐसा यज्ञ जिसमें भौतिक सुख के लिए व्यक्ति की गरिमा को एक प्रजापति भूल गया। यज्ञ का उद्‌देश्य अगर भय उत्पन्न करना है, तो उस यज्ञ का विध्वंस जरूरी है। यज्ञ सदैव ही भय से ऊपर उठने का माध्यम है। इन्द्र का भय जब व्याप्त हो गया, तो भगवान श्रीकृष्ण ने गोवर्धन उठाकर इन्द्र के यज्ञकर्म पर सवाल उठाया। फिर उसी यज्ञकर्म को अपना समर्थन देकर युधिष्ठिर को महाराजा बनाया, ताकि एक राजा अपने समाज और प्रजा का भरण-पोषण करे। उसी यज्ञ में जब नियम को चुनौती दी गयी, तो श्रीकृष्ण ने शिशुपाल का वध भी किया। भारतीय चिन्तन में यज्ञ का उद्‌देश्य ही राजाओं को विष्णु बनाना है। राजा भगवान विष्णु की भाँति अपनी प्रजा का भरण पोषण करें, उसकी चिन्ता करें। अगर वह अपनी प्रजा में भय पैदा करने की कोशिश करेगा, तो उसको अस्वीकार कर दिया जायेगा।

जब तप और यज्ञ की बात आती है तो भारतीय चिन्तन में शिव और विष्णु पर चर्चा जरूरी है। शिव योगी हैं, तपस्वी हैं। कैलाश पर ध्यानस्थ हैं। लेकिन जरूरत पड़ने पर वह गृहस्थ बनते हैं। और यज्ञ कर्म के बीच अपने तप से सन्तुलन लाते हैं। दूसरी ओर विष्णु गृहस्थ हैं। क्षीरसागर में सोये हुए हैं। लेकिन सदैव योगी की तरह विचरण करते हैं। चाहे राम का जीवन हो या कृष्ण का और चाहे तथागत। गृहस्थ जीवन में योग को धारण करते हैं। अतएव भारतीय चिन्तन में यज्ञ में तप और तप में यज्ञ कर्म का विधान बनाया गया, ताकि सन्तुलन बना रहे।

याज्ञवल्क्य स्मृति में कहा गया है कि मनसश्च इन्द्रियाणां च एकाग्र तप उच्चते।

यानी मन और इन्द्रियों की एकाग्रता तपस् कहलाती है। जिस पर महादेव का विशेष आग्रह है। इसके बाद ज्ञानतपसा पूता आता है। श्रीकृष्ण कहते हैं कि ज्ञान की अग्नि में ही शुद्ध होकर परम सत्य का साक्षात्कार सम्भव है। यहाँ आध्यात्मिक ज्ञान को तप की श्रेणी में रखा गया है। बिना तप के कुछ प्राप्त नहीं होता है। तप की अग्नि से ही शिव, राम, कृष्ण और बुद्ध ने स्वयं को स्वयं के द्वारा उठाया।

अन्तर्जगत में पूर्णत्व की खोज

अद्वैतभाव में चेतना का आरोहण

अन्तर्जगत में पूर्णत्व की खोज ही हमारे जीवन का लक्ष्य है। भारतीय परम्परा में पूर्णत्व का एक प्रतीक नमस्कार है। नमस्कार एक मुद्रा या एक भाव अभिव्यक्ति नहीं है। अपने स्वयं के स्वभाव के अध्ययन की शुरुआत नमस्कार से होती है। यह परम अनुभूति का अध्यात्म है, जो सिखाता है कि शब्द केवल ज्ञान नहीं है। यह हमारा आन्तरिक बोध है। दोनों हाथ की हथेलियों को हम जोड़ते हैं, तो यह शरीर की प्रकृति और पुरुष तत्त्व का मिलन है। यह स्थूल रूपी हाथ को सूक्ष्म रूपी संसार से जोड़ते हैं। यह व्यक्ति के सन्तुलन का श्रेष्ठ मुद्राभाव है। साथ ही यह मन को साधने का पहला प्रयास होता है। हथेलियों के स्पर्श के साथ हम अपनी चेतना को परमतत्त्व के साथ जुड़ाव की ओर मुड़ते हैं। यह योग का सबसे सरल रूप है, जिसमें दोनों हथेलियों को महज जोड़कर रखने से हमारी आन्तरिक व्यवस्था में बुनियादी रूप से रूपान्तरण होने लगता है। दो हाथ द्वैत का बोध कराता है, जब दोनों को जोड़ते हैं, तो अद्वैतभाव की स्थिति बनती है। अष्टावक्र ने कहा कि यह अद्वैतभाव हमारी चेतना का आरोहण है, जिसके बोध के उदय होने पर समस्त भ्रान्ति स्वप्न के समान तिरोहित हो जाती हैं। जब हम हाथ को जोड़कर नमस्कार कर लेते हैं, तो वह खुद पूर्णता की स्थिति है।

ऋग्वेद में 'नमस्कार' भी एक देवता है। जिस प्रकार ज्ञान को देव कहा गया, उसी प्रकार साहस, श्रद्धा और हाथ भी देवता है। जहाँ-जहाँ दिव्यता का वास है, वहाँ-वहाँ देवता का स्थान है। वैदिक ग्रन्थों में प्रत्यक्ष भावों और वस्तुओं को देवता मानने और उसको नमस्कार करने का एक अनूठा समागम है। जब हम किसी मूर्ति, किताब या नदी व पेड़ को नमस्कार करते हैं तो उसका सीधा सम्बन्ध हमारे

अन्तर्मन से होता है। ये पदार्थ या वस्तु कोई हमारे भाव की प्रतीक्षा नहीं करते हैं। और न ही यह कोई हमारे नमस्कार का सीधा जवाब ही सम्प्रेषित करते हैं। परन्तु हमारे नमस्कार के साथ हमारी अन्तर्चेतना में कुछ बदलाव हो जाता है। यह केवल मानसिक नहीं बल्कि रसायनिक परिवर्तन होता है, जो हमारे मन और शरीर में होता है। हम हाथ जोड़कर जब नमस्कार की मुद्रा में आते हैं, तो हमारा अन्तःकरण श्रेष्ठ भावों यथा करुणा, प्रेम, प्रीति, सेवा, भक्ति या कर्म से जुड़ जाता है। इसलिए हमारे ग्रन्थों में इस शब्द एवं भाव को देव श्रेणी में स्थान दिया गया है।

भारतीय दर्शन में नमस्कार केवल अभिवादन नहीं है। यह प्रणाम करने की विधि भर नहीं है। इसमें समूचा दर्शन है। नमस्कार मुद्रा में हृदय पर दबाव पड़ने से मन और मस्तिष्क शान्त होता है और हमें एक अवर्णनीय शान्ति का अनुभव होता है। जिससें प्रार्थना, आराधना और ईश्वरीय भक्ति में मन जल्दी एकाग्र हो जाता है। ऋग्वेद में स्तुतियों के द्वारा परम ज्ञान को नमस्कार किया गया है। यजुर्वेद का नमस्कार स्वाहा सहित है। वहीं उपनिषद् का नमस्कार सर्वस्व समर्पण, अपनी अकिंचनता के स्वीकार भाव के साथ है। यह नमस्कार स्वयं में कल्याणकारी है। लोक और परलोक को सँवारने वाला है। आनन्द और मुक्ति का क्षेत्र स्थल भी यहीं है। उपनिषद् के आखिर की पंक्ति है–भूयिष्ठां ते नम उक्ति विधेम्। यानी हम बार-बार आपको नमस्कार करते हैं। नमः धातु से नमस्कार बना है। इसका अर्थ होता है–झुकना या नमन करना। नमस्कार में तीन प्रकार होते हैं। सामान्य नमस्कार में हाथ जोड़ते हैं, जबकि पद नमस्कार में हम सामने वाले का चरणस्पर्श करते हैं। साष्टांग नमस्कार में हम अपने शरीर के आठों अंगों से जमीन पर लेट कर ईश्वर को स्मरण करते हैं। भारतीय योग परम्परा में भी सूर्य (नद) का महत्त्व परमात्मा के अंश के रूप में शक्ति और तेजस्विता प्रदान करने वाला होता है। सूर्य नमस्कार के रूप में भगवान सूर्य के प्रति आभार वन्दना के साथ ही साधक के शारीरिक और मानसिक स्वास्थ्य की प्रबलता का मार्ग प्रशस्त होता है। इसके नियमित अभ्यास से तन और मन दोनों ही अपने सर्वश्रेष्ठ स्वरूप की ओर अग्रसर होते हैं। नमस्कार भाव है, तो ध्यान उस भाव से आगे परमात्मा की ओर आरोहण है।

ध्यान से परमात्मा की प्राप्ति

परमात्मा अन्दर है। वह बाहर भी फैला है। ध्यान एक माध्यम है। अन्दर और बाहर फैले परमात्मा को प्रणाम करने का। अपने अन्दर की साधना से हम बाहर फैले परमात्मा से जुड़ते हैं। बाहर के परमात्मा के सभी प्रकाश को ध्यान के माध्यम

से अपने अन्दर में खोजते हैं। यह क्रिया है। यह बोध है। यह अनन्त की यात्रा का माध्यम है। ध्यान केवल योग नहीं है। यह शिखर पर यात्रा की पद्धति है। यह परमतत्त्व को पाने का माध्यम है। परमात्मा को प्रणाम करने के लिए हम ध्वनि और दृश्य का सहारा लेते हैं। यह ध्वनि के परम शिखर अनहद नाद और दृश्य में गहरे छिपे उस परम द्रष्टा से जोड़ता है।

अध्यात्म के दो किनारे हैं। एक किनारे पर ध्वनि की यात्रा है, दूसरे किनारे में दृश्य से जुड़ाव की क्रिया है। ध्वनि और दृश्य के माध्यम से अपने अन्दर में अस्तित्व का बोध करना है। उस विराट में समस्त ध्वनि के स्रोत अनहद नाद एवं दृश्य में छिपे अदृश्य के अनन्त स्वरूप के साथ जुड़ना ध्यान है। ध्यान की क्रिया में मन्दिर, मूर्ति या कोई भी साकार स्वरूप उस परम के दृश्य का प्रतिरूप होता है। वही हमारी प्रार्थनाएँ, हमारे मन्त्रों के उच्चारण के स्वर उस परम ध्वनि की खोज का प्रयास होता है। ध्यान की शुरुआती यात्रा में प्रार्थनाओं का स्वरूप मन्त्रों का पाठ होता है। ईश्वरीय स्वरूपों में दृश्य रूपी परम ज्योति को अपनी चेतना में उतारना होता है। शिव का स्वरूप अपने ओंकार रूपी ध्वनि और ज्योतिर्मय के साथ हमारे ध्यान को परम शिखर पर ले जाने का माध्यम बनता है। वैज्ञानिकों का कहना है कि ध्यान की उच्चतर अवस्था में सिरोटोनिन हार्मोन का स्तर हमारे शरीर में बढ़ता जाता है, जिससे हमें ज्यादा शान्ति, खुशी और सुकून मिलता है। इसकी कमी से दुख, तनाव और अवसाद बढ़ता है।

ध्यान हमारे जीवन को सकारात्मक दिशा में मोड़ने का एक माध्यम है, जो हमारे शरीर के दाहिने और बायें हिस्सों के बीच सन्तुलन बनाता है। तन्त्रिकाओं को तनावमुक्त करता है। यह हमारे दिमाग में स्थित एमिगडाला यानी हिपोकैपस तन्त्रिकाओं को प्रभावित करता है, जो शरीर को आराम पहुँचने में एक उत्प्रेरक का काम करता है। मन को रोग से मुक्त करने के लिए ध्वनि पर और शरीर को निरोग करने के लिए दृश्य पर संकेन्द्रित करने की विधि हजारों सालों से भारतीय जीवन के परमतत्त्व की यात्रा में सहयोगी रही है। ध्यान की एक सौ बारह विधियाँ हैं, जो समस्त मानव जाति के लिए बनायी या खोजी गयी है। ये विधियाँ सभी युगों एवं समय के लिए हैं। शिव और शक्ति संवाद पर आधारित भैरव तन्त्र में इसका उल्लेख है। हर एक सवाल के जवाब में महादेव द्वारा ध्यान की एक विधि बतायी जाती है, जो मानव की अनन्त यात्रा में सहयोगी हो और वर्तमान की समस्या का समाधान हो।

परमात्मा एक शक्ति है, तो वह शक्ति भी बहुत विशिष्ट ढंग की है। शक्ति ऊर्जा है। वह विद्युत तरंग भी है। शक्ति तो प्रेम है। वह चारों तरफ व्याप्त है। प्रकृति में

वह शक्ति अन्तर्निहित है, अव्यक्त है और अगोचर है लेकिन वह सदैव क्रियाशील और गतिशील होती है। उस क्रियाशीलता से जुड़ना ही ध्यान है। ध्यान में हम उस अन्तरात्मा की ऊर्जा से जुड़ते हैं, जिसे हम कभी भी नहीं देख सकते। आइंस्टाइन का कहना है कि पदार्थ और ऊर्जा एक ही चीज हैं। महान खगोलविद कार्ल सैगन कहते हैं कि इलेक्ट्रॉन के नकारात्मक विद्युत आवेश से ही यह समूचे पदार्थमयी जगत का अस्तित्व है। इलेक्ट्रॉन का आवेश बुझ जाये, तो समूची सृष्टि धूल कणों सी बिखर जायेगी, फिर समय की गणन का क्या होगा। जहाँ पर, पदार्थ है ही नहीं। ध्यान में हम उस ऊर्जा को अपने भीतर अनुभव करते हैं। जो व्यक्ति उस ज्योति को भीतर देख लेता है, उसके लिए सारे जगत में उस ज्योति के अतिरिक्त कुछ भी नहीं रह जाता। लेकिन उसका पहला अनुभव, पहली दीक्षा, उसका पहला संस्पर्श भीतर होगा। वह अन्तर्तम ऊर्जा है।

समस्त सृष्टि के उपादानों में एकमेव ब्रह्म की अनुभूति ही ध्यान का लक्ष्य होता है, जो समाधि की अवस्था में प्राप्त किया जाता है। विज्ञान भी मानता है कि समाधि में हम उस परम चेतना के साथ एकाकार हो जाते हैं। यह घटना है। सन 1957 में जब पृथ्वी को सुदूर अन्तरिक्ष से पहली बार देखा गया, वह क्षण संसार के इतिहास में एक नवीन अध्याय का प्रारम्भ था। मनुष्य ने पहली बार पृथ्वी को ब्रह्माण्ड के परिप्रेक्ष्य में एक अखण्ड इकाई के रूप में देखा था। अन्तरिक्ष यात्री डॉ. एँडग्र मिचॅल जिनका जीवन नासा के अपोलो-14 मिशन में चन्द्रयान चालक के रूप में भूमिका निभाने के बाद पूरी तरह से बदल गया। उन्होंने एक साक्षात्कार में बताया–जब हम पृथ्वी की ओर लौट रहे थे तो तापीय सन्तुलन बनाये रखने के लिए अन्तरिक्ष यान अपनी धुरी पर घूम रहा था, जिसके कारण पृथ्वी, चन्द्रमा, सूर्य और तारे हर दो मिनट में सामने आ रहे थे–360 डिग्री के आयाम में एक भव्य छटा की तरह। अचानक ही अन्तर्ज्ञान के एक क्षण में अनुभूति हुई कि मेरे शरीर की इन्द्रियों, अणुओं और कोशिकाओं तथा अन्तरिक्षयान, और मेरे साथियों की कोशिकाओं का स्वरूप निर्धारण एवं निर्माण अति प्राचीन तारा समूहों में से हुआ था। एक गहरा आनन्द और एकत्व भावना की अनुभूति जुड़ी हुई थी। पृथ्वी पर जीवन का प्रादुर्भाव अपने आप ही समुद्र में नहीं हो गया था। मुझे ऐसा आभास हुआ कि मानो मेरी चेतना सबसे दूरस्थ तारे को छू रही थी और एक पल के लिए मुझे लगा कि मैं पूरे ब्रह्माण्ड का एक अभिन्न अंश हूँ। (योगदा सत्संग, अप्रैल-जून 2011, स्टीफन मार्टिन-कॉस्मिक कन्वरशेसन विथ डॉयलॉग ऑन दी यूनिवर्स एंड दी सर्च फॉर रियलिटी।)।

समाधि में व्यक्ति वस्तुओं को दृष्टि से तो अलग और वैयक्तिक रूप में देखते हैं, परन्तु अपने अन्त:करण में उन्हें समष्टि रूप में अनुभव करते हैं, जो परमानन्द से ओतप्रोत होता है। समाधि की अवस्था में व्यक्ति का भौतिक शरीर, श्वास, हृदय एवं मानसिक क्रियाएँ पूर्णत: स्थिर हो जाती हैं तथा व्यक्ति को ईश्वर के साथ चेतन एकत्व की अन्तरंग अनुभूति होती है–न केवल सृष्टि में अपितु सृष्टि के परे भी। भारतीय ऋषियों ने माना कि मौन, एकान्त और ध्यान आदि प्रक्रियाओं से व्यक्ति समाधि की ओर अग्रसर होता है। यह शुरुआती चरण है, जब व्यक्ति अपनी साँसों एवं स्थूल शरीर को शान्त एवं स्थिर कर स्वयं के अन्दर प्रवेश करता है। और जब गहरे ध्यान में हम जाते हैं, तो शरीर क्रमश: जड़ हो जाता है। श्वास धीरे-धीरे क्षीण और समाधि की स्थिति में मिटने भी लगती है। अध्यात्म बताता है कि ऊर्जा जब शरीर की ओर बहती है, तब हमारा जीवन शरीर से बँधा होता है, और तब साँसों की जरूरत होती है। लेकिन समाधि की स्थिति में हम आत्मा या सृष्टि के परमतत्त्व के साथ एकाकार हो जाते हैं, तब ऊर्जा रूप में श्वास की जरूरत हमारे शरीर के बिल्कुल न्यूनतम होती है। समाधि की निर्विकल्प की स्थिति में इस ऊर्जा की जरूरत भी नहीं होती है। उस समय भी साँस या ऊर्जा होती है, लेकिन जीवन एक दूसरे उपक्रम से जुड़ जाता है। जहाँ साँस, ऊर्जा, जीवन का कोई अर्थ नहीं रह जाता है। यह समय और देश का अतिक्रमण है। समाधि की स्थिति में व्यक्ति अस्तित्व के साथ एकाकार होता है। वह खुद को ब्रह्माण्ड के अवयव के रूप में देखता और अनुभूत करता है।

जीवन में वह क्षण महत्त्वपूर्ण नहीं है जिसमें हम क्रिया का दोहराव करते हैं, जो मिटने वाला हो उसको पाने का प्रयत्न करते हैं। जब कुछ पाने का लक्ष्य नहीं हो, तब हमारे समक्ष समूचा अस्तित्व आ जाता है। उस अस्तित्व को पाने का मार्ग ध्यान है। इसे हम ध्यान के माध्यम से खुद में देखते हैं, फिर चतुर्दिक वह ही दिखता है। ध्यान को हम एक प्रार्थना कह सकते हैं, जिसमें शब्द मौन होते हैं, भावशून्य हो जाते हैं और अन्तरतम का नाद अस्तित्व के अनहद नाद से एकाकार हो जाता है।

विराट में सारे पदार्थ एक-दूसरे से जुड़े हैं। एक छोर पर हम सबको सारे पदार्थ, जीव, प्रकृति और वनस्पति जोड़ते हैं। इस जुड़ाव का दूसरा सिरा अनन्त विस्तार में फैला हुआ है। और यह फैलाव, यह विस्तार लगातार बढ़ता जा रहा है। आज टाइम सिक युग में हमारे अन्त:सम्बन्ध और अन्तर्भाव का जब मूल्य कम होता जा रहा है, तब नमस्कार एक अवसर है। अगर हम किसी पेड़ के समक्ष हाथ जोड़ते हैं। किसी पशु या पक्षी के सामने झुक कर नमस्कार करते हैं, तो उस विराट चक्र के साथ स्वयं

को हम कदमताल कराते हैं। हमारे मन को अनन्त के साथ जोड़ने का यह माध्यम बनता है। यह मेल हमारे लिए सन्तुलन लाता है। हमारी व्यवस्था में सामंजस्य का सूत्र खोजता है। जब हम सुबह उगते सूर्य को नमस्कार कर सकते हैं। पीपल वृक्ष और गाय के सामने खुद को दण्डवत मुद्रा में स्वयं को प्रस्तुत कर सकते हैं तो यह भाव इस अस्तित्व में जड़ और चेतन सभी तत्त्वों के लिए होना चाहिए।

जब हमको कोई चीज अभिभूत करती है या हम एक तालमेल महसूस करते हैं। अनायास ही हम नमस्कार की मुद्रा में आ जाते हैं। अगर यह हमारा स्वभाव बन जाये तो जीवन ही सन्तुलन और सामंजस्य का प्रतिमान हो जायेगा। यह जीवन के रूपान्तरण का रसायन है। यह लबालब भरने का मार्ग है। बारिश में पहाड़ खाली रहता है, घाटियाँ भर जाती हैं। जल, हरियाली, सौन्दर्य हरकुछ इन घाटियों में ही मिलता है। पहाड़ हमारे अहंकार का प्रतीक है। नमस्कार हमको झुकना और द्रवित होना सिखाता है। ओशो कहते हैं कि नमस्कार का अर्थ वही होता है जो अगर तुम नदी के साथ भागते हुए जाओ और जब नदी सागर में गिरती है, वहाँ जो घटता है, उसे देखो गौर से नदी नमस्कार कर रही है सागर को; सागर में लीन हुई जा रही है। अगर नमस्कार के बाद तुम बच रहे तो नमस्कार नहीं। यह स्वयं के प्रति जागरण है और जिस दिन यह जागरण हो गया, उस दिन हम असीम हो जायेंगे। यह असीमता ही मोक्ष है।

मोह से मुक्ति है मोक्ष

मोक्ष दो अक्षर से मिलकर बना है। मो का अर्थ मोह और क्ष का अर्थ नाश होता है। हमारे जीवन में जब मोह और माया का नाश हो जाये, तब हम मोक्ष को प्राप्त कर लेते हैं। यह सहज है लेकिन हमारे जीवन में मोह यानी स्वार्थ, लालच, वासना और अहंकार का नाश होता नहीं है। मोक्ष कोई जीवन का अन्त नहीं है, बल्कि जीवन का आरम्भ है। जिस दिन महात्मा बुद्ध को निर्वाण मिला, उस दिन उनका वास्तविक जीवन आरम्भ हुआ। उसके पूर्व उनको सही जीवन का अर्थ नहीं मिल पाया था। अर्थ खोजने में जितनी बाधा डाली जा सकती है, वह डाली गयी। यह हर एक व्यक्ति के जीवन में होता है। मोक्ष सदैव हमारे अगले कदम पर है, लेकिन हमारा वह कदम पड़े, इसके पूर्व हमारी वासना उसे अपवित्र कर माया में बदल डालती है। माया और मोक्ष के बीच एक कदम का फासला है। ओशो ने कहा है कि पाँच चीजों की मात्रा कम होने लगे तो समझना चाहिए कि मोक्ष आ रहा है। पहला, वस्तुओं के प्रति आसक्ति कम होने लगे, दूसरा, वसु यानी धन संग्रह की हमारी वृति

कम होने लगे। तीसरा, विषय के प्रति हम उदासीन होने लगें। चौथा, व्यक्ति यानी एकान्त में सुख प्राप्त हो और पाँचवाँ विचार की कमी होने लगे। ऐसी स्थिति हो, तो वह पल मोक्ष का होता है।

जीवन में मोक्ष कहीं बाहर नहीं है। जब व्यक्ति अपनी सत्ता को समग्रता में जान जाता है तो फिर सारी तृष्णा खत्म हो जाती है और हम परिवर्तन की ओर अग्रसर होने लगते हैं। ऐसी स्थिति में व्यक्ति न स्वर्ग की आशा करता है और न ही मोक्ष की अभिलाषा रखता है। हमारी अज्ञानता ही माया है, नरक है और ज्ञान ही शान्ति तथा आनन्द का स्वर्ग है। अज्ञानता ही वासना का कारण है और ज्ञान हमारे गौरव की यात्रा का साधन है। स्टीफन हाकिंग से जब सवाल किया गया कि क्या मृत्यु के बाद जीवन होता है? उनका जवाब था कि मृत्यु के साथ सब कुछ खत्म हो जाता है। बस हमारी अच्छाई, हमारे शुभ कर्म ही हमारे बाद रहते हैं। जीवन का सत्य बस जीवन की शुभता और दिव्यता में है।

आदमी जब शरीर से बँधा नहीं होता है। जब वह मन से भी आजाद होता है। तब व्यक्ति को स्वतन्त्रता की अनुभूति होती है। जब यह स्वतन्त्रता आत्मा को प्राप्त होती है, तो निर्वाण की अनुभूति होती है। आत्मा की आजादी ही मोक्ष है। हम लोग जीवन भर मन के सुख के लिए भौतिक वस्तुओं का संग्रह करते हैं, शरीर के सुख को ही सब कुछ मान लेते हैं। यह सुख की अनुभूति आनन्द नहीं है। आनन्द तब प्राप्त होता है, जब आत्मा अपना जागरण करे। आत्मा के जागरण का माध्यम ध्यान होता है। आदमी इस दुनिया में आत्मा की आजादी को पाने आता है लेकिन वह भटकता रहता है। इस कारण जीवन में बहुत कम लोग ही पूरे आनन्द को उपलब्ध हो पाते हैं।

वैदिक संहिताओं में मुक्ति या मोक्ष के साथ दुख शब्द का एक बार भी कहीं प्रयोग नहीं हुआ है। उत्साह, उद्योग और केवल आनन्द ही सदा वैदिक ऋषि सर्वत्र देखता है। मानव जीवन के दायित्वों के बारे में वैदिक संस्कृति की दृष्टि एकांगी न होकर सर्वत्र व्यापक रही है। इसी कारण अनेक प्रतिकूल परिस्थितियों में भी वह नष्ट न होकर अपने को अब तक बचाये रखी है। हमारे ऋषियों ने कहा—उद्वयं मतमसस्परि स्व: पश्यंत उत्तरम् (यजु. 20.21)। यानी अज्ञान से प्रकाश की ओर बढ़ते हुए हम अपने को उत्तरोतर समुन्नत करें। भारतीय परम्परा में कई लोककथाओं में बताया गया है कि जहाँ माया का अन्त होता है, वहाँ मोक्ष का प्रारम्भ होता है।

मोक्ष का अर्थ है माया से ऊपर उठना। गीता में श्रीकृष्ण ने अध्याय सात के तेरहवें श्लोक से इस माया के कारणों में विशद प्रकाश डाला है। उन्होंने बताया है कि समस्त जगत और प्रकृति तीन गुणों से मिलकर बनी है, इसमें ही मोहित रहते

हैं। वह इन गुणों से परे दिव्य चेतना, मूल पदार्थ या ब्रह्म को नहीं देख पाते हैं। प्रत्येक स्थान पर हम माया का कार्य देखते हैं। समस्त व्यक्त ब्रह्माण्ड माया में है। इस कारण जो व्यक्ति ईश्वर की शरण लेते हैं वे माया के पार चले जाते हैं। माया से मुक्त और मोक्ष के लिए कर्म, ज्ञान, भक्ति और ज्ञान का मार्ग है। इसमें भक्ति सबसे सरल मार्ग है, जहाँ हम माया को जीतते नहीं हैं बल्कि उसके पार चले जाते हैं।

शरीर के कारण माया के पार जाना होता है। पंचतत्त्वों से बना शरीर माया के अधीन काम करता है। यह वास्तविकता है। लेकिन हम संघर्ष और सदैव प्रयास से माया के पार चले जाते हैं। हम अपने कर्म एवं विचार से तमस् से रजस् की ओर आरोहण करते हैं, फिर रजस् से सत्व की ओर उठते हैं। इसके बाद सत्व से भी खुद को अलग कर देते हैं, तो हम माया से मोक्ष की ओर चल पड़ते हैं। भारतीय मन सदैव माया और मोक्ष के वर्तुल में घूमता है। यह अनुभव है और अनुभव में खुद को रखना हमारी आदत होती है। जैसे ही हम अनुभव से, विचार से और वासना से कर्म की ओर मुड़ते हैं, तो मोक्ष का द्वार खुल जाता है।

वस्तुओं और प्राणियों के एकत्व के बारे में कठोपनिषद् में सुन्दर रचना है जिसमें सतही मतभेद और गहरे एकत्व को बताया गया है। वेदान्त की एक पुस्तक दृक-दृश्य-विवेक में कहा गया है कि रूप दृश्य है, नेत्र देखने वाले हैं। पुनः नेत्र दृश्य हैं, मन द्रष्टा होता है। मन के विचार में दृश्य है, उसका साक्षी करनेवाला द्रष्टा है। और साक्षी यानी आत्मा सदैव द्रष्टा होती है। हम, पेड़-पौधों, पशु-पक्षी के साथ समूचे जगत का सब कुछ एक है। एकत्व इस जगत का आधारभूत तत्त्व है। श्रीकृष्ण गीता के दसवें अध्याय के बयालिसवें श्लोक में कहते हैं कि मैं अपने एक लघु अंश से इस सम्पूर्ण जगत को धारण किये हूँ। अब इसका बोध होना ही माया का हटना और मोक्ष की यात्रा है। ऋग्वेद के ऋषियों ने पुरुषसूक्त में कहा कि–पादोऽस्य विश्वा भूतानि त्रिपादस्यामृतं दिवि यानी वास्तविकता का एक चौथाई अंश ही इस जगत में व्यक्त है। बाकी सब अभिव्यक्ति के परे और अनश्वर है। यह जगत अनेकता एवं बहुलता में खुद को व्यक्त करते हुए भी उस परमशक्ति का उत्पाद है। इसका बोध और इस बोध के साथ जीवन में गतिशील होना ही निर्वाण है।

भाग्य का अर्थ है भगवान की मर्जी

भारतीय जीवन में कई शब्द के उपयोग इतने हुए हैं कि वह शब्द अपना मूल अर्थ ही खो दिया है। इसमें मोक्ष, धर्म, सत्य, ऋतु आदि हैं। भाग्य भी ऐसा शब्द है जिसका अर्थ ही समय के कालक्रम में बदल दिया गया। किसी को निन्दा करनी

हो, दुत्कारना हो, उसकी निष्क्रियता पर आक्षेप करना हो, तो हम उस व्यक्ति को भाग्यवादी कहते हैं। भाग्यवादी का गलत तरीके से अर्थ पेश किया जाता है। भाग्यवादी का अर्थ है भगवान की मर्जी को पूर्णतः स्वीकार कर लेना। जीवन जैसा हो, समय जैसा बीते। कष्ट हो, सुख हो। सब कुछ परमात्मा ने दिया है, तो वही जाने। इसमें कोई शिकायत क़ा भाव नहीं होता है। यह अहोभाव की दशा होती है, जिसमें व्यक्ति ईश्वर को हर एक बात के लिए धन्यवाद करता है। तुम जैसा रखो। तेरा हुक्म ही मेरा जीवन है, मेरा धर्म है।

जीवन का दुख क्या है? यह सोच कि जैसा चाहता हूँ वैसा नहीं हो रहा है। जैसे ही हम पूर्णतः स्वीकार कर लेते हैं कि सुख आवे, दुख आवे। हम राजी हैं। तो चिन्ता खत्म हो जाती है। नानकदेव का बहुत ही प्रसिद्ध वचन है कि हुकमि रजाई चलणा नानक लिखिआ नालि। कोई बदलाव हो ही नहीं सकता। जो लिखा है, वह होगा। उसका हुक्म, उसकी मर्जी ही चलती है। जिस प्रकार ईश्वर निर्धारित कर रखा है, उसी प्रकार चलने में भलाई है। दुख इसलिए है कि हम अपनी चाल को निर्धारित करते हैं। बदलते हैं, तय करते हैं। नानकदेवजी से ही जुड़ी घटना है कि वह एक गाँव के मुखिया के निमन्त्रण पश्चात भी नहीं गये, वही गाँव के गरीब बढ़ई के बुलाने पर न केवल गये, बल्कि रूखी-सूखी रोटियों को खाया। जब मुखिया ने विरोध किया तो उन्होंने दोनों की रोटियों को हाथ में रखकर निचोड़ा। मुखिया की रोटी से खून की बूँदें टपकीं, वहीं बढ़ई की रोटियों से दूध की धारा बह निकली।

व्यक्ति क्या है? कुछ नहीं। हम अपनी मर्जी को थोपने की कोशिश करते हैं जीवन भर। कभी अपने पर कभी अपने परिवार पर। लेकिन वह कहाँ होता है? जो हम चाहते हैं। इसके बावजूद भी बोझ लेकर चलने का कोई फायदा नहीं है। इसलिए लोक जीवन में कहा गया कि होई वही जो राम रचि राखा, क्यों कर तर्क बढ़ाव हु शाखा। जब सब कुछ राम की इच्छा से ही होना है, तो अपने विचार रखने से क्या होगा? यह सोचने से भी क्या होगा कि ऐसा होना चाहिए। जब हमारी कोई मर्जी चलनी नहीं है तो उसकी मर्जी ही स्वीकार है। हम अपनी मर्जी चलाते हैं। परिणाम में परेशानी, कष्ट और अहंकार ही मिलता है। सन्ताप मिलता है। हवा के विपरीत चलने से चोट लगती है, नदी की धारा के उल्टा गमन करने में दिक्कत होती है। उसी प्रकार अस्तित्व का अपना प्रवाह है। हमको उसके प्रवाह का पता नहीं, तो उसमें हस्तक्षेप करने का भी कोई मतलब नहीं।

अस्तित्व का अपना एक सरल प्रवाह है। उसके प्रवाह के साथ प्रकृति के सारे

अवयव राजी हैं। कोई परेशानी नहीं है। ऋतुओं के अनुसार पौधे फूल देते हैं। वृक्ष में फल लगते हैं। गरमी में आम के वृक्ष पर फल आते हैं, तो वसन्त के आगमन के साथ पेड़ पर मंजरी आ जाती हैं। यह स्वाभाविक है। यह अस्तित्व की कार्यशीलता है। इसमें कोई हस्तक्षेप कर अब अपना हित पूरा नहीं कर सकते हैं। किसी भी उपाय से जाड़े में आम के फल नहीं आ सकते हैं। इसी प्रकार फूल पर विभिन्न रंग का आना भी प्राकृतिक है। यह हमारे चाहने पर नहीं बल्कि उसके प्रवाह पर निर्भर है। इस कारण हम चाहे जो प्रयास करें, कोई लाभ नहीं होगा। लाभ के लिए व्यक्ति व्रत रखता है, तप करता है। ईश्वर की आराधाना करता है। ध्यान और भजन से उसको खुश करने का प्रयास करता है। लेकिन इससे हमें आन्तरिक शान्ति मिलती है। एक संवेदना का संचार होता है। करुणा का उदय होता है। जिसमें ईश्वर की मर्जी स्वीकार्य हो जाती है। हमारे सारे उपाय, प्रयास और अभ्यास अस्तित्व की क्रिया के साथ समरूप होने का होता है। इसके बाद आत्मबोध होता है कि हम जहाँ भी जा रहे हैं, यही हमारा भाग्य है। यह जीवन की धारा है।

भाग्य का मतलब है कि हम स्वीकार करते हैं कि परमात्मा के कारण हम हैं। उसके कारण ही साँस चल रही है। जीवन में प्रकाश आता है। पानी मिलता है। इतना ही नहीं, सिर्फ उसके कारण ही हम अस्तित्व को याद करते हैं। उसको भजते हैं। प्रार्थना करते हैं। वह ही इस जगत को चला रहा है। जब ऐसा अनुभव हो जाता है। इसके बाद हर एक क्रिया और फल में ईश्वर जुड़ जाता है। गीता में श्रीकृष्ण भी यह कहते हैं कि तुम अपना हर एक कर्म बिना परिणाम की आशा किये हमको समर्पित कर दो। हर एक कर्म और फल की जिम्मेदारी के लिए ईश्वर को जवाबदेह ठहराना ही भाग्य है। जो ऐसा करता है, वह भाग्यवादी है। इसका अकर्मण्यता से कोई मतलब नहीं होता है। यह अकर्म की स्थिति है। जिसमें व्यक्ति को फल की अपेक्षा क्रिया में ही आनन्द की प्राप्ति होती है। यह आनन्द तभी सार्थक होता है, जब हमारी दृष्टि सही हो, ताकि विचार को मुखरित होने का सही वातावरण मिले।

जीवन की वर्तुल दृष्टि

समय की वर्तुलकार दृष्टि है। इस कारण जीवन की सारी गति वर्तुलकार यानी शंखीय रूप में चक्रीय है। भारतीय दर्शन में कदाचित इसीलिए जीवन को जीवनचक्र कहा गया। वर्तुल या चक्रीय का तात्पर्य कि जहाँ से हम शुरू करते हैं, वहीं पुनः एक समय के बाद पहुँच जाते हैं। दिन है श्रम, और रात है विश्राम। उसी प्रकार जन्म है गति यानी कर्म और मृत्यु है पड़ाव यानी विश्राम। इसी प्रकार सृष्टि है श्रम

और प्रलय है विश्राम। भारतीय जीवन में इसी कारण कल्प और मन्वंतर को गति कहा गया। सृष्टि को ब्रह्मा का दिन और प्रलय को ब्रह्मा की रात कहा गया। दिन यानी जीवन के साथ कर्म, धर्म और गति। रात यानी मृत्यु के साथ विश्राम। पुनर्जन्म के साथ वही गति, कर्म और धर्म की राह। इसी कारण गीता में कहा गया कि मैं ही सृजन करनेवाला और मैं ही उसे खत्म करनेवाला हूँ। यह गति ही प्रमुख है।

यह गति जो हमारे जीवन में है, वही सृष्टि में है। जो सृष्टि में हो रहा है, वही हमारे अन्दर भी गतिमान है। इसलिए यहाँ जीवन के बाद मृत्यु नहीं है। जीवन के बाद पुनः जीवन है। जीवन का नवीनीकरण है। निरन्तर साधना है। नित्य नया होनेवाला चक्र है। ऋतुचक्र। ऋत यानी गति, प्रवाह, और निरन्तरता का अनुभव। यह ऋतु चक्र जीवनचक्र का ही प्रतिरूप है। ऋतुओं में वसन्त, ग्रीष्म, वर्षा, शरद, शिशिर और हेमन्त ही तो जीवन का बचपन, किशोर, यौवन, प्रौढ़, वृद्ध और मृत्यु का प्रतिरूप है। जब वसन्त के बाद पुनः वसन्त आता है, तो जन्म के बाद जन्म आना ही है। काल की गति के वर्तुल होने के कारण ही हर वर्ष एक निश्चिम समय पर वसन्त होता है, और बारिश आती है। सावन में बरसात होगी। पूस में ठण्ड होगी। सत्य यह है कि समय कभी व्यतीत नहीं होता। वह तो वहीं है।

प्रकृति बदलती है, व्यक्ति अपनी प्रकृति बदलता है और समय व्यक्ति को बदल देता है। कुछ बदलता नहीं। बस रूपान्तरण होता है। समय का बोध घड़ी के माध्यम से आकलन किया जाने लगा। समय को बाँधने की यह कोशिश गलत है। जब लाखों-हजारों साल पहले घड़ी नहीं थी, तो व्यक्ति समय का बोध करता था, लेकिन उसे बाँधकर नहीं। उसके साथ तारतम्यता स्थापित कर। तब व्यक्ति प्रकृति के अखण्ड प्रवाह का हमराही हो जाता था। समस्या तब से उत्पन्न हुई, जब व्यक्ति ने अपने को समूह से अलग कर लिया। एकाकी। पहले व्यक्ति एक पल में खुद को अनन्त ब्रह्माण्ड का, बिना चौहद्दी के ही भारतवर्ष और कालगणना का स्मरण कर लेता था। कहीं कोई गलती नहीं। आकाश में तारे और नक्षत्रों के माध्यम से ही समय की गणन हो जाती थी। व्यक्ति का निजीपन में घड़ी, मुहूर्त एवं पक्ष में समय का बँटवारा होता था। अब हाथ में घड़ी के बावजूद भी समय सदैव पीछे छूटता रहता है।

समय की सूक्ष्मतम इकाई परमाणु से लेकर दिन, रात, ऋतुएँ, आकाशीय तारामण्डल, ग्रह, नक्षत्र यहाँ तक कि ब्रह्माण्ड भी चक्रीय गति का अनुसरण करते हैं। इसी प्रकार जीवन भी, चक्रीय गति से चलता है। जन्म, विकास, बचपन, युवा, प्रौढ़, बुढ़ापा, मृत्यु और पुनः जन्म। चक्रीय गति। लेकिन व्यक्ति क्या देखता है? मानव को, उसकी गति को। उसको गतिमान करनेवाले काल को नहीं। इसके कारण

ही उसे सब कुछ रैखीय विकासमान प्रतीत होता है। जबकि यह समय की गति नहीं, मानव की गतिशीलता है। मानव की गतिशीलता में व्यक्ति की मृत्यु को प्राप्त होना एक खण्डन बिन्दु या पड़ाव स्थल हो सकता है। एक नये विकास के लिए। लेकिन काल के लिए यह सतत यात्रा है। गतिमान। चक्रीय रूप में। ठीक उसी प्रकार जैसे विराट का सूक्षतम से लेकर अनन्त गतिमान है। इसे समझने के लिए एक उदाहरण और। हम धरती पर चलते हैं, तो लगता है कि रैखीय या एक दिशा में या सीधा और थोड़ा इधर-उधर चलते हैं। लेकिन तब भी हम चक्रीय चल रहे होते हैं, क्योंकि यह पृथ्वी तो गोल है। और इसकी विराटता के सापेक्ष हमारे पैर या वाहन की गति तो न्यूनतम और सूक्ष्मतम भी, या नगण्य है।

सामाजिक-सांस्कृतिक जीवन से जुड़ा संकल्प मन्त्र बताता है कि गति महज चक्रीय नहीं, बल्कि शंख वलयकार है। हम अखण्ड समय को एक साथ निरपेक्ष देश और काल की सन्धि पर तो सापेक्ष देश काल की सन्धि पर आरोपित करते हैं। कैसे ? हम एक अछोर ब्रह्माण्ड को समय से परे, दूसरी ओर अपने घर को देश काल के सापेक्ष स्मरण करते हैं। अनन्त काल के पूरे अखण्ड चक्र की गति का संकल्प निरन्तर ऊर्ध्वगामी है। विराट का आहवान करते हैं लघु होकर। लघु होकर विराट से खुद को जोड़ते हैं। चेतना का विस्तार कर व्यष्टि खुद समष्टि बन जाती है। धरती माता है, चन्दा मामा है, आकाश पिता है, पीपल और बरगद बाबा है, गंगा मइया है। इतना ही नहीं अनन्त दूर टिमटिमाते तारे हमारे नाते-रिश्तेदार हैं। सात ऋषि हैं। एक ध्रुवतारा, व्यक्ति की विशालता है।

वहीं विशाल ब्रह्माण्ड स्वामी छछिया भर छाछ पर नाचते हैं, जिनकी टोह लेना व्यक्ति के वश में नहीं। वहीं श्रीराम एक मानव यानी भरत को जपते हैं। भारतीय जीवन ने विराट को लघुता और लघुता को विराटता में बाँधा है। प्रेम और रिश्तों से देव के साथ विराट एवं अनन्त ग्रह-नक्षत्रों को भी दैनिक जीवन में जोड़ दिया गया। इतने से मन नहीं भरा, तो शरद पूर्णिमा की रात खीर बनाकर खुली चाँदनी में रख दिया। चन्द्रमा अब चूँकि मामा है, तो अपनी अमरता के, शीतलता की बरसा खीर पर कर ही देंगे। वह अमर, तो मानव भी अमर। यह सनातनता का सूत्र है।

चूँकि सब कुछ सूर्य सापेक्ष है। अतएव सबकी गति भी सत्य है। चन्द्र का पृथ्वी का, पृथ्वी का सूर्य का चहुँओर चक्रीय गमन—एक घूर्णन, दूसरा परिभ्रमण। जैसे पृथ्वी अपने अक्ष पर सूर्य का लगभग 24 घण्टे में घूर्णन करती है और 365 दिन में परिभ्रमण। इस परिक्रमण के कारण ही ऋतु परिवर्तन होते हैं। इस घूर्णन से दिन-रात और परिभ्रमण से साल बनते हैं। दिन-रात के बनने में चन्द्र का पृथ्वी का परिभ्रमण

भी कार्य करता है। इस सृष्टि की विशालता का अनुमान इसी से लगाया जाता है कि पृथ्वी द्वारा सूर्य का चक्कर एक लाख सात हजार एक सौ साठ किलोमीटर प्रति घण्टे की चाल से लगाया जाता है, तब एक साल लगता है। जबकि सौरमण्डल में सूर्य से पृथ्वी तीसरा निकटतम ग्रह है। प्लेटो अधिकतम दूरी तथा शनि ग्रह के सर्वाधिक 21 उपग्रह हैं। सब एक-दूसरे का चक्कर लगाते हैं। अब सवाल यह है कि पृथ्वी, चन्द्र और अन्य बड़े तारे-नक्षत्रों को गति देनेवाला और इतने समय से अण्डाकार मार्ग पर चलानेवाला कौन है? न्यूटन के नियम के अनुसार बाहरी शक्ति के बिना कोई भी प्रकृति का कण खड़ा रहेगा! सब कुछ चक्रीय। सूर्य और ऐसे ही सौरमण्डल का आकाशगंगा के केन्द्र पर घूर्णन और परिभ्रमण, आकाशगंगाओं का ब्रह्म के केन्द्र पर परिभ्रमण। यह गतिशीलता ही सम्पूर्ण सृष्टि की क्रियाशीलता का परिचायक है।

काल और देश में जो शाश्वत है, वह सनातन है। सदा के लिए जो सत्य है, वह सनातन है। हिन्दू सभ्यता में सत्य की सीमा बहुत बड़ी है, क्योंकि हमारा चिन्तन सीमा की रेखा बड़ी है। अन्तरिक्ष में हम धरती तक सीमित नहीं। हम पहली संस्कृति हैं जिसने तारा को भाषा सिखायी, नक्षत्रों की संज्ञा दी और आकाश से गंगा निकाली। हमनें अनन्त आकाश में ध्रुवतारा को प्रतिस्थापित किया, ताकि समय और दिशा का बोध कालनिरपेक्ष होता रहे। हमने सागर पर पुल बनाये। यह कल्पना भी मान लें, तो इतना विराट विचार भी क्यों नहीं कर पाये। आकाश गंगा तक सोच पाये। इस प्रकार काल पर विचार कीजिए। ब्रह्म संवत् 1.97 अरब साल पुराना है। इसकी प्रामाणिकता का सबसे बड़ा कॉस्मोलॉजी कार्ल सेगेन ने प्रमाण दिया है। सौर मण्डल के परे जानेवाले यन्त्र वॉयजर हैं। इसमें सन्देश भी है। इसमें कहा गया है कि काल का सबसे लम्बा विस्तार भारतीय चिन्तकों ने दिया।

यह अस्तित्व जिन मूल नियमों से संचालित होता है, वह अकाट्य और सनातन होता है। यह विराट जिस व्यवस्था में रहता है, वह अखण्ड और शाश्वत होता है। सृष्टि की सनातनता का सम्बन्ध किसी भी बाहरी बदलाव और दबाव से प्रभावित नहीं होता है। उसमें परिवर्तन भीतरी संकान्ति से होता है। मौसम में परिवर्तन, प्रकृति में बदलाव, जीवों का जीवन चक्र एक व्यवस्था के अन्तर्गत आन्तरिक बदलाव के साथ चलता रहता है। व्यवस्था का यह सनातन भाव भारतीय सभ्यता का शाश्वत भाव है। देश और काल के चक्र पर चलता हुआ ऋतु, संवत्सर और संवत परिवर्तन के साथ जीवन, उत्सव और आनन्द के स्वभाव भी बदलते रहते हैं।

मन ही माया तथा मुक्ति का मार्ग

माया क्या है? हम जानते हैं उसके बाद भी नाटक करते हैं। कथा है कि रामायण राम के जन्म के पूर्व ही महर्षि वाल्मीकि ने लिख दी। अब यह रामायण की कथा भगवान के जन्म के पूर्व ही लिख दी गयी तो भगवान को उस कथा के अनुसार लीला करनी थी। उनका पूरा जीवन कर्म एक अभिनय था। इसी प्रकार हमारा जीवन भी एक अभिनय है। सब कुछ नियत है। उसमें कुछ भी नहीं बदल सकता है। जन्म के साथ मृत्यु का दिन निश्चित है। इस अन्तराल में क्या कुछ सब होना है, वह भी निश्चित है। हमें केवल उसे पूर्ण करना है। यह अभिनय ही माया है। यह बात ध्यान रखना है कि जगत उस ब्रह्म से आया है, तो जगत उसी ब्रह्म से व्याप्त है। जगत की सारी अभिव्यक्तियाँ भी उसी परमसत्ता से आयी हैं। ऋषियों ने कहा है कि येन सर्वं इदं ततम् यानी वह इस जगत के सभी कण में है। उसकी प्रकृति शुद्ध चेतना है। ऐसे में उस चेतना से व्याप्त हमारा जीवन भी विशुद्ध है। बस यह ज्ञान होना जरूरी है।

कबीर का दोहा है कि मन गोरख मन गोविन्दो। मन ही गोरख है और न ही गोविन्द है। मन ही मार्ग खोजता है। मन ही भटकता है और भटकने के बाद वह मंजिल भी खोज लेता हैं। उलझ गये, तो मन ही माया है। और सुलझ गया तो मन ही मुक्ति है। मन का भटकाव ही माया है, जीवन में छाया है। मन का ठहराव ही मोक्ष है। सब मन का मार्ग है। इसलिए मनोयोग है। मन-मस्तिष्क से विचार का चिन्तन है। बीज को पत्थर पर रखें या मिट्टी में। उसका सड़ना नियति है। पत्थर पर पड़े रहकर सड़ जाना प्राकृतिक नहीं है। मिट्टी में सड़ जाना ही मुक्ति है। माया मन की जड़ता है। इसलिए हम सक्रियता में मुक्ति की ओर गतिशील होते हैं। ठहराव मृत्यु है। कबीरदास ने बार-बार कहा है कि माया मनहिं समाय। लेकिन तीनों लोक में इसको लेकर संशय है। यह हमारी विकृति है।

भारत में मायावाद का प्रसिद्ध वाक्य है–ब्रह्म सत्यम, जगत मिथ्या। लेकिन उस परम सत्य को जानना है तो मैत्रेयी की तरह सवाल पूछने का साहस करना होगा। मैत्रेयी ने अपने पति याज्ञवल्क्य से पूछा था कि कथं तेन अमृता स्याम? अर्थात धन सम्पदा से परिपूर्ण यह सारी पृथ्वी मेरी हो जाये, तो क्या उससे मैं अमर हो जाऊँगी? यह उद्धरण वृदारण्यक उपनिषद् का है। ऋषि याज्ञवल्क्य को जब सांसारिक जीवन से ऊब हो गयी, तो उन्होंने अपनी दोनों पत्नी मैत्रेयी और कात्यायनी के बीच सम्पत्ति बँटवारे का प्रस्ताव रखा। मैत्रेयी ने तब यह प्रश्न किया था? नचिकेता की तरह संकल्प दिखाना होगा। समाज के पथ प्रदर्शक से जानना होगा—येनाहं नामृता

स्याम कि महं तेन कुर्याम? जीवन का शुभ लक्ष्य क्या है? क्या है अमरता का राज? भौतिक संसार एक अधूरी वास्तविकता है। जब हम दूसरे के रास्ते चलकर सफल होना चाहते हैं, तो वह माया है। जब तक यह पता नहीं हो कि हर एक व्यक्ति भिन्न है, उसका गुणधर्म अलग है तब तक शान्ति नहीं मिलेगी। व्यक्ति भटकता रहेगा।

समाज में माया का दोहरा प्रभाव है। एक ओर यह सामाजिक संरचनाओं, व्यवस्थाओं और अनुक्रमों का निर्धारण करती है जिनमें हम और लोगों के साथ रह सकें। उनके साथ द्वन्द्वात्मक जीवन का आनन्द उठा सकें और अपनी पहचान को स्थापित कर सकें। दूसरी ओर यह माया आन्तरिक प्रकाश की ओर भी हमारा उद्दीपन कराती है जिससे इन मानदण्डों एवं स्थापित मान्यताओं में अवांछित तत्त्वों एवं बातों का सुधार कर सकें। जीवन को तुलना और मूल्यांकन से परे अनन्तता और अमरत्व के उच्चतर भाव की ओर ले जाया जा सके। श्रीकृष्ण गीता के अध्याय सात के श्लोक तेरह और चौदह में कहते हैं कि परिमाप और पदक्रम का आवरण उन सभी को भ्रमित करते हैं, जो इस भौतिक संसार को उसकी तीन सहज प्रवृत्तियों का अभिप्राय ढूँढ़ने का प्रयास तब तक करते हैं, जब तक कि वे मेरी वास्तविकता को स्वीकार नहीं करते हैं, जिसे कभी मापा नहीं जा सकता और न ही कभी किसी से तुलना की जा सकती है। जो सीमाओं के इस काल्पनिक मायाजाल में फँस जाते हैं, वे राक्षस होते हैं। कदाचित यही कारण है कि रुक्मिणी के प्रेम को प्रदर्शित करने के लिए श्रीकृष्ण तुला पर तुलसी की एक छोटी टहनी के भार से झुक जाते हैं। यह बताता है कि अनन्त को मापा नहीं जा सकता है, लेकिन उसे प्रेम के भाव से बाँधा जा सकता है।

माया के भंवरजाल को श्रीकृष्ण खुद ही काटते हैं। गीता के अध्याय चार के श्लोक छह में वह कहते हैं कि मैं अनन्त और अनश्वर होते हुए भी प्रकृति के नियमों का सम्मान करता हूँ। मैं स्वयं को नियम, नश्वर और परिमेय अस्तित्व में बाँधता हूँ। एक शालिग्राम को साकार विष्णु के रूप में और एक शिवलिंग को निराकार महादेव के रूप में हम पूजते हैं तो यह ईश्वर की प्रदत्त शक्ति है। यह उस ईश्वर की माया का भी प्रभाव है कि इस संसार को अर्थपूर्ण बनाने के लिए समूचे अस्तित्व को ही दिव्यतत्त्व का स्वरूप प्रदान किया जाता है। माया केवल भटकाव में नहीं है बल्कि यह उसके बदलाव में भी है, जो जगत को एक दिव्यता से परिपूर्ण बनाने का प्रयास करता है। माया केवल संसार का विभाजन नहीं करती है, वही माया इसे बाँधती भी है। जीवन में सम्बन्ध का कारण भी मायाजाल है।

जगत मिथ्या है यदि ठहराव है। जगत की अधूरी वास्तविकता को हम स्वीकार करते हैं, अत: जगत मिथ्या नहीं हमारी जरूरत है। ब्रह्म इसलिए सत्य है क्योंकि वह जीवन में निराशा और आनन्द का सृजन करता है। स्वामी विवेकानन्द ने माया पर व्याख्या देते हुए कहा था कि माया किसी प्रकार का सिद्धान्त नहीं है। वह तो तथ्यों का सहज वर्णन मात्र है। हम क्या हैं और अपने चारों ओर क्या देखते हैं। हम सब में और उस दिव्य में एक अन्तर है। वह स्वयं संसार बना है। उसकी हर एक वस्तु में वह है। वह अपनी सत्य प्रकृति को भूल कार्य कर रहा है। इससे बड़ी माया क्या होगी कि हम सांसारिक जीवन में परम सुख और आनन्द का मार्ग जानते हैं, लेकिन जन्म से मृत्यु तक भटकते रह जाते हैं। अज्ञान और अविद्या इस माया का कारण है। जब हम अपने कर्म, विचार और आचरण द्वारा अधोमुखी होते हैं, तो वह माया है, जब हमारी गति ऊर्ध्वगामी हो, तो माया पर वह विजय है। हम दिव्य के प्रति आध्यात्मिक चेतना के विकास, ज्ञान और भक्ति से माया के पार जा सकते हैं। इस मार्ग में प्रार्थना एक बेहतरीन माध्यम है।

निष्पाप होने का आत्मिक प्रयास

प्रार्थना निष्पाप और निर्मल होने का एक आत्मिक प्रयास है। इसमें ज्ञान, बोध, निर्माण, रचना या कर्म के साथ जीवन की गहराइयों में छिपे वास्तविक जीवन की तलाश करते हैं। और तलाश के पश्चात व्यक्ति में कृतज्ञ, समर्थ, उदार और सुख की समझ देनेवाला बीज प्रस्फुटित होता है। ईश्वरीय जीवन के लिए सबसे छोटा एवं प्रभावी रास्ता प्रार्थना है, लेकिन यह तभी सार्थक एवं साकार होगा यदि हमारा लक्ष्य अपनी सम्पूर्णता को ईश्वरीय अस्तित्व में बदलना हो। आधुनिक युग में प्रार्थना के विविध रूप—आरती, स्तुति, अरदास, भजन, कीर्तन, मानसिक जाप आदि के जरिये हम ईश्वर की आराधना करते हैं। जब हम किसी की ओर प्रेमपूर्ण भाव से देखते हैं, करुणा के साथ सम्बन्ध बनाते हैं और मैत्रीपूर्ण व्यवहार करते हैं, तो यह प्रार्थना है। यह पूर्ण समर्पण है, जो उच्च शक्ति के साथ आध्यात्मिक सम्बन्ध है। प्रार्थना अपना प्रभाव छोड़े, इसके लिए संकल्पबद्ध होकर पूरी ईमानदारी से भावपूर्ण सम्बन्ध जोड़ना होता है।

ईश उपनिषद् कहता है कि जिस प्रकार तिलों में तेल, मलाई में मक्खन है। जिस प्रकार सूखी नदियों में दबा पानी, घर्षण में आग है। उसी प्रकार ईश्वर मेरी आत्मा में छिपा हुआ है। यदि हम उसको ईमानदारी से खोजने का प्रयास करें तो वह मिलेगा। महात्मा बुद्ध से उनके शिष्य ने कहा कि आप कहते हैं कि हर कोई मोक्ष चाहता है

लेकिन सबको मोक्ष प्राप्त क्यों नहीं होता है। महात्मा बुद्ध ने कहा कि हर आदमी पाना चाहता है लेकिन उसके लिए प्रयास नहीं करता है।

जीवन में बहुत बीज पैदा होते हैं लेकिन उनमें से बहुत कम ही कोई वृक्ष बन पाते हैं। एक पत्थर के छोटे टुकड़े से परमाणु विस्फोट किये जा सकते हैं। उसी प्रकार हर एक मानवीय बीज का बुद्ध और श्रीकृष्ण बनने की सम्भावना है। बीज रूप में हमारी उतनी ही शक्ति है जितना महात्मा बुद्ध, ईसा मसीह या किसी और महापुरुष की हो। परमात्मा ने इस आधार पर कोई भेदभाव नहीं किया है। सबको बराबर शक्ति दी है। सम्भावनाएँ सबकी बराबर हैं, लेकिन वास्तविकताएँ एक सी नहीं हैं। क्योंकि सम्भावनाओं को वास्तविकता में बदलने के लिए कर्म भी जरूरी है। कर्म ही वह क्रिया है जिसके कारण अन्तर आता है। इसलिए कहा गया है कर्म प्रधान विश्व करि राखा, जो जस करनी, तो तस फल चाखा। प्रार्थना परमात्मा बना देती है। ऐसा नहीं होता है कि हम परमात्मा को पा लेते हैं। ऐसी स्थिति में हम स्वयं को खोते चले जाते हैं। असल में यह एक विधि है जिससे निखार लाया जाता है। जैसे पत्थर को मूर्तिकार खोलता जाता है, और मूर्ति आकार लेती जाती है। वह पत्थर से बेकार को बाहर निकाल देता है। अनावश्यक को हटाने की विधि का नाम है प्रार्थना। और जो अनिवार्य है उसको बचाने का तरीका है प्रार्थना।

प्रार्थना कोई खण्ड या नियम-समयबद्ध कार्य नहीं है। यह जीवन की व्यवस्था है। व्यक्ति की संस्कृति होनी चाहिए, कि हम सदैव प्रार्थनापूर्ण हों। समय के अनुसार प्रार्थना नहीं, विनती की जाती है। जब भी कुछ करें, उसमें परमात्मा के रस का बहाव हो, तो वह प्रार्थना कहलाता है। और इसका उल्टा भी प्रार्थना है। यानी जब कुछ न करें तब भी परमात्मा के रस, रंग और रूप के साथ एकाकार हों। हर एक पल उसकी ही सुगन्धि में वास हो। प्रार्थनापूर्ण ही जीवन हो जाये। उठें तो प्रार्थना, बैठें तो प्रार्थना हो जाये। अगर हम खाने की जूठी पत्तल उठायें, तो प्रेमपूर्ण भाव से। तभी अग्रगामी हो कृष्ण सा आदर मिलेगा। पत्थर को स्पर्श करें, तो पूरी करुणा एवं संवेदना के साथ ताकि वह जीवित हो माता अहल्या हो जाये। कपड़ा उतारें तो पूरी मित्रता के भाव से। घर में पैर रखें ऐसा मानो जीवन्त ईश्वर का साम्राज्य है।

भारत के महान रहस्यदर्शी रामानुज ने भक्ति की राह पर एक किताब श्रीभाष्य लिखी। उन्होंने आदि शंकर की तरह बादरायण के लिखे ब्रह्मसूत्र पर टीका भी लिखी। उनसे एक भक्त मिला और पूछा–मैं परमात्मा को कैसे पा सकता हूँ। इस पर रामानुज ने कहा कि–तुमने किसी से प्रेम किया है। तब उस भक्त ने कहा कि यह आप क्या कह रहे हैं? मैं प्रार्थना सीखने आया हूँ न कि प्रेम! कहते हैं कि रामानुज उदास हो गये। उन्होंने कहा कि–मैं तुम्हारी कोई मदद नहीं कर सकता। यदि तुम्हें

प्रेम का अनुभव नहीं है तो प्रार्थना का भी अनुभव नहीं हो सकता। यह प्रेम ही प्रार्थना है, जो प्रकृति से मिलती है। प्रेम मार्ग के पथिक कबीर, नानक, मीरा, चैतन्य आदि प्रार्थना के साकार प्रतिमूर्ति थे, क्योंकि उनके दिल में केवल प्रेम ही था। कबीर ने अपने भक्तों से बहुत ही अच्छी बातें कहीं। उन्होंने कहा कि कितने ही दिन खेलते रहे संसार में, इससे क्या फर्क पड़ता है? जिस पल याद आती है, जिस क्षण चीख निकल जाती है, प्रार्थना का जन्म हो जाता है। जब हम स्मरण करते हैं तब अपने विस्मरण की भी याद हो जाती है। उस समय याद आता है कि कितने दिनों से हम भूले रहे। वैसे क्षण में आँख आँसुओं से भर जाती है। तब संसार यूँ ही पड़ा रह जाता है। और ऐसे करुणा के क्षण में प्रार्थना के शब्द भजन और कीर्तन के रूप में कभी मीरा, कभी चैतन्य और कभी नानक के मुख से फूट पड़ते हैं। ऐसे स्मरण ही अस्तित्व को कंपित करते हैं।

सदियों से भोजन को प्रार्थना से जोड़ा गया। यह भोजन परमात्मा है। इसके लिए हिन्दू जीवन में हर एक कर्म के साथ प्रार्थना को जोड़ा गया। उठते हैं तो प्रार्थना। पृथ्वी पर पैर रखने के पूर्व प्रार्थना, स्नान करने के पूर्व प्रार्थना, ताकि पानी को परमात्मा से पूर्ण बनाया जा सके। हर एक स्तर पर हमारा प्रयास वृत्ति को, भाव को, व्यक्ति को बदलता है। वस्तुओं से मैत्री का व्यवहार। जीवन के प्रति प्रेम का या मैत्री का व्यवहार ही प्रार्थना है। और सदैव उसमें डूबे रहें तो ही शान्ति हो सकती है। प्रार्थना जल्दी या फुर्सत में नहीं। प्रार्थना हमारे जीवन की आधारशिला होनी चाहिए। हमारे जीवन के हजारों काम में एक काम परमात्मा की खोज प्रार्थना नहीं हो सकती है। प्रार्थना का अर्थ है कि मन रुक गया है। मन के साथ हमारी इच्छा और वासना भी ठहराव पर है। यह ठहराव ही प्रार्थना है। जहाँ भी और जब भी जीवन में ठहराव आता है, वह क्षण ही प्रार्थना का है। प्रार्थना का अर्थ है मौन हो जाना। मौन होने के बाद ही हम इस जगत पर और जीव में बहने वाले उस परमात्मा की रसधारा को महसूस कर पायेंगे। जीवन शाश्वत है। उसका आनन्द असीम है। उसे अनुभूत करने के लिए मौन धारण करना होगा।

जीवन और जगत के बीच व्यवस्था

जगत और जीवन में क्रिया स्वाभाविक है। बिना कर्म के गति सम्भव नहीं है। गति नहीं, तो जीवन और जगत ठहर जाये। इस ठहराव से बचाने एवं सतत क्रियाशीलता के लिए जो अभिप्रेरणा है, उसको वैदिक ऋषियों ने ऋत कहा, जो बाद में धर्म हो गया। इसका उद्भव सृष्टि के साथ हो गया। ब्रह्म जब तपस् किया (बिंगबैंग

यानी महाविस्फोट के पूर्व) तब वह शाश्वत सत्य और क्रियाशील ऋत में खुद को प्रकट किया। उसकी क्रियात्मक गति से सूर्य, चन्द्र, तारागण, ऋतुचक्र, संवत्सर, जीवन, मृत्यु, पुनर्जन्म होता है। जब वह सक्रिय और गतिशील होता है, तब उसका क्रियात्मक और रूपात्मक स्वरूप का देश और काल यानी टाइम और स्पेस के चाक पर चिन्तन किया जाता है। परम सत्ता की भवति रूप यानी क्रिया ऋत पक्ष ही धर्म है। उसका स्थिर सत्य यानी अस्ति रूप उसका संज्ञा पक्ष है, जो अगेय और अविनाशी है।

भारतीय चिन्तन ऋत एक व्यवस्था है, जो संसार और ब्रह्माण्ड के सन्तुलन का कारक है। इसका धर्म और हमारे कर्मों से गहरा सम्बन्ध है। संसार में जो कुछ भी है, वह सब ऋत के नियम से बँधा है। ऋत को सबका मूल कारण माना गया है। ऋत को ही देवताओं के जन्म का कारण माना गया है। ऋग्वेद में मरुत को ऋत से उत्पन्न तो विष्णु को ऋत का गर्भ माना गया है। द्यौ और पृथ्वी ऋत पर स्थित है। उषा और सूर्य को ऋत का पालन करनेवाला बताया गया है। ऋत के नियम का उल्लंघन असम्भव है क्योंकि यह सृष्टि के क्रिया और गति का स्वाभाविक नियामक शक्ति है। वरुण को इसका रक्षक माना गया है। इसलिए वैदिक ऋचाओं में प्रार्थना की गयी है कि हम भी ऋत यानी स्वाभाविक नियमों के मार्ग पर चलें। यह सत्य का क्रियाशील नियम है। हिरण्यगर्भ के व्यक्त होने पर सत्य और ऋत के रूप में सृष्टि गतिमान हुई। सत्य स्थिर तो ऋत गतिशील व्यवस्था है।

प्रत्येक कार्य का कोई न कोई कर्ता होता है। इसके साथ एक नियम होता है। ऐसे ही निर्धारित नियम और व्यवस्था को हमारी प्रकृति ने स्वीकार किया है। सूर्य और चाँद-तारे नियत समय पर निकलते हैं और नियत समय पर अस्त होते हैं। ऋतुओं के मौसम का समय भी निर्धारित होता है। ग्रहों की कक्षाएँ भी बँधी हुई हैं। इसमें किसी को भी अमर्यादा का अधिकार प्राप्त नहीं है। अस्तित्व ने यह व्यवस्था शानदार तरीके से बनायी है। ऋत जो विधान है, निरन्तर चलता है। यह नियमचक्र है, जो कभी भ्रष्ट या खण्डित नहीं होता है। मनुष्य जीवन में यह शील ही ऋतरूप है। जब मनुष्य अपने पथ पर सूर्य की भाँति चलता जाता है, तो उसकी मर्यादा पुरुष को पुरुषोत्तम बना देती है। ऋत यानी नियमचक्र की मर्यादा सूर्य भी करता है और ऋतुएँ भी करती हैं। जब हम उस ऋत को अस्वीकार करते हैं, तब द्वन्द्व होता है। आवेग के ताप से व्यक्ति की नैतिक पृष्ठभूमि खण्डित हो जाती है। आवेग और द्वन्द्व में व्यक्ति की गति अधोगामी हो जाती है, जो पीड़ा देती है। जब हम ऋत को

अस्वीकार करते हैं, तो महाभारत देखते हैं। राम-रावण युद्ध देखते हैं। खुद ही दुख और पीड़ा के स्तम्भ बन जाते हैं।

जगत में ऋत यानी धर्म ही व्यवस्था है। अस्तित्व में मनुष्य ही एकमेव प्राणी है, जिसके पास मन है। वह अपने मन का विस्तार करता है। जब मन का विस्तार करते हैं, तो जगत को देखने का नजरिया भी अलग-अलग होता है। ऐसे में संसार में व्यवस्था और प्रकृति को अस्थिरता से बचाने के लिए धर्म का विधान अहम हो जाता है। धर्म यानी जो धारण करने योग्य हो। पेड़-पौधे दूसरे का सहयोग नहीं कर सकते। पशु-पक्षी अपनी भूख और भय से आगे नहीं सोच सकते हैं। लेकिन मानव इस भूख को संरक्षण, भय को अभयता का दान और सहयोग तथा संवेदना दे सकता है। इसलिए मानव विशिष्ट है। उससे जगत के स्वाभाविक विधान के तहत कार्य करने की आशा की जाती है। धर्म का यही परिप्रेक्ष्य है। मनुष्य जब अपने मानवीय गुणों से परे पशुओं की वृत्ति और प्रवृत्ति को अपनाता है, जब वह पशुओं की प्रकृति को व्यवहार में लाता है, तो यह अधर्म कहा जाता है। धर्म में जब केवल अपनी भूख की चिन्ता करते हैं, तो वह अधर्म है। सहानुभूति रखना और परिणामों के बदले प्रयासों पर केन्द्रित रहना धर्म है। जब सहानुभूति रहेगी, तो सुख-दुख बाँटा जाता है। पारस्परिक दायित्व और अपेक्षाओं को पूरा किया जा सकता है। इसके पालन के लिए चार आश्रम—ब्रह्मचर्य, गृहस्थ, वानप्रस्थ और संन्यास बनाया गया। आज चहुँओर जो अव्यवस्था का आलम है, उसका कारण इन आश्रम व्यवस्था के मूलभावों के विपरीत आचरण और व्यवहार करना है।

हमारे दैनिक जीवन और सांसारिक दर्शन की पूरी व्यवस्था में आध्यात्मिक मूल्यों का अभाव है। इस कारण हमारा मानवीय विकास और तृप्ति का स्तर सदैव अपूर्ण रहता है। हजार साल पूर्व श्रीकृष्ण इस विकास और तृप्ति के सन्दर्भ में (गीता 18.47-49) में कहते हैं कि हर एक विकास और तृप्ति का कार्य प्रकृति में सभी मनुष्यों के हृदय में परम सत्ता से सम्बन्धित है। अगर हम ऐसा सोचकर क्रियाशील होते हैं, तो हमारे कार्यों को आध्यात्मिक बल मिलेगा। यहाँ धर्म को आधार बनाकर कर्म करने की प्रेरणा है। इस श्लोक में श्रीकृष्ण कहते हैं कि स्वयं का धर्म चाहे अपूर्णतापूर्वक किया जाये, दूसरे के पूर्णतापूर्वक किये गये धर्म से श्रेयस्कर है। जो भी प्रकृति द्वारा निर्धारित अपना कर्तव्य कर्म करता है, वह किसी भी दोष का भागीदार नहीं होता। हम जब अपनी आन्तरिक प्रकृति यानी स्वभाव द्वारा निर्धारित जो भी कार्य करें, वह स्वधर्म होता है। सदैव ही अपना स्वभाव निर्धारित करना, फिर कार्यक्षेत्र में अपनी आत्मा को व्यक्त करना श्रेष्ठता की पहचान है।

हमें इस बात का ध्यान रखना है कि कोई भी कार्य पूर्ण नहीं है। इस अपूर्ण संसार में हरेक कार्य अधूरा है। केवल देवत्व ही एकमात्र पूर्ण है। जब हम इस अपूर्ण संसार में पूर्णता की खोज करते हैं, तो हम धर्म के प्रतिकूल व्यवहार करते हैं और खुद को दुख, चिन्ता, अवसाद और मृत्यु की ओर ले जाते हैं। जगत में सदैव पूर्णता की आशा रखना व्यर्थ है। हर एक व्यक्ति, कर्म और घटना में कुछ न कुछ कमी रहेगी। लेकिन जब हम अपनी आत्मा के माध्यम से कार्य करते हैं, तो हमारी वृत्तियाँ धर्म से संचालित होती हैं। इससे इच्छाएँ खत्म हो जाती हैं और हमारे प्रयास हमको पूर्णता की ओर ले जाते हैं। इतना भी सम्भव नहीं हो तो हम अधूरा प्रयास भी करें। यह अधूरा प्रयास भी कभी व्यर्थ नहीं जाता है। इसका सदैव ही अच्छा परिणाम होगा। गीता में कहा गया है कि स्वल्पमप्यस्य धर्मस्य त्रायते महतो भयात्। यानी जितना सम्भव हो करो। जितना प्रयास हो सके, उससे अपने जीवन को बेहतर करना भी ठीक है। धर्म के पालन के लिए बुद्धौ शरणम्नाविच्छा यानी बुद्धि में शरण की बात कही गयी है।

अमरत्व की तलाश

संसार की जितनी चीजें हैं, उनकी तीन गति में से एक गति निर्धारित होती है। पहला, वह चीज किसी को सौंप दो। दूसरा उसका उपभोग करो। और तीसरा वह नष्ट हो जायेगा। दानं, भोगं और नाशं। यह तीन गति होती हैं। लेकिन दुनिया में आजकल एक नयी गति का शोध चल रहा है। अमरत्व की तलाश। मनुष्य कैसे जरा-जीर्ण से मुक्त हो, बुढ़ापा नहीं आये और वह चिरयुवा रहे। इस पर कहीं शोध नहीं हो रहा कि इन्सान श्रेष्ठ बने। जीवन से ईर्ष्या, क्रोध, लोभ, षड्यन्त्र और वासना खत्म हो। राजा ययाति को भी यौवन की भूख थी। पुत्र पुरु ने अपना यौवन दिया, फिर भी ययाति का अन्त आया। भीष्म को इच्छा मृत्यु का वरदान था, लेकिन 58 दिनों तक प्रतीक्षा के बाद भी शरीर को छोड़ना पड़ा। यह शरीर का मोह तब भी था, लेकिन नचिकेता और युधिष्ठिर जैसों ने मृत्यु को जीवन के केन्द्र में रखकर जीवन का सत्य दुनिया को दिया। फिर भी जीवन में अमरत्व की तलाश जारी है।

आखिर जीवन का अर्थ क्या है? जीवन लम्बा और अनन्त हो या नश्वर जीवन ही नहीं हो! जीवन अगर श्रेष्ठ है, तो यान्त्रिक या अनन्तता जरूरी नहीं। वही जीवन श्रेष्ठ है, जिसे जीना मानवीयता के तरंगित होने का मार्ग प्रशस्त करता हो। किसी को प्रेम दे। रास्ता दिखा जाये। श्रेष्ठ जीवन या जीवन का अर्थ किसी राजा या उच्चस्थ पद पर आसीन व्यक्ति को नहीं वरन किसी मीरा, सुकरात और भगत

सिंह को मिलता है। जीवन का अर्थ हमारे मानदण्डों पर भी हो सकता है। लेकिन ऐसे अर्थ का कोई मायने नहीं, जो अनुकरणीय न हो। पीड़ादायी शरीर के साथ अमर रहनेवाला अश्वव्थामा होने से अच्छा है कि घटोत्कच की तरह धर्म के लिए अपनी अनन्त शक्ति को समर्पित कर दे। अमरता में जीवन की सार्थकता है, तो वह अमरता हनुमान की होनी चाहिए। जो हर पल समाज के लिए खुद को प्रस्तुत करने को तत्पर रहे। संजीवनी बूटी वाले विशाल द्रोणाचल पहाड़ को हाथ पर उठाये रखने वाले हनुमान भी यातना भोग रहे हैं, लेकिन लोकोपकार की खातिर! उनका द्रोणाचल जीवन को अर्थ देनेवाले औषधियों से भरा-पूरा है। जैसे ही सवाल करते है कि हमारे जीवन में कुछ और है? इसके बाद क्या? अब कैसे? वैसे ही हम एक या न्त्रिकता पर चल देते हैं। किसी एक मूल्य प्रणाली को स्वीकार कर लेना या चलना श्रेष्ठता का परिचायक नहीं।

इस असीम सृष्टि में बहुत कुछ है, जिससे प्रेम किया जाये। बहुत सारी चीजें हैं, जिनसे एकात्म हुआ जाये। उसी में कुछ सार्थकता है। जीवन का सबसे बड़ा सत्य स्वयं जीवन है। पृथ्वी का सबसे बड़ा सत्य है जीवन। पर परम सत्य है, शून्य का बोध जो जीवन की जटिलताओं से जूझते हुए मिलता है। सबको जूझना पड़ता है। जटिलताओं से लड़ना और उस पर विजय पाना ही जीवन का लक्ष्य है। पूरा ब्रह्माण्ड गतिमान है। सौरमण्डल, आकाशगंगाएँ, सूर्य और तारे सभी लगातार आगे बढ़ रहे हैं। लगातार बदलते और जटिल समय से जब हमारी पृथ्वी जूझ रही है तब हमें भी इतना साहस करना चाहिए कि आगे बढ़े। ईश्वर में विश्वास और अपनी आस्था के साथ जीवन की कठिनाइयों को जीत लेने की संकल्पशक्ति के साथ आगे बढ़नेवालों के लिए ही जीवन का अर्थ है। जीवन का अर्थ कहीं ठहराव में नहीं। यह जीवन गतिमान है, तो अर्थ स्थिर कैसे हो सकता है? जीवन के हर पल को पूर्णता में जीना ही जीवन की सार्थकता है।

इस सृष्टि में जिसकी जो इच्छा होती है, उसको वह पाना चाहता है। लेकिन वह जीवन नहीं है। अपने मन के मुताबिक पाने की चाहत से सारी मानवजाति परेशान है। इस विविधतापूर्ण जीवन में जितने लोग हैं, उतने अर्थ हैं। और उतनी ही आकांक्षाएँ। हर आदमी अपनी प्रवृत्ति की सीध में ऐसी नयी दिशाएं खोजना चाहता है कि जहाँ उसे जीवन का अर्थ दिखाई दे। जिन्दगी रोज बदलती रहती है। बढ़ती रहती है। उसमें नये पन्ने जुड़ते जाते हैं। इस गुजरे समय के साथ एक अर्थ सदैव रहता है, जो वर्तमान के काम आये। बीते समय के पन्ने पर हमारे मन, चेतना और अस्तित्व की छाप छोड़ना ही जीवन का लक्ष्य है, और जीवन का अर्थ भी। इसके सिवाय और क्या?

जीवन की सार्थकता और निरर्थकता के सवाल पर हर सभ्यताओं में चिन्तन-मनन हुआ है। दुनिया के हर साहित्य में ऐसे पात्रों का वर्णन है, जो जीवन की यातना झेलते हैं। सुख की खोज करते हैं। ग्रीक साहित्य में ऐसे तीन पात्रों का वर्णन आता है, जिसका वर्णन धर्मवीर भारती ने अपनी कविता प्रमथ्यु-गाथा में किया था। इन पात्रों में किसी के जीवन की यातनाएँ उनकी खब्त के कारण होती हैं तो कोई लोकोपकार के लिए सहर्ष सजा भुगतता है। एटलस को देवराज जीयस यानी भारतीय इन्द्र से द्रोह करने की सजा मिली, और वह गगन मण्डल को अपने कन्धों पर उठाये अनन्त काल से जीवन जी रहा है। और यह चलता रहेगा। उसका एक भाई था प्रोमिथयस। उसने भी अपराध किया था, लेकिन जनहित के लिए। उसने मनुष्य जाति को देवोपम शक्ति से समृद्ध किया, स्वर्ग से आग चुराकर मानव जाति को उपलब्ध करायी। इस दण्ड के लिए राजा प्लूटो ने सजा दी। उसे लौह शृंखला से बाँध दिया गया। एक गरुड़ दिन में रोज उसके उदर का मांस खाता, रात को घाव भर जाता, तो पुनः दिन में गरुड़ मांस खाने के लिए उपस्थित हो जाता। प्रोमिथयस, मनुष्य जाति को अग्नि उपलब्ध कराने के लिए इस सजा को तीस हजार सालों तक भुगतता रहा। तब उसे देवराज ने मुक्ति दी।

ग्रीक साहित्य में एक तीसरे पात्र है—एओलस निवासी सिसिफस। उसके पिता को देवराज के वरदान स्वरूप वायु पर अधिकार था। इससे वह मन-मुताबिक धरती पर मौसम लाता। एक दिन उसकी भी मृत्यु हो गयी। सिसिफस विचलित हो गया, सोचा—सर्वाधिक शक्तिशाली तो मरण है। उसे लगा कि प्रोमिथयस के आग और जीवन में आनन्द का क्या मतलब है? यदि मृत्यु आ गयी तो! उसने संकल्प लिया कि मृत्यु को जीतेगा। ऐसी ही स्थिति महात्मा बुद्ध के जीवन में आयी थी। उनका इस जीवन से महाभिनिष्क्रमण का कारण भी जीवन में दुख और मरण था। लेकिन उन्होंने अपने जीवन को तप-साधना में लगाया। जीवन के अर्थ को जानने के लिए सात सालों तक इस प्रकार से साधनाभ्यास किया कि उनका संज्ञान-विवेक और करुणा-मैत्री सब कुछ चरमोत्कर्ष पर पहुँच गया। तब उन्हें संबोद्धि प्राप्त हुई। गौतम के रूप में साधनारत थे, बुद्ध बनकर दुनिया के समक्ष आये। एक ज्ञान के साथ। चार आर्य सत्यों का साक्षात्कार। दुख का नहीं, मृत्यु का नहीं। मृत्यु भय को जीतकर दुख निराकरण कर, उन्होंने जीवन जीने की राह खोजीं।

सिसिफस अगर ऐसा सोचता तो वह भी बुद्ध हो जाता। लेकिन उसने सोचा, मृत्यु जब हमारे जीवन में छल करती है, तो मृत्यु को भी छल से जीतना चाहिए। अतएव जब मृत्यु उसे लेने आयी, तो उसे बन्दी बना लिया गया। परिणाम। व्यक्ति

एक समय के बाद जरा-जीर्ण हुआ, चलना, खाना-पीना बन्द, लेकिन मृत्यु नहीं आयी। पेड़ सूखे नहीं, फूल झड़े नहीं! नये पेड़ और फूल तथा फल का आना बन्द हो गया। प्रकृति में हाहाकार हो गया। लोगों ने अमरता की अनन्त जीवन की त्रासदी की अनुभूति कर ली थी। चहुँओर लोग हाथ उठाकर मृत्यु की माँग करने लगे। मृत्यु, मृत्यु! लोगों को एहसास हो गया मृत्यु की आवश्यकता और अनिवार्यता का। एक सार्थक और सफल जीवन के बाद विराम का। मृत्यु का। पुनः शक्ति से भरपूर नये जीवन के शुरुआत का। अनन्त जीवन की यातना से अच्छी है जीवन की पूर्णता के बाद मृत्यु। देवराज जीयस की आज्ञा से एटीज ने पराक्रम दिखाया और सिसिफस को पराजित कर बन्दीगृह में डाल दिया। राजा प्लूटो ने सजा दी हेडीज घाटी के नीचे पड़े विशाल संगमरमर के चट्टान को सिसिफस ठेल कर गिरि-शृंग के शीर्ष पर ले जायेगा। इसके बाद वह चट्टान पुनः नीचे फेंक दिया जायेगा। और सिसिफस उसे शीर्ष पर लाने का क्रम करता रहेगा। ऐसा करते सिसिफस को बत्तीस हजार साल बीत गये।

धरती पर अमरता लाने का अपराधी खुद अमर होने के बाद भी अर्थहीन दण्ड भोगने को अभिशप्त। यातना भोगते-भोगते पाषाण बन गया। कदाचित् अश्वव्थामा की तरह। प्राकृतिक व्यवस्था को पलटने की कोशिश में सिसिफस भी विफल रहा, और अश्वव्थामा भी। और दोनों अभिशप्त जीवन भोगने को लाचार। सिसिफस की चट्टान तृण विहीन है, दूसरी ओर मृत्यु भय को जीतने वाले महात्मा बुद्ध की सीख से इस धरती के मानव का जीवन हराभरा हो रहा है। अभिप्राय यह है कि जीवन जीने की सर्वोत्तम कला है, सार्थक जीवन जीयें। अपने साथ दूसरों के लिए जीयें। जीवन की सार्थकता अमरता और अनन्तता में नहीं है। जीवन है, तो यातना है, दुख है और उसे भोगना भी होगा। अब सवाल है कि उस दुख को हम कैसे भोगें? आत्म चेतना को प्रेममय एवं करुणामय बनाकर दुख को झेलें, कठिनाइयों का सामना करें। जीवन की शीतलता में प्रेम की उष्णता लाकर। इसमें ही जीवन की अर्थवत्ता है। इसलिए भारतीय चिन्तन में कहा गया मुहुर्तं ज्वलितं श्रेयः, न च चिरं धूमायित। लम्बे समय तक धुआँते रहने से, एक क्षण की दीप्ति के साथ चमक-सुलग जाना बेहतर है। ध्रुव, प्रहलाद, अभिमन्यु, और नचिकेता की तरह। जीवन का सबसे बड़ा सत्य स्वयं जीवन है।

भारतीय परम्परा में भूमा अर्थात् विशाल को अमृत माना गया है और अल्प को मृत्यु। दृष्टि का यह भाव लोप हो गया। हम मानते हैं कि सृष्टि के मूल में जो भी सर्जन करनेवाली शक्ति है वह चेतनायुक्त होने के साथ ही करुणामय भी है।

इस अस्तित्व के सारे प्रयोजन और गतिशीलता हमारे जीवन को विकास और सुन्दर बनाने में सहयोगी हैं। हमारे जीवन का चरम लक्ष्य है–यतोऽभ्युदय निःश्रेयस् सिद्धिः स धर्म। यानी सांसारिक या भौतिक विकास के साथ निःश्रेयस् यानी अमृतत्व को प्राप्त करना। जीवन के इसी लक्ष्य को अन्धकार से प्रकाश की ओर जाना कहा गया।

सृजन में अमरत्व

सृजन और जीवन एक है। सृजन एक शाश्वत कर्म है। उसका फल स्थायी है। देश काल से आबद्ध जीवन खत्म होता है। लेकिन सृजन अमर रहता है। अतएव जीवन में सृजनकर्म ही अमरत्व है। परमात्मा देव है। उनको अमर माना जाता है। क्यों? क्योंकि वह 'देव' अनादि काल से बिना रुके, बिना थकान और बिना इच्छा के अनवरत कुछ न कुछ बनाये जा रहे हैं। जीवन भी सृजन है। जगत भी सृजन है। अस्तित्व ने विराट सृजन का यज्ञ चला रखा है। अनगित सूर्य, अनन्त आकाशगंगाएं, असंख्य तारे समूह और अनन्त नक्षत्र। चूँकि सृजन अथक और अनवरत है, अतएव अस्तित्व सदैव अज्ञेय और असीम है। इस असीमता में अमरत्व के बीज छिपे हैं। इस अथक सृजन कर्म में शाश्वत जीवन का सुख है। चिरन्तन यात्रा में सृजन का सौन्दर्य 'दिक्काल' का भी अतिक्रमण करता है। इसलिए सृजन सुख में ही अमरत्व के बीज हैं।

देवता का अस्तित्व सृष्टि के पूर्व नहीं था। यह समूचा ब्रह्माण्ड उस परम सत्ता का व्यक्त रूप है। उस परम सत्ता को सत्चित् आनन्द कहा गया। उनका चित्त ही रसमय है, जो इच्छावश ही सृजन का कारण बनता है। जगत के जो देवता हैं, वे उस सृजन कर्म के परिणाम हैं। ये सारे देवता चारों ओर से जगत को आच्छादित करते हैं। सृष्टि के सृजन के बाद इन देवों का जन्म हुआ। तब न सत् था और न ही असत् था। आकाश का भी जन्म नहीं हुआ था, तब उस परम सत्ता का व्यक्त स्वरूप हिरण्यगर्भमय था। उसकी सृजन इच्छा से जगत और देवताओं का जन्म हुआ। अग्नि, सूर्य, इन्द्र, वरुण, विष्णु, शिव, प्रजापति, हनुमान आदि सभी देव कर्मरत हैं। सारे देवता सृजनकर्म के कारण ही यशस्वी हुए। सूर्य का देवत्व उनकी दृष्टि और संकल्प सृजन में है। मुख से वाणी के प्रस्फुटन के कारण अग्नि देव बने। वायु हमारे जीवन का प्राणवायु है। आकाश अपनी धारणशक्ति के कारण पिता है। वायु का स्पर्श, आकाश का शब्द, जल का रस, पृथ्वी की गन्ध और अग्नि के ताप का गुणधर्म उनको देवता बनाता है।

देवों के साथ जगत की प्राकृतिक शक्तियाँ क्रियाशील हैं। अपनी दिव्यता और

सम्पूर्ण ऊर्जा के साथ प्रतिपल सक्रिय है। इस कारण ही वनस्पति, नदियाँ, पहाड़ अरण्य आदि देवी-देवता बने। अमरत्व को प्राप्त हुए। अमरत्व उस सृजनकर्म के साथ है, जो अहर्निश जारी रहता है। दिव्यता उस सृजन का परिणाम है। जब हम भीतर से बहते हैं, तब दिव्यता का आभामण्डल बनता है। सृजन कर्म में लीन हो जायें। शेष सारी चीजों को भूल जायें। ऐसी अकर्ता की स्थिति में हमारा सृजन उस दिव्यता को प्राप्त करता है, जहाँ भीतर के देवत्व का प्रकटीकरण हो जाता है। इसी प्रकार मानवीय सृजन प्रकृति के सृजन धर्म का विस्तार है। प्रकृति में रूप, रस, गन्ध है जिससे सौन्दर्य, संवेदना और सृजन निःसृत होता है। इससे ही प्रभावित रामायण के सृजन ने वाल्मीकि को अमर बनाया। बहेलिया के तीर से क्रौंच को लहूलुहान देखकर ऋषि भाव विह्वल हो गये और उनकी करुण-व्यथा को, शब्द-छन्दों को आकार मिला।

ब्रह्मज्ञानी ऋषि याज्ञवल्क्य की एक जीवन कथा का उपनिषद् में उल्लेख है। ऋषि काफी समृद्ध और सम्पन्न थे। एक दिन उन्होंने अपनी दोनों पत्नी कात्यायनी और मैत्रेयी को बुलाकर कहा कि–आओ इन सम्पत्तियों को आप दोनों में बाँट दूँ। अब मैं गृहस्थ जीवन से संन्यास की ओर जाना चाहता हूँ। कात्यायनी कुछ नहीं बोलीं। दूसरी पत्नी मैत्रेयी ने प्रश्न किया—सारी पृथ्वी मेरी हो जाये। जगत का सारा धन-धान्य मिल जाये तो मैं क्या अमरत्व को उपलब्ध हो जाऊँगी। इन भौतिक सुख और जीवन से शाश्वत सुख की प्राप्ति होगी। याज्ञवल्क्य कहते हैं कि ऐसा कुछ प्राप्त नहीं होगा! तब मैत्रेयी कहती है कि तुम उस कचरे को क्यों देना चाहते हो। मुझे वह बताओ, जिससे अमरत्व को उपलब्ध हो सकूँ। जवाब मिलता है कि जो शाश्वत है, वह सर्वकालिक है। उस पर समय का कोई प्रभाव नहीं होता है। वह अजर-अमर है। दिव्यता है, वह शाश्वत है। दिव्यता का आरोहण करो।

संसार प्रकृति का हिस्सा है। और संसार में पदार्थ है। हम भी पदार्थ हैं। इसका रूप, रस, गन्ध, स्मृति, स्वर और अनुभूति सब काल के अन्दर है। प्रकृति में उगना, खिलना, पकना और झड़ना की तरह ही जन्म, यौवन, बुढ़ापा और मृत्यु काल का खेल है। ऐसे में व्यक्ति कालातीत होना चाहता है। संसार में चेतना है। और यह चेतना प्रकृति तथा जीवन में है। चेतना ऊर्जा है और वह अक्षर है। इस भौतिक शरीर को धारण करनेवाली प्राण ऊर्जा को दिव्य बनाकर ही हम अमर हो सकते हैं। सृष्टि के सभी प्रपंचों में उसी चेतन ऊर्जा का प्रवाह है। याज्ञवल्क्य कहते हैं कि अपने व्यक्तित्व को शिखर तक पहुँचाकर हम अमरत्व पा सकते हैं। काल के बन्धन में जीवन है, सृजन कलातीत है। शिखर सृजन से मिलेगा, क्योंकि वह भी सतत

सृजनशील है। इस क्रियाशीलता में ही उसका देवत्व का स्वरूप परिव्याप्त रहता है, अन्यथा कौन उसको स्वीकार करेगा! गायत्री मन्त्र के लेखक ऋषि विश्वामित्र का व्यक्तित्व अमर है। मार्कण्डेय मुनि का महामृत्युंजय मन्त्र अमरत्व प्रदान करता है क्योंकि उस सृजनक्रम में शाश्वत का सुवास है, जो दिक्काल का अतिक्रमण करता है। ऋषियों ने इस प्रकृति के ऊर्जा प्रवाह से उस मन्त्र की रचना की, जो जगत को परम चेतना से जोड़ती है। दिव्यता लेखन में है, कला में है, नृत्य में है, विज्ञान में है। हर एक सृजन कर्म में दिव्यता है, जो शाश्वत हैं। वेद की ऋचा, तुलसी की चौपाई, कबीर के छन्द, मीरा के भजन शाश्वत है। गांधी की सत्य और अहिंसा, विवेकानन्द का जीवन और टैगोर की कविता में वही दिव्यता है, जो बुद्ध की करुणा, महावीर की अहिंसा, राम की मर्यादा और कृष्ण की लीला में है।

जीवन में कुछ भी करना सहज है। लेकिन शाश्वत सृजन कर्म कठिन है। रचना कठिन है, उसको मिटाना आसान है। धर्ममय जीवन सहज नहीं है। श्रीकृष्ण कहते हैं कि लोक में कुछ भी ऐसा नहीं जो मुझे करने की जरूरत है, फिर भी करता हूँ। हम जीवन भर इनकार करते हैं, क्योंकि यह सहज है। स्वीकार करने में व्यक्ति की गरिमा का संकल्प छिपा होता है। जो समर्पित नहीं, वह संकल्प कैसे कर सकेंगे। अमृत कहीं बाहर नहीं है, जो पिया और अमरत्व को प्राप्त कर जाये। जीवन, जहर है। जब इसका मन्थन होगा, तभी कुछ अमृत की बूँद निकलेंगीं। उस अमृत के लिए सृजन जरूरी है। जीवन और जगत में जो कुछ भी अच्छा है, उसको प्रगाढ़ करने की जरूरत है। गीत गायें, चित्र बनायें, लिखें, पढ़ें, तप करें, कर्म करें। जीवन ऊर्जा को ऊर्ध्वगामी करें, ताकि परिवेश में उसकी झलक फैले। जीवन को प्रज्वलित करें ताकि जगत सुन्दर बने। हमारे पास जो भी है, उसे सत् के साथ जोड़कर क्रियाशील रहें। सृजन भी उसका ही नाम है, क्योंकि इसमें रस, लय है और मधु का वास है।

पूर्णता का योग जगत

हमारे शरीर में जो घटित होता है वही मन में घटित होता है। और इसके विपरीत जो कुछ मन में घटित होता है वही शरीर में घटित होने लगता है। हमारा मन ही सदा कारण होता है। हमारा मन ही हमारा मित्र और हमारा शत्रु है। वह एक प्रक्षेपक यन्त्र है, जो पर्दे पर हर बात को भेज देता है। अगर हम इस बात के प्रति सचेत हो जायें कि मन नहीं है, तब हम उस सत्य से जुड़ जायेंगे। उससे जुड़ने की इस मन की प्रक्रिया को योग कहा जाता है। योग हमारे समस्त अस्तित्व से जुड़ा है। यह हमारे अन्दर एक जाग्रत केन्द्र स्थापित करना चाहता है। योग की यह शक्ति सत्य

और स्पष्टता से प्रकाशित जगत का निर्माण करती है। इसका सत्व हमें सीखने, समझने और अनुभव को प्रेरित करता है ताकि उस परमतत्त्व को विश्वास के साथ महसूस कर सकें। इससे हरेक व्यक्ति को आन्तरिक आध्यात्मिक साधनाओं में अपने स्वभाव के भीतर उच्चतम सत्य को खोजने की अनुमति प्रदान करती है। इस परम सत्य को विवेकानन्द ने अपने चरित्र, रमण महर्षि ने अपने ज्ञान, रामकृष्ण ने अपनी भक्ति, महर्षि अरविन्द ने अपने ध्यान और महात्मा गांधी ने अपने कर्म से साक्षात्कार किया था।

शरीर को नियन्त्रित करनेवाले मन को जानने, मन में उत्पन्न होने वाले विचार को समझने के लिए, भय को उत्पन्न करनेवाले विचार तथा उन आशंका को जानने के लिए जो भय का कारण होता है। योग एक श्रेष्ठ माध्यम है। योग का काम मन को निष्क्रिय करना है। जब मन मिट जाता है, तब हम एक शुद्ध आत्मा की तरह रह जाते हैं। यह बताता है कि हमारा जीवन ऊर्जा का समुच्चय है। जीवन शक्ति है। इस शक्ति का द्वैत है। यह व्यक्त शक्ति का आविर्भाव अव्यक्त से होता है। उपनिषद् बात करते हैं उस क्षण की जब कुछ नहीं था। उस शून्य से सब कुछ होना पैदा होता है और पुन: उसमें ही सिमट जाता है। इसलिए योग इस द्वैत यानी सुख और दुख, जन्म और मृत्यु तथा अस्तित्व और अनस्तित्व के पार जाना है। अगर हम अन्धकार-प्रकाश, बचपन-बुढ़ापा, सुख-दुख, सर्दी-गरमी और ऐसे ही द्वैत पर अटक गये, तो फिर भटक जायेंगे, क्योंकि ये सब सापेक्ष है। प्रत्येक चीज का दूसरा पहलू सदा मौजूद है। इसलिए जब भी आप एक चीज पकड़ते हैं, उससे उलटा भी हम पकड़ लेते हैं। शारीरिक और मानसिक अशान्ति के जरिये अपने लिए शान्ति का रास्ता खोजना है। इस खोज में योग एक माध्यम है, यह विरक्ति नहीं वरन पूर्णत: धैर्य के साथ केन्द्रित दर्शन का आग्रह करता है। योग सदैव ही प्राकृतिक शक्तियों के आकर्षण और घृणा के विषयों में जानकारी देता है। यह अन्तरर्दृष्टि देता है, जिससे कर्म करते हैं और वह हमारा आचरण बन जाता है। इस प्रकार ज्ञान, कर्म और भक्ति का संयुक्त रूप ही योग है।

यह हमारे मन की द्वन्द्वात्मक स्थितियाँ हैं। एक मन, सदैव बिखरा और संसार की ओर गमन करता है, दूसरा मन सिमटा और अपने अन्दर संसार को खोजता है। योग की समस्त क्रिया और अभ्यास का लक्ष्य आन्तरिक यात्रा करना होता है, जिसमें हम अपनी सिमटी शक्ति या ऊर्जा की खोज करते हैं। यह पूर्णता का मन और योग का जगत ही जीवन का लक्ष्य होता है। योग से मन को एकीकृत कर ऊर्जा का संचयन और उसके माध्यम से आत्मसाक्षात्कार हमारा स्वभाव है, लेकिन

सुख की प्राप्ति, शक्ति प्राप्ति, स्वर्ग की इच्छा और हमारे दूषित विचार इसको सही दिशा में जाने नहीं देते हैं। इसलिए योगाभ्यास को निरन्तर स्वभाव का अंग बनाने को कहा गया है। पूर्णता के मार्ग में योग और मनोवृत्ति की अहम भूमिका होने के कारण ही गीता के पाँच और छह अध्याय में इस पर विशेष चर्चा है। यही नहीं गीता के अट्ठारह अध्यायों में हर एक का नाम योग है। इनमें भी कर्म, भक्ति और ज्ञान के प्रायोगिक एवं व्यावहारिक जीवन में क्रियात्मक, भावात्मक और बौद्धिक महत्त्व के बारे में बताया गया है।

पतंजलि के योग सूत्र शरीर, श्वास, मन, चेतना के द्वारा शिखर की ओर आरोहण करता है। इसका पहला चरण यम है। अन्तिम चरण समाधि है। इसकी शुरुआत शरीर और मन के साधने से शुरू होती है। यम के चरण में हम वासना, हिंसा और लोभ जैसे मानसिक विकारों से अपने को दूर करते हैं। नियम के चरण में हम स्वच्छता, सादगी, विनम्रता और सन्तोष का अभ्यास करते हैं। इसमें ईश्वर पर विश्वास और स्वयं का अनुशासन किया जाता है। आसन के चरण में शरीर को सक्रिय रखने के विभिन्न यौगिक अभ्यास को अपनाते हैं। योग का चौथा चरण प्राणायाम है। इसमें हम प्राणवायु से शरीर को स्वस्थ रखते हैं। प्रत्याहार से हम अपने संवेदनात्मक विचारों से खुद को दूर रखते हैं। धारणा से संकल्प किया जाता है ताकि उसकी सिद्धि हो सके। ध्यान मन की एकाग्रता और अन्तर्यात्रा का मार्ग है। योग की पूर्णाहुति समाधि है, जब हम अपनी चेतना को अस्तित्व के साथ जोड़ते हैं। यह जोड़ या जुड़ाव ही योग है।

समाधि में हम अनन्त के साथ जुड़ते हैं, तो शरीर के साथ समाज के साथ सम्बन्ध बनाते हैं। योग का मार्ग दोनों के बीच सेतु और समन्वय का है। समाधि शब्द समा और आदि से बना है। समा को संगीत में प्रथम ताल तो आदि को आरम्भ कहा जाता है। गृहस्थ जीवन में हम अनन्त के साथ जुड़कर पूर्णता प्राप्त करते हैं। दूसरी ओर संन्यासी अनन्त के साथ जुड़ने के पूर्व अपने जीवन में शून्य का निर्माण करते हैं। यह शून्य और पूर्ण योग का दो अलग-अलग आयाम है। शंकर ने पूर्ण तो बुद्ध ने शून्य के माध्यम से परम सत्य की खोज की।

अस्तित्व में विभिन्न तत्त्वों–सूर्य, तारे, पृथ्वी, पहाड़, नदियाँ, वनस्पति, पशु-पक्षी, मनुष्य का समावेश है। जब हम जगत शब्द कहते हैं, तो इसमें ये सारे तत्त्व शामिल हैं। जीवन की यात्रा में इन सारे तत्त्वों का एक-दूसरे पर प्रभाव है। ये सब एक-दूसरे से जुड़े हैं। मनोयोग में जब हम इनसे जुड़ते है, तो वह योग कहलाता है, जो इसका शाब्दिक अर्थ भी है। योग यह बताता है कि हमारी अपनी चेतना का

उद्दीपन कैसे हो, मन के नियन्त्रण का चरण क्या है और बाहरी संसार में भटकने वाले चित्त को आन्तरिक जगत में किस प्रकार प्रवेश कराया जाये। श्रीकृष्ण ने योग को एक आन्तरिक यज्ञ की तरह बताया है। (4.26-28)। इसमें कहा गया है कि सांसारिक संवेदनाओं की अग्नि में उद्दीपनों की, मानसिक अग्नि में संवेदनाओं की आहुति दी जाती है। इसी प्रकार बौद्धिक अग्नि में मानसिक ज्ञान की आहुति होती है। मनोयज्ञ के हर एक चरण में हम अन्त:यात्रा पर जाते हैं और हरेक आहुति के साथ अन्दर बढ़ते जाते हैं।

योग के विविध चरणों से हम शरीर, मन, बुद्धि और चित्त के स्तर पर शुद्ध और शुभ होते हैं। यम के साथ वासना, हिंसा, लोभ जैसी वृत्तियों से खुद को दूर करते हैं तो नियम के साथ स्वयं में सादगी, सन्तोष, स्वच्छता और शिवता का अभ्यास करते हैं। आसन के चरण में हम शरीर और मन को सक्रिय एवं सम्यक रूप से सही दिशा में मोड़ते हैं तो प्राणायाम के माध्यम से हम स्वयं को ताजगी और स्वास्थ्य से परिपूर्ण बनाते हैं। प्रत्याहार से हमारा ध्यान वृत्तियों, संवेदनाओं एवं उद्दीपनों से हटता है। धारणा से संकल्प से सिद्धि की ओर बढ़ते हैं। ध्यान से एकाग्रता आती है और व्यग्रता घटती है। समाधि से हम गहरे अन्तरतल में प्रवेश करते हैं और अस्तित्व के साथ एकाकार हो जाते हैं। गीता में योगी पुरुष को उस संन्यासी से अधिक अच्छा बताया गया है जो संसार से विरक्त है। वह उस विद्वान से भी बेहतर है जो सब कुछ जानकर भी कुछ नहीं करता है। एक योगी उस गृहस्थ से भी उत्तम है, जो बिना कुछ जाने हुए सब कुछ करता है।

अप्रकट के द्वार पर स्वयं उतरना

अस्तित्व की सारी रचनाएँ

सम्पूर्ण सृष्टि में उनके रिश्ते एक अदृश्य तार से जुड़े होते हैं। यह सम्बन्ध की बुनावट ही व्यक्ति को प्रकृति से जोड़ती है। सम्बन्धों के समरस बहाव से व्यक्ति का मन और प्रकृति के अवयवों के रस एक ही भावावेग से जुड़ जाते हैं। कोई अलग नहीं है। पिछले दिनों पढ़ा था कि शैवाल और फंगस के आपसी सम्बन्ध से काई की हरी परत बनती है। रुके हुए पानी, चट्टानों एवं दीवारों पर दिखती हरी एवं मखमली काई—एक किस्म की मित्रता एवं सहसम्बन्ध का उदाहरण है। सोचता हूँ कि क्या सम्बन्ध है धूप की किरणों का पेड़ के पत्तों की हरियाली से, एक बूँद पानी का उसके पोषण से और एक आन्तरिक विश्वास का उसके अस्तित्व से यानी जुड़ाव से? कदाचित हम भी तो ऐसे ही किसी अदृश्य सम्बन्ध के माध्यम से अस्तित्व में है, जिसे आज तक किसी माइक्रोस्कोप से नहीं देखा जा सका। अन्न, हवा, और पानी तथा प्रकृति का संग हमारे जीवन के बाह्य कारक हैं। लेकिन इससे बढ़कर इनमें अन्तर्निहित वह अदृश्य आन्तरिक शक्ति ही हमें जीवित रखती है। प्रकृति के सभी अवयवों से जोड़ती है।

माता भगवती पर विशेष भेंट स्वरूप उड़हूल के फूल अर्पण किये जाते हैं। इसके लिए माँ उड़हूल का एक पौधा घर के पीछे लगायी थी। ठण्ड के मौसम में में उसकी टहनी को काँट-छाँट करती। गरमी के दिनों में एक ही पौधे पर बहुत सारे फूल खिल जाते थे। हर रोज पूजा के लिए तोड़ने के बाद भी पेड़ पर कुछ फूल बच ही जाते। अब जब माँ नहीं है तो पेड़ में फूल बहुत कम रहते हैं। इसका कारण बहुत दिनों तक समझ में नहीं आया। बाद में इसका राज समझ में आया, जब एक किताब पढ़ी। कोड नेम गॉड। इसमें लिखा है कि–आधुनिक विज्ञान और पुरातन प्रज्ञा में सह सम्बन्ध है। भौतिक के क्वांटम क्षेत्र के सिद्धान्त के अनुसार ब्रह्माण्ड

के किसी भी हिस्से की घटना का सम्बन्ध दूसरे हिस्से की घटनाओं से होता है कि गहनतम क्वांटम स्तर पर हर पदार्थ हर जगह पर है अर्थात सब एक है। यानी चेतना के स्तर पर इस सृष्टि के सभी अवयव एक हैं–चाहे फूल का पेड़ हो या मेरी माई। कदाचित इसी कारण उसके भावों एवं प्रार्थनाओं का असर पेड़ पर भी होता था।

सारे अस्तित्व का परस्पर सम्बन्ध होता है, जो उनको जोड़े रखता है और अलग नहीं होने देता है। जगत एक वर्तुल है। अखण्डमण्डलाकार गतिमान है। यह इसलिए भी है कि सारे अस्तित्व आपस में जुड़े हैं। एक-दूसरे से जुड़ने के कारण उनमें जुझारूपन आता है। हमारे जीवन का जोड़ रसपूर्ण है। हर ओर रस बह रहा है, जो आदमी, वृक्ष, पत्थर, जन्तु और प्राणवान तथा निर्जीव सत्ता को एकात्म किये हुये है। जो श्वास अभी हमारे भीतर है वही श्वास कुछ पलों में दूसरे के भीतर जाती है। दिखता कहाँ है? कुछ पहले दूसरे की श्वास वर्तमान में मेरे जीवन का कारण होता है। अलग नहीं है कुछ। इसी प्रकार पशु, पक्षी, जानवर, वृक्ष सभी श्वास ले रहे हैं और छोड़ रहे हैं। इस प्राण के सागर में सब एक है। सब जुड़े हैं। ऑक्सीजन एवं कार्बन डाई ऑक्साइड का नाम देकर भी हम अलग नहीं हो सकते। हमारे जीवन का कारण हैं पेड़-पौधे। तो उनके जीवन के कारण हैं हम और जीव जन्तु।

इतना ही नहीं, इसके आगे भी सत्य है। रोजाना हम अन्न एवं फल के रूप पेड़ और पौधे की रसधारा को अपने उदर में पहुँचाते हैं। वही भोजन मांस, मज्जा, रुधिर और मस्तिष्क बनता है। फिर एक दिन मर गये, तो शरीर मिट्‌टी बन जाता है। इस प्रकार वह शरीर रूपी मिट्‌टी विज्ञान की भाषा में नाइट्रोजन एवं अन्य लवण पेड़-पौधों के लिए जीवन बन जाता है। वृक्ष आदमी में और आदमी पौधे में आता और जाता है। यह वर्तुल घूम रहा है। जगत अखण्डमण्डलाकार गतिमान है। जो हमारे शरीर में है, वह सृष्टि के विभिन्न अवयवों में जाता है और जो सूर्य, चन्द्र, तारे एवं पेड़-पौधों में है, वह हम में चला आता है। यह जगत परिवार है। यहाँ सब जुड़ा है। पत्थर में आदमी समावेशित है। चाँद तारों से आदमी की धड़कन जुड़ी है। हमारे विचार सागर की लहरों से जुड़े हैं, सूर्य का ताप हमारे शरीर को शक्ति देता है, तो चन्द्रमा जीवन में मिठास का कारण बनता है। यहाँ टूटा हुआ कुछ नहीं है, सब कुछ संयुक्त है।

समय की सूक्ष्मतम इकाई परमाणु से लेकर दिन, रात, ऋतुएँ, आकाशीय तारामण्डल, ग्रह, नक्षत्र यहाँ तक की ब्रह्माण्ड भी चक्रीय गति का अनुसरण करते हैं। इसी प्रकार जीवन भी चक्रीय गति से चलता है। जन्म, विकास, बचपन, युवा, प्रौढ़, बुढ़ापा, मृत्यु और पुनः जन्म। चक्रीय गति। लेकिन व्यक्ति क्या देखता है?

मानव को, उसकी गति को। उसको गतिमान करनेवाले काल को नहीं। इसके कारण ही उसे सब कुछ रेखीय विकासमान प्रतीत होता है। जबकि यह समय की गति नहीं, मानव की गतिशीलता है। मानव की गतिशीलता में व्यक्ति की मृत्यु को प्राप्त होना एक खण्डन बिन्दु या पड़ाव स्थल हो सकता है। एक नये विकास के लिए। लेकिन काल के लिए यह सतत यात्रा है। इसे समझने के लिए एक उदाहरण और। हम धरती पर चलते हैं, तो लगता है कि रेखीय या एक दिशा में या सीधा और थोड़ा इधर-उधर चलते हैं। लेकिन तब भी हम चक्रीय चल रहे होते हैं, क्योंकि यह पृथ्वी तो गोल है।

सामाजिक-सांस्कृतिक जीवन से जुड़ा संकल्प मन्त्र बताता है कि गति महज चक्रीय नहीं, बल्कि शंख वलयकार है। विराट का आह्वान करते हैं लघु होकर तथा लघु होकर विराट से खुद को जोड़ते हैं। समय की वर्तुलकार दृष्टि है। इस कारण जीवन की सारी गति वर्तुलकार यानी शंखीय रूप में चक्रीय है जिसे जीवनचक्र कहा गया। वर्तुल या चक्रीय का तात्पर्य कि जहाँ से हम शुरू करते हैं, वहीं पुनः एक समय के बाद पहुँच जाते हैं। दिन है श्रम, और रात है विश्राम। उसी प्रकार जन्म है गति यानी कर्म और मृत्यु है पड़ाव यानी विश्राम। इसी प्रकार सृष्टि है श्रम और प्रलय है विराम।

अवतार से जुड़ी है कर्म की विराट सत्ता

भारतीय चिन्तन के केन्द्र में कर्म का विधान है। यहाँ मुक्ति का मार्ग भी कर्म पथ पर क्रियाशील रहकर ही मिलता है। कर्मत्याग या निष्क्रियिता जीवन को कहीं नहीं ले जाती है। कर्म में भी गृहस्थ आश्रम के कर्म को श्रेष्ठ माना गया है। कर्म के विशाल संसार से जुड़ने का स्वाभाविक परिणाम अवतार की अवधारणा है। भारतीय जीवन में सगुण-निर्गुण, साकार या निराकार रूप में ईश्वर स्वेच्छा से कर्म करने के लिए इस धरती पर आते हैं। कर्मवाद एवं इसकी व्यवस्था का परिणाम है कि ईश्वर का अवतरण। कर्म से व्यक्ति चेतना के शिखर पर पहुँचता है। इसमें ईश्वर का अवतरण एक उत्प्रेरक एवं आलोकित सहचर के रूप में होता है, जो यात्रापथ को सहज बनाता है। यह कर्म का ही एक भाग है जिसमें हर एक व्यक्ति सद्गुण एवं अच्छा कर्म का प्रश्रय लेता है ताकि आगे की यात्रा जीवन में एवं जीवन के बाद बेहतर हो। यह उत्तरोत्तर विकास की अवधारणा है।

आत्मा का अवतरण लगातार जारी है। एक ज्योति की फिर दूसरी ज्योति के रूप में यात्रा जारी रहती है। आम व्यक्ति अपनी कर्म व्यवस्था के अनुसार पुनरागमन करता है, वहीं ईश्वर का अवतरण इस सृष्टि एवं मानव के विकास को शुभता एवं

शुद्धता देने तथा व्यवस्था देने के लिए होता है। मत्स्य का अवतरण उस समय के जलमग्न धरती की जरूरत है, तो राम और कृष्ण का अवतार उस समाज की व्यवस्था और धर्माधारित करने की आवश्यकता है। अवतार या अवतरण में पुनर्जन्म या वंशानुक्रम से कोई मतलब नहीं होता है।

ईश्वर का स्वरूप लोक हितकारी है। यह देवता निरन्तर संसार के मंगल कार्यों में संलग्न रहते हैं। ब्रह्मा सृजन में, विष्णु पालन में तथा शिव नियमन में अपने को व्यस्त रखे हैं। इसी प्रकार सूर्य, अग्नि, हवा, वायु, लक्ष्मी, विश्वकर्मा, चित्रगुप्त, इन्द्र, वरुण, सरस्वती आदि देवी और देवता अपने कर्म में तल्लीन हैं, ताकि संसार में व्यवस्था कायम रहे और विकास हो सके। इस जगत में व्यवस्था और नियमन (धर्म) की स्थापना के लिए भगवान विविध रूपों में इस धरा पर आते हैं, जिसको अवतार कहा गया। गीता में श्रीकृष्ण कहते हैं कि जो कुछ भी शक्तिमान, भाग्यपूर्ण तथा दृढ़ है, उसमें मेरे ऐश्वर्य का अंश शामिल है।

सर्वाधिक लोकमान्य अवतारवाद में भगवान के दस अवतार की मान्यता है, जिसे समाज ने स्वीकार भी किया है। पहला अवतार था मत्स्य यानी मछली का। जीवन का आरम्भ जल से हुआ और मछली उस जल का पहला प्राणी हुआ। यह प्राणी के विकास का पहला चरण था। मत्स्य कथा का वर्णन ब्राह्मण ग्रन्थों में किया गया है। पृथ्वी पर प्रथम व्यक्ति राजा मनु ने मत्स्य के माध्यम से इस सृष्टि की रक्षा की और सभ्यता को आगे बढ़ाया।

उसके बाद कूर्म यानी कछुआ का अवतरण हुआ। कछुआ एक ऐसा जीव है जो पानी और जल दोनों जगह रहता है। यह उभयचर है। विकास का दूसरा चरण जल और थल दोनों पर आधारित था। कथा है कि जल प्लावन में बहुमूल्य पदार्थ नष्ट हो गये। इसकी रक्षा के लिए भगवान विष्णु ने कूर्म का रूप धारण किया और समुद्र मन्थन किया, जिसके परिणामस्वरूप जीवन धारण एवं विकास के उपयोगी तत्त्वों को पुनः धरती पर प्रतिस्थापित किया गया। यह कथा बताती है कि कूर्म अवतार के साथ जीवन जल से स्थल की ओर यात्रा करने लगा।

तीसरे चरण में वराह यानी सूअर का अवतरण माना जाता है। सूअर एक जानवर है, जिसमें बुद्धि के तत्त्व एकदम निम्नावस्था में रहते हैं। विकास के चरण में चौथा अवसर नृसिंह का हुआ। यह आधा मानव और आधा पशु का रूप था। स्वाभाविक है कि मानव की विकास यात्रा का पहला प्राणी जानवर के रूप में था।

पाँचवाँ अवतरण वामन का हुआ। विज्ञान की भाषा में कहें, तो यह पूर्ण मानव की विकास की यात्रा में पहला कदम था। प्रारम्भिक मनुष्य दो प्रकार के माने जाते

हैं। एक होमा इरेक्टस यानी नरवानर, दूसरा होमो सेपियंस यानी मानव। पश्चिम विज्ञान आज के मानव के पूर्वज के रूप में होमो सेपियंस को मानता है। विष्णु की यह कथा उतनी ही प्राचीन है जितनी कि ऋग्वेद। यह कथा बताती है कि भौतिक शक्ति कितनी भी बलशाली हो, मानव की बुद्धिबल से कम ही रहेगी।

अवतार की छठी कड़ी में परशुराम का नाम आता है। परशुराम जिनके पास शस्त्र की ताकत थी। जो क्रोधी एवं शस्त्र की ताकत पर विश्वास करते थे। भौतिक एवं शारीरिक शक्ति का समाज में ज्यादा महत्त्व था। इसी दौर में रावण, बलि, सहस्रार्जुन, बजरंगबली जैसे महान योद्धा एवं वीर का नाम आता है। आत्मिक शक्ति पर विकास की यात्रा अभी होनी थी।

सातवें अवतार के साथ श्रीराम ने आत्मिक शक्ति को समाज के समक्ष रखा। इस आत्मिक शक्ति के समक्ष गौतम का तेज निष्प्राण हो गया, पत्थर बनी अहल्या के जीवन में जान आयी। महादेव का विशाल धनुष भी आत्मिक शक्ति के समक्ष झुक गया। विकास के इस दौर में समाज व्यवस्था एवं चिन्तन का एक दौर चला, जिसमें भौतिक शक्ति को जीवन में गौण स्थान मिला। भगवान श्रीकृष्ण आठवाँ अवतार थे। पूर्ण मानव की संकल्पना श्रीकृष्ण में समावेशित हो गयी। जिन्होंने समाज में रहते हुए समाज के विकास के लिए चिन्तन एवं व्यवस्था की नयी परम्परा शुरू की।

महात्मा बुद्ध का नौवाँ अवतार वस्तुत: व्यक्ति के मूलयी स्वभाव की खोज है। तथागत ने अपने जीवन में ध्यान, साधना एवं करुणा के माध्यम से चेतना के शिखर की यात्रा की। मानव से अतिमानव की ओर जाने का रास्ता दिखाया गया। व्यक्ति एक सामाजिक प्राणी नहीं है, बल्कि वह आत्मिक प्राणी भी है। और आत्मा का उत्थान हो, इसके लिए चेतना की यात्रा पर चलना ही मानव के जीवन का लक्ष्य होना चाहिए। इस यात्रा में धर्म, प्रार्थना, ईश्वर एवं अन्य बातों एवं चीजों की जरूरत नहीं होती है। यह नितान्त व्यक्तिगत यात्रा है और जिसमें आत्मिक प्रयास करने होते हैं। महात्मा बुद्ध ने मानव की विकास यात्रा को अन्तर्गामी एवं आत्मिक कर दिया, ताकि श्रेष्ठ मानव बनाया जा सके।

चेतना के शिखर पर पहुँचने के बाद व्यक्ति कैसा होगा? विकास का वह सोपान ही दसवें अवतार कल्कि के रूप में इस संसार के समक्ष आयेगा। बौद्ध मत में भी कहा गया है कि दसवाँ अवतार मैत्रेय बुद्ध का होगा। यह कल्कि या मैत्रेय का स्वरूप चेतना के स्तर पर सर्वश्रेष्ठ एवं अतिमानस व्यक्तित्व का होगा। यह मानव सभ्यता के विकास का उत्कर्ष होगा।

भारतीय जीवन में अवतार का आविर्भाव हर एक साल होता है। इसलिए श्रीराम और श्रीकृष्ण के जन्म को हम अवतरण कहते हैं। यह अवतरण दिवस है। चैत्र शुक्ल रामनवमी और भाद्र कृष्ण पक्ष की अष्टमी एक अवतरण का दिन है। हर एक भारतीय के मन और तन में मर्यादा और कर्मयोग का अवतरण उस दिन होता है। रामनवमी को हर एक हिन्दू के घर में राम का जन्म होता है। उनकी चेतना जन्म के साथ घर से बाहर गाँव, मन्दिर और देवालय में यात्रा करती है। श्रीकृष्ण के साथ उनका सौन्दर्य और गाथाएँ हमारे जीवन को साल भर ओतप्रोत करती हैं। हिन्दू मन राम के साथ वन की यात्रा करता है, तो कृष्ण के साथ कर्म का आह्वान करता है।

आविर्भाव के साथ मनुष्य की जीवन यात्रा उन महापुरुषों के आलोकित कर्म व ज्ञान पथ पर चलने के लिए प्रेरणा और उत्साह पाती है। अवतार हमारे कर्म को सनातन और विराट बनाता है। अवतार में कोई मृत व्यक्ति इस धरती पर नहीं आता है, बल्कि इस धरती के व्यक्ति उसके अवतार के कर्म और ज्ञान को आगे बढ़ाते हैं। राम और कृष्ण का अवतरण समस्त प्राणियों की जरूरत है। इसलिए उनके आविर्भाव दिवस हमारे जीवन को आलोकित करने का एक माध्यम है।

अवतार कौन होते हैं? अवतार होना मतलब अवतरित होना या अवतीर्ण होना; साधारण शब्दों में कहो, तो नीचे उतरना (to descend)। अब ईश्वर तो निर्गुण निराकार निर्लिप्त है। उसका कोई रूप नहीं, उसकी कोई सीमा नहीं। फिर ईश्वर को क्यों जानें, ईश्वर को क्यों ढूँढें? देखो, सकल ब्रह्माण्ड ही ईश्वर से आच्छादित है। यह संसार उसी के विघटन (differentiation) से बना, और विघटन दुःख देता है। उसके विघटित अंशों के संगठन (integration) के जरिये सुख या आनन्द प्राप्त किया जा सकता है। इसीलिए ईश्वर को ढूँढ़ते हैं। जब सामाजिक विघटन की प्रक्रिया तेज हो जाती है, और साधारण जन दुःख से त्राहि-त्राहि करते हैं, तब कोई महामानव आता है, जिसके हृदय में ईश्वर का प्रत्यक्ष अंश अवतरित होता है, उसे ही अवतार कहते हैं। वही अवतार पुनः समाज को अपघटित या विघटित होने से बचाते हुए आनन्दघन ईश्वर की तरफ मोड़ता है। यही कारण है कि अवतारवाद एवं तीर्थाटन के माध्यम से हमने इस भारतभूमि के समूचे जड़-चेतन को दिव्यता का विग्रह माना है।

उदारता का आरोहण है तीर्थाटन

जहाँ भी प्रकृति में दिव्यता है। जहाँ भी जगत में भव्यता है। जहाँ भी जीवन में रस मिलता है। उन सभी जगहों को तीर्थ बनाया गया। तीर्थाटन में दिव्यता को जीवन में

उतार कर देवत्व की ओर हम आरोहण करते हैं। यह बाहर रस की खोज है ताकि अन्दर में उदारता आ सके। तीर्थ की यात्रा से व्यक्ति अपने विचार के करीब पहुँचता है। विचार के करीब पहुँचने के बाद हमारे अन्दर वासनारहित शान्ति का प्रवेश होता है। यह व्यक्ति को उदार बनाता है। जब व्यक्ति उदार बनता है तो उसमें सन्तोष, विवेक, संवेदना और आचरण की शुद्धता आती है। तीर्थाटन में हम मूल प्रकृति के नजदीक जाते हैं। इन यात्राओं से व्यक्ति अन्दर से कोमल बनता है। भीतर की कुछ कठोरता टूटती है। व्यक्ति खुद को उन मूलतत्त्वों से जोड़ पाता है, जिससे उसका उद्‌भव हुआ है। यह अस्तित्व से एकात्मकता और उसके माध्यम से जीवन के आरोहण की अन्तर्यात्रा है।

तीर्थयात्रा बाहर नहीं है, बाहर केवल भाव है। बाहर संसार है। तीर्थ को जाना अन्तर्यात्रा है। जितने अन्दर की यात्रा होगी, भीतर में मन रमेगा, चित्त स्थिर होगा। उतना ही तीर्थ नजदीक आयेगा। ईश्वर की अनुभूति होगी। गंगा भीतर है, उसमें डुबकी लगानी होगी। देवालय अन्दर है जहाँ ओंकार का नाद गूँज रहा है। वहाँ से पुकार आ रही है। बस जुड़ने के लिए हम काशी जाते हैं, वैष्णव देवी जाते हैं। चित्त में जब स्थिरता आयेगी, तो ही बाहरी तीर्थ की यात्रा फलीभूत होगी।

तीर्थाटन में हम नदी तटों, समुद्र तल, वन, जंगल, पहाड़, चोटी, आश्रम, समाधि आदि को शामिल करते हैं। इनमें से अधिकतर तीर्थ का जुड़ाव पानी से होता है। पानी के कारण व्यक्ति अपने को उन मूल तत्त्वों से जोड़ता है, जिससे वह बना है। पानी हमारे जीवन का प्रमुख तत्त्व है। इस कारण व्यक्ति दैहिक एवं आत्मिक रूप में जल में स्नान करता है ताकि अपने को पवित्र कर सके। डुबकी लगाता है, ताकि उन जगहों से खुद को जोड़ सके। उन स्थल पर कर्म, तप, ध्यान और चिन्तन से वायु और पृथ्वी तत्त्वों से जुड़ना सहज हो पाता है, जो दैनिक जीवन में अस्वाभाविक कार्य होता है। अस्तित्व के इन स्थलों पर डूबने और ऊपर आने में व्यक्ति अपने उस स्व को खो देता है, जिसके कारण जीवन जटिल बनता है। जीवन को कठोरता से कोमलता की ओर प्रवाहित करने में इन जल प्रवेश, जलवायु का अनुभव और मिट्‌टी में विचरण भावभूमि तैयार करते हैं। हम जब खोते हैं, तब रास्ता मिलता है। इन स्थलों एवं जगहों पर अपनायी जानेवाली प्रक्रियाएँ एवं प्रणालियों के कारण हमारा आत्मशोधन के साथ आत्म रूपान्तरण भी होता है। जब कोई व्यक्ति ऐसे प्राकृतिक वातावरण में निवास करते हैं, तो उनको पता होता है कि यह अस्तित्व से जुड़ने का एक सरल मार्ग है।

यह जगत और जीवन लगातार परिवर्तनशील है। दोनों का जन्म और मृत्यु होता है। ऐसे में समाज की प्रगति और उनको अर्थपूर्ण जीवन का सन्देश देने में तीर्थाटन की अहम भूमिका है। ये यात्राएँ सामान्य दर्शनीय स्थल या पर्यटक के रूप में यात्राएँ नहीं होती हैं। ऐसे स्थलों की यात्राओं से व्यक्ति खुद को रूपान्तरण के लिए प्रस्तुत करता है। उसका कुछ टूटता है। जब व्यक्ति मूल प्रकृति के समीप पहुँचता है, तो उसको अपनी लघुता का बोध होता है। ऐसे में उसका चित्त उदार होता है। उदारता के कारण व्यक्ति संवेदनशील हो जाता है। फिर व्यक्ति अपने भीतर की गहन और विवेकपूर्ण अन्तर्यात्रा करता है। जीवन और जगत की क्षणिकता और परिवर्तनशीलता को महसूस करता है। जीवन की यात्रा में नश्वरता और चाहत की क्षणभंगुरता के अन्तर्विरोध को पहचान लेता है। इन विचार के कारण व्यक्ति के कदम समभाव से बढ़ते हैं। जीवन की तमाम जटिलता के बीच वह समाज के साथ एक सहज सम्बन्ध बना पाता है। तीर्थाटन के माध्यम से वैज्ञानिक चेतना के भारतीय सार तत्त्व को हम अपने जीवन में खोज पाते हैं।

यात्राएँ, तीर्थाटन और परिभ्रमण भारतीय जीवन की साधना के माध्यम रहे। जब कोई भारतीय यात्रा पर जाते, तो वह पैदल यात्रा करते, ताकि परिवेश, सामाजिक एवं सांस्कृतिक जीवन का समागम एवं साहचर्य होता रहे। तीर्थयात्रा का अर्थ रहा—आत्मा की यात्रा, भारत को जानने की यात्रा और स्व यानी ईश्वर की ओर यात्रा। लम्बी यात्राओं के यही भावार्थ रहे हैं। जब भी कोई भारतीय पर्वत, पहाड़, जंगल, अरण्य, नदी एवं समुद्र या नगर और गाँव की ओर जाते, तो दैनिक जीवन की सारी चिन्ताएँ, परिवार एवं व्यवसाय के सुख व दुख रूपी भाव को छोड़ कर जाते। और यात्रा की जगह के अनुरूप स्वयं को ढालते। ग्रहणशील बनाते। और जब वापस आते, तो समस्याओं के बीच आन्तरिक शान्ति गहन चेतना का खुद में प्रत्यारोपण पाते। जो जीवन की समस्याओं के बीच सदैव रास्ता दिखाते। इस द्वन्द्व के बीच रास्ते से ही जीवन मधुमय बनता है। यह परमात्मा को पाने का रसायन है।

परमात्मा को पाने का रसायन

प्रकृति मधुरस से आपूरित हो, वायु में मधु प्रवाह हो, जीवन की गति मधुमय है, पृथ्वी पर मधु का प्रवाह है और आकाश उस मधुर ध्वनि से गुंजायमान हो, स्पर्श में मधु की अनुभूति हो, गन्ध में मधुरता का वास हो और रूप में अक्षय मधुप्रीति हो, तो वह भक्ति की पहचान है। यह ऐसा रसायन है, जो अखिल सृष्टि में परमात्मा के

माधुर्य को महसूस करता है। जीवन का हर एक पल मधु दर्शन कराये तो भक्ति उस परम पर होती है, जिसके लिए कहा गया कि सियाराम मय सब जग जानी करहु प्रणाम जोरि जुग पानी। जगत का उत्कृष्ट रूप होता है जब भक्त और भगवान के बीच भक्ति की अबाधित धारा प्रवाहित होती रहे। भक्ति के प्रत्येक शब्द, वाक्य, विषय और गति में भगवान नाम का मधुरस हो, तो वह तीनों योग में उत्कृष्ट मार्ग हो जाता है।

भक्ति एक बार जाग गयी, तो जाग्रत रहती है। फिर देह और मन की चिन्ता कहाँ होती है? प्रेम में हमारा अस्तित्व रह जाता है। संसार भी छिपा रहता है, हालाँकि संवेदना जाग जाती है, करुणा का संचार होने लगता है, लेकिन चैतन्य होना बचा रहता है। भक्ति एक प्रकार की प्रार्थना है, जिसमें हम सदैव ऊर्ध्वगामी रहते हैं। इसमें न तो जगत रहता है और न ही जीव बचता है। भक्ति में हम हल्के हो जाते हैं। हमारी चेतना, हमारा अनुराग और हमारी पहचान उठती जाती है, और उस अनन्त के साथ जुड़ती जाती है। भक्ति में श्रद्धा एक विद्युतधारा की तरह कार्य करती है, जिससे भक्त के तन, मन, हृदय व आत्मा में आराध्य के लिए सदैव प्रेम प्रवाहित होता रहता है। श्रद्धावत् भक्त के अन्तस् में दैवीय आलोक उतर आता है, और उस अलौकिक आलोक में व्यक्ति जीवन को करुणा और प्रेम की दृष्टि से देखता है।

भक्त उसको खोजता है, जिसने उसको बनाया है, उससे मिलना चाहता है। अपने मूल का पता करता है। यह जानना चाहता है कि क्या नियति है। भक्त सभी व्यक्ति में उसे देखता है। जगत के हर एक रूप में उसी का स्वरूप पाता है। हर एक तत्त्व में उसी का रस, गन्ध और रूप खोजता है। हर एक शब्द में उसकी ही आवाज सुनाई देती है। वह जानता है कि वही आवाज देता है और वही निःशब्द भी रहता है। वह कहता है कि तुम्हारा पता नहीं है, लेकिन मेरा सब कुछ तुम जानते हो। तब तुम खोजो। हम क्यों चिन्ता करें। भक्त को अपने समर्पण पर भरोसा होता है। उसको पता है कि जब मिलना होगा, वह मिल लेगा। फिर परेशान क्यों होना है। भक्ति की साधना का ही परिणाम होता है कि ब्रह्म जो निर्गुण और निराकार होता है, भक्त के प्रेम के वशीभूत होकर अपने साकार-सगुण रूप में प्रकट होने को विवश हो जाता है।

भक्ति में बहुत बल है। यह नारी प्रधान भाव है, जबकि ज्ञान, विराग, योग और कर्म पुरुष प्रधान गुण है। इसमें पुरुषार्थ पर बल होता है, जबकि भक्ति में भाव पर रहता है। भाव के कारण व्यक्ति अपने पर नहीं, अपने इष्ट पर आश्रित हो जाता है। जबकि पुरुषार्थ साधनों में अहंभाव किसी न किसी मात्रा में रह जाता है। दूसरी ओर भक्ति की साधना में हमको भगवान का सहारा मिल जाता है। इसमें मायावी भक्ति

से डरता है क्योंकि उसको भगवान का सामना करना होता है। इसलिए तुलसीदास ने लिखा कि— चतुर सिरोमनि तेइ जग माहीं। जे मनि लागि सु जतन कराहीं। जो भगवान पर विश्वास नहीं रखते हैं, उनको भव से मुक्ति असम्भव हो जाती है। इसलिए श्रीकृष्ण से जब अर्जुन ने पूछा कि जो ज्ञान द्वारा निर्गुण ब्रह्म की आराधना करते हैं और जो भक्ति के माध्यम से दिव्य पुरुष की पूजा करते हैं। उनमें श्रेष्ठ कौन है? भगवान कहते हैं कि जो अपना मन अव्यक्त निर्गुण पर स्थित करते हैं, उन्हें कष्ट अधिक है। इसका कारण है कि शरीरधारियों के लिए निर्गुण इष्ट को प्राप्त करना कठिन है। अतएव वे जो कि अपना मन मुझ पर स्थित रखते हुए मुझे सदा दृढ़तापूर्वक भजते हैं और जिनमें सर्वोच्च श्रद्धा है। वे मेरे विचार से योग में श्रेष्ठतम रूप से दक्ष हैं। (गीता 12. 02)।

भक्ति का निचोड़ है कि सब अर्पित करना। सुख-दुख हो या अँधेरा-प्रकाश हो। जब कुछ शेष ही नहीं रहेगा तो चिन्ता भी खत्म हो जायेगी। अब वही चिन्ता करेगा और वही उपाय भी। जीवन को कठपुतली की तरह समझना। जब जन्म और मृत्यु पर हमारी इच्छा का किंचित भी अधिकार नहीं, तो उसके बीच के अन्तराल पर क्या होगा? इसलिए गीता में कहा गया कि अभ्यास से ज्ञान श्रेष्ठ है, ज्ञान से ध्यान, ध्यान से कर्मों का फल त्याग बड़ा है। इससे तुरन्त ही मन को शान्ति मिलती है, जीवन आगे बढ़ जाता है। समर्पण के माध्यम से सतत विश्रांति में रहने की कला है भक्ति को जीवन में स्थान देना। भक्ति में जब मन स्थिर रहे, तो भक्त परिपूर्ण बनता है। भक्ति में जब हम अपनी लघुता को समर्पित करते हैं, तो हमारी विराटता प्रकट होने लगती है। यह एक प्रकार का समझौता है। एक हाथ दो दूसरे हाथ लो। अस्तित्व के जगत में जैसे ही हम कुछ त्यागने के लिए तैयार होते हैं, समूची सृष्टि ही हमारे अन्दर समावेशिता हो जाती है। इस कारण ही रामकृष्ण और रमण महर्षि जैसे सन्त अनन्त के साथ एकाकार होते हैं, तो उनको बोलने की जरूरत नहीं होती है। प्रभु उनके माध्यम से संवाद करते हैं। और उनका संवाद करने का तरीका स्वाभाविक होता है।

मनुष्य जीवन का श्रेष्ठतम उपयोग बाहर और अन्दर के पवित्रीकरण से ही सम्भव होगा। बाहर की शुद्धि के लिए श्रम और अन्दर की शुद्धि के लिए धर्म का मार्ग है। अन्त:करण के अलंकरण को पाने के लिए जीवन को ईश्वरीय सम्पर्क में लाना होगा। जितना ही हमारा जीवन ईश्वरीय स्फुलिंग के नजदीक रहेगा, हमारा जीवन भक्ति से भरापूरा रहेगा। जब परमात्मा पर सबकुछ छोड़ दें, तो यह विश्वास रखें कि जैसी प्रभु की इच्छा। परमात्मा जैसे रखे। कबीर अपने जीवन में ही समाधि को उपलब्ध हो गये। इसके बावजूद जीवनभर जुलाहा का कर्म करते रहे। उनके

शिष्य को दुख होता, तो शिकायत करते कि यह छोड़ क्यों नहीं देते हैं। कबीर का जवाब होता—वह छुड़वाये तब न छोड़े। इसलिए परमात्मा की तलाश करने के पूर्व अपने स्वभाव की खोज जरूरी है। अपने स्वभाव को स्वाभाविक बनाकर ही हम उसकी शरण में जा सकेंगे। भक्ति का मार्ग सरल है, लेकिन उस पर स्थिर रहना सरल नहीं है।

संवेदनशीलता के बिना भक्ति नहीं आ सकती है। संवेदना के पूर्व हमें पाँच सोपान से गुजरना होता है। सक्रियता, सजगता, सक्षमता और संघर्ष। इसके बाद समर्पण आता है। संवेदना के साथ शान्ति आती है। रामकथा में हनुमान को आदर्श भक्त बताया गया है क्योंकि उनमें इन गुणों का अथाह भण्डार था। तुलसीदास भी कहते हैं कि भगवान के निर्गुण रूप मन का अविषय होने के कारण भक्ति के लिए उपुर्यक्त नहीं है। अगस्त्य मुनि कहते हैं कि माया के कारण उसकी साधना सम्भव नहीं है। इसलिए सगुण की उपासना सरल है। राम का निरन्तर स्मरण करते-करते राक्षस भी रामाकार हो जाते हैं। वे मुक्त हो जाते हैं। राम का बालरूप काग भुशुंडी और महादेवजी को प्रिय है। कहा गया है–बन्दउं बालरूप सोइ राम। वहीं काग भुशुंडी जी कहते हैं कि जब-जब बाल रूप में रामजी आते हैं, तब-तब भक्तों के लिए लीला बहुत करते हैं। वहीं सुतीक्ष्ण को जब भगवान अपना चतुर्भुज स्वरूप दिखाते हैं, तो आकुल हो उठते हैं और प्रभु से मन में प्रिय लगनेवाले रूप की याचना करते हैं।

नारदसूत्र में कहा गया है कि प्रभु केवल प्रेम का शुद्ध प्रवाह है। इसमें कामना नहीं है। अब हमारे प्रेम की दिशा ऊर्ध्व हो जाती है। यह ऊर्ध्वगमन प्रेम का प्रवाह ही भक्ति है। यह प्रार्थना का वह प्रवाह है जिसकी भाषा मौन की होती है। इसमें कोई शब्द नहीं होता है, लेकिन इसमें अहर्निश केवल उसकी पुकार उठती है। जीवन का हर एक क्षण उसकी चेतना में रहता है। हर एक पल और शरीर के हर एक कोश से केवल उसका ही नाम उच्चारित होता है। जीवन में यह अहोभाव की स्थिति है, जिसमें पीड़ा, दर्द, कष्ट और निराशा की गिनती खत्म हो जाती है। जीवन केवल भौतिक नहीं आत्मिक भी है। हमारे ग्रन्थों एवं ऋषियों की वाणी में सदैव बाहरी के साथ आन्तरिक यात्रा को महत्त्व दिया गया है, ताकि जीवन में सन्तुलन बना रहे। यह सन्तुलन ही हमारे जीवन को सफल बनाता है और शिखर की ओर आरोहण कराता है।

चेतना से अन्दर का जगत

भूलोक मात्र सत्य और प्रत्यक्ष नहीं है। इसका अनन्त विस्तार है, जो व्यक्ति की तरह हमेशा खोज और अन्तर्यात्रा से मिलता है। चेतना की सतह से नीचे और ऊपर व्योम अनन्त तक फैला है। इसके कई स्तर हैं, कई नाम हैं, कई स्थान हैं और कई अर्थ हैं। भूलोक पर रहते हुए महाव्योम को अपने अन्दर और बाहर खोजना ही अस्तित्व के स्तर पर जीना है। भूलोक से महाव्योम में फैलाव को देखना ही मानव की चेतना का अर्थ है। जब हम पूर्ण और महाव्योम को अपने चित्ताकाश में देख पाते हैं, तभी इस अनन्त विस्तार का अर्थ है, अन्यथा सब माया और भ्रम है। लेकिन सत्य यह है कि सब कुछ व्योम यानी आकाश से पैदा होते हैं, आकाश में वास करते हैं। यह आकाश भूताकाश है जो चित्ताकाश का एक छोटा हिस्सा भर है। भारतीय ऋषियों ने कहा कि जब भी व्योम या भूलोक की बात आती है तो उसका अर्थ भूताकाश से है, जबकि महाव्योम तो अव्यक्त और चित्ताकाश का भाग है। जिस प्रकार चेतन मन हमारे सम्पूर्ण मन का एक हिस्सा भर होता है। चित्ताकाश हमारे सम्पूर्ण मन का बड़ा भाग है जो अव्यक्त है। इस दर्शन के आलोक में जब हम भूलोक, व्योम, महाव्योम, चित्ताकाश एवं चेतना को विश्लेषित करेंगे तो पता लगेगा कि सब कुछ अनन्त है, जिसका एक छोर अबूझ है, तो दूसरा असीम।

वैज्ञानिक इस बात को स्वीकार करने लगे हैं कि पृथ्वी और प्रकृति की हर जीवित और निर्जीव वस्तु के गहरे अन्त:सम्बन्ध होते हैं। प्रकृति के सभी तत्व एक नाजुक और अदृश्य रूप में पारस्परिक सन्तुलन से जुड़े होते हैं। प्रकृति के हम अंग हैं, वह कोई हमसे अलग जगत नहीं है। कोरोना के संकट ने इस बात को बखूबी बता और समझा दिया है कि समूचे जगत के बीच एक सम्बन्ध है। और इसका सन्तुलन बिगड़ा तो पूरी व्यवस्था ही डगमगा जायेगी। इतना बड़ा जगत जो स्थूल और सूक्ष्म रूपों में जाना जाता है, वह सब पुरुष या ब्रह्म की महिमा है, वह महिमा ही विराट प्रकृति है। ऋग्वेद के पुरुषसूक्त में विराट पुरुष के मन से चन्द्रमा, नेत्रों से सूर्य, मुख से इन्द्र यानी अग्नि, प्राण से वायु, नाभि से अन्तरिक्ष, मस्तिष्क से द्युलोक, पैरों से पृथ्वी, कानों से दिशाओं का निर्माण हुआ।

देश और काल की गति भी नदी, वृक्ष, मनुष्य और प्रत्येक जीवन की तरह है। वह नदी की तरह बह रहा है, वृक्ष की तरह अपना स्वरूप बदल रहा है। मनुष्य की तरह लोक-परलोक की यात्रा और पुनर्यात्रा करता है। इस व्योम में ऊपर-ऊपर से भले शान्त दिखाई दे, पर समूचे वातावरण में खलबली मची हुई है। यह कर्म, धर्म

और यात्रा की गति है। केवल कुरुक्षेत्र में महाभारत का युद्ध नहीं हुआ या पानीपत-हल्दीघाटी के मैदानों में ही मारकाट नहीं मची। इस अस्तित्व के कण-कण में जीवन का संघर्ष है। संघर्ष में ही जीवन है। प्रत्येक द्वन्द्व में व्यक्ति जीवन पाता है। यह गर्भ से शुरू होता है, और जीवन में आकर वह पुनः युद्धरत हो जाता है। जीवन के बाद पुनः नये युद्ध की तैयारी होती है। ऋग्वेद और बाद के साहित्य में मृत्यु को भयसूचक माना गया है और एक सौ एक प्रकार की मृत्यु बताई गयी है। बुढ़ापे से जीर्ण शरीर को स्वाभाविक मृत्यु मिलती है। अथर्ववेद मृत्यु से मुक्ति पाने का मन्त्र बताता है। मनुष्य के अच्छे-बुरे कार्यों के प्रभाव से ही स्वर्ग और नरक की कल्पना की गयी है। हम अपने दृश्य और अदृश्य शत्रुओं से भले ही चारों ओर से घिर जायें, पर हमारा दृढ़ मनोबल हमें विजयी बना देता है। यह लोक में देश काल का अतिक्रमण है।

आध्यात्मिक विकास के बाद यह अन्तर्बोध होता है कि व्योम केवल बाहर और भीतर नहीं है, बल्कि उसका हमारी चेतना में भी विस्तार है। चेतना का विकास होता है, तब पृथ्वी और आकाश के स्थूल और सूक्ष्म रूपों का हम दर्शन करते हैं। पृथ्वी और आकाश का अस्तित्व, विस्तार और मिलन सदैव है। मानसिक विकास के एक स्तर पर यह अन्तर्बोध होता है कि पृथ्वी केवल बाहर नहीं, बल्कि हमारा शरीर भी उसी पृथ्वी का अंश है। हमारा शरीर हो या पृथ्वी। सब पदार्थ है। इस पदार्थ को ऋषियों ने पौदगलिक कहा। इसी प्रकार आकाश या स्वर्ग कोई वस्तु या स्थान नहीं है। यह हमारा चैतन्य चित्त है। जिस प्रकार शरीर और आत्मा के बीच दूरी बढ़ने के कारण हमको अपने अस्तित्व का यथार्थ बोध नहीं हो पाता है, ठीक उसी प्रकार धरती और आकाश के बीच अटूट कड़ी की खोज नहीं करने के कारण ही ये सब अलग दिखते हैं। इतना विभाजन हमारे आन्तरिक सम्बन्ध में समस्वरता की कमी के कारण आता है।

हम सृष्टि के अभिन्न अंग हैं, अतएव विकास की यात्रा भी पुरुष से पुरुषोत्तम की ओर होनी चाहिए। व्योम के अनन्त और बहुआयामी विस्तार को समझने के लिए यह जरूरी है। व्योम में ऊर्ध्वगामी लोक की अवधारणा हो या खुद व्यक्ति के अन्दर अनन्त का विस्तार। सबमें उस शाश्वत और विराट की खोज ही प्रधानता रही। इसलिए कहा गया कि आदि भी वही है, और अन्त भी वही है। शीर्ष पर वही नारायण विराजमान है और हमारे निम्नतम तल पर उनका ही आधार है। यह नारायण ही शुभता और शिवत्व के द्योतक हैं। वह शाश्वत है, वह विराट है। श्रीमद्भागवतगीता (15.6) में श्रीकृष्ण अपने इस धाम का वर्णन करते हुए बताते हैं कि उस परम धाम

को न तो कोई सूर्य प्रकाशित करता है, न चन्द्रमा प्रकाशित करता है और न ही अग्नि प्रकाशित करती है। जहाँ पहुँचकर कोई भी मनुष्य इस संसार में वापस नहीं आता है। वही मेरा परमधाम है। इस विराटता के कारण ही भारतीय चिन्तन ने सदैव ही मनुष्य, पृथ्वी, और सृष्टि से आगे की दर्शन चेतना पर विचार किया। यहाँ काल से आगे महाकाल और देश से आगे महाव्योम रूपी अक्षर तत्त्वों को उद्भासित और उद्घाटित किया गया।

महाकाल शाश्वत है, तो महाव्योम विराट है। इस शाश्वत से सत्य और विराट से ऋत का जीवन सूत्र निकला। सत्य खुद में शाश्वत है और अस्तित्व में परिव्याप्त है। उसी प्रकार ऋत अपनी क्रियाशीलता के साथ देश, महादेश, और व्योम के पश्चात महाव्योम में विस्तार करता जाता है। जब पहली बार महर्षि विश्वामित्र ने गायत्री महामन्त्र का उद्घोष किया, तब उनका एक ही भाव था। इस प्रार्थना के साथ पुरुष खुद प्रकृति रूपी इस महाव्योम के साथ जुड़ता चला जाये। हम अस्तित्व के सृजन और गतिशीलता के साथ अपने को एकात्म कर लें। साथ में अपने अन्दर और बाहर के सत्य के साथ अपनी प्रज्ञा को जोड़ लें ताकि उस शाश्वत की ओर उन्मुख हो सकें। व्योम की यात्रा में जीवन लघु न हो बल्कि वह विस्तारित और अर्थवान हो सके। हम केवल भूलोक ही नहीं महाव्योम की ओर देखें, सोचें और जुड़ें।

मौन से आतीं ध्वनियाँ

जगत में केवल मौन ही व्याप्त है। इसलिए जीवन में पूर्णता के साथ उपस्थित रहने के लिए इस मौन को अपने अन्तर में स्थान देना जरूरी है। यह मौन हमारे मन के असत् को पीछे छोड़ देता है। हर मौन के साथ एक नयी खोज शुरू हो जाती है। दुख से सुख की ओर चलने का मार्ग, वर्तमान के प्रति समर्पण की यात्रा और खुद को रूपान्तरित करने की प्रक्रिया इन मौन के पलों में शुरू होती है। इस अस्तित्व में जो मौन व्याप्त है, वही आकाश का गुण है। वही मौन हमारे अन्तर-आकाश का स्वभाव बने, तो हम अपनी सच्ची आत्मा का आलिंगन कर पाते हैं। स्वयं की खोज में मौन से हम पूर्ण बनते हैं।

मौन से ही ध्वनियाँ आती हैं और वापस उसी में विलीन हो जाती हैं। मौन ही जीवन है और जीवन ही मौन का आधार है। यह अप्रकट का संसार ज्यादा व्यापक है लेकिन ध्वनि और शब्द को हम अहमियत देते हैं। इस कारण हमारी चेतना का विकास अवरुद्ध रहता है। इसलिए मौन की यात्रा से हम अस्तित्व की असीम

व्यापकता में पहुँच जाते हैं। ईश्वरीय अनुभूति का माध्यम शब्द या विचार नहीं, बल्कि मौन का स्वभाव होता है। मौन में ईश्वर का वास है। उसकी सुगन्धि का एहसास मौन के अन्तरजगत में ही सम्भव है। जब हम पॉज लेते हैं, शब्दों के बीच ठहरते हैं या एक अन्तराल लेते हैं, तब हम अप्रकट में प्रवेश करते हैं। जब बाहर मौन आता है, तब अन्दर स्थिरता आती है। यह स्थिरता ही अस्तित्व की शून्यता और पूर्णता दोनों है। इसलिए मौन के साथ हर क्षण जीवन का एक द्वार खुलता है, एक यात्रा शुरू होती है। यह यात्रा ही हमारा लक्ष्य है।

मौन, नि:शब्द और शून्यता इस अस्तित्व की भाषा है। जबकि विचार, शब्द और ध्वनि इस जगत की भाषा है। हम मौन में रहकर बात नहीं कर सकते हैं। हमारे शब्द ही हमारी पहचान हैं। अस्तित्व का स्वभाव नि:शब्द है। वह शून्यता की परिधि में सिमटा है और मौन ही उसके सम्प्रेषण का भाव है। मौन से मन की यात्रा प्रारम्भ होती है, जो गहरे तल में समाधि तक जाती है। इसलिए मौन का अर्थ नितान्त अकेले में चुपचाप बैठना नहीं है, बल्कि अपनी शून्यता में सृष्टि के संगीत से सराबोर होना है। जब भीतर की बेमेल व्यवस्था ठीक होती है तो एक लयबद्धता का प्रवाह अन्दर होता है। यह लयबद्धता ही परम मौन की पहचान है। जब भीतर कोई नहीं है, तब हम और अस्तित्व साथ होता है। इस आनन्द की अनुभूति का माध्यम मौन है। जीवन की यात्रा शब्द से जाती है, लेकिन जीवन मौन से आता है।

यह अस्तित्व ही नि:शब्द की पाठशाला है। हमारे जीवन के गूढ़ सवाल के जवाब, हमारे सभी अहम निर्णय और सृजन का फल सदैव मौन में ही आये हैं। यह इसलिए होता है कि हमारा स्वाभाविक गुण शब्द या ध्वनि नहीं हैं। वह मौन है। हम मौन से आते हैं और उसी में चले जाते हैं। शब्दों की दुनिया इस भौतिक शरीर के साथ मिलती है। उस असीम के आँगन में केवल मौन का ही घर बना है। इस कारण जो शब्द मौन से आते हैं, वे हमको कुछ पलों की शान्ति देते हैं और जो हमारे मन, विचार और बुद्धि के आघात से आते हैं, वह हमको उलझाते हैं। मौन अभ्यास का परम्परागत तरीका है शान्ति से बैठना और बस अन्तर्मुखी होकर देखना। दूसरा तरीका अपनी सक्रियता को बढ़ाना है। इसमें हम अपने शरीर को तेज गति से चलाते हैं, गहरा साँस लेते हैं, इससे मन की गति रुक जाती है।

हमारे जीवन में मौन का स्थायी वास हो, इसके लिए सुनने की कला विकसित करनी होगी। हम सुनते कम हैं, बोलते ज्यादा हैं। अपनी कहने की बेचैनी होती है। हम सुनें, केवल सुनने का कर्म करें। हमारे बोलने से संकट बढ़ता है, जबकि सुनने से परेशानी कम होती है। चुप रहना भी मौन नहीं है। अगर हमारे अन्तर में लगातार

और अनन्त विचार उद्वेलित हो रहे हैं, तो वह मौन नहीं है। भीतर कोई विचार नहीं हो। वह मौन है। बुद्ध ने अपनी देशना में कहा कि मौन रहने से कोई मुनि नहीं हो जाता, क्योंकि भीतर हजारों विचार चलते रह सकते हैं। जीवन में जब मौन आता है, तब मन नहीं रहता है। जैसे सागर शान्त हो जाता है, तो लहरें खत्म हो जाती हैं। उसी प्रकार मौन के प्रवाह में मन नहीं रहता है। और जब मन नहीं होगा, तो अशान्ति की लहर भी खत्म हो जायेगी। सभी मन और विचार के तिरोहित होने पर केवल हमारी चेतना रह जाती है। चेतना का यह संसार ही अस्तित्व का जगत है।

विचारों की शुद्धता, विनम्रता, मौन, आत्म-नियन्त्रण तथा उद्देश्य की निर्मलता इन सबको मन के तप के रूप में घोषित किया गया है। (गीता 17.16)। भगवान खुद बताते हैं कि शरीर तथा वाणी की तुलना में मन का तप अधिक श्रेष्ठ है। यदि हम अपने मन को नियन्त्रित करना सीख लेते हैं तब शरीर तथा वाणी स्वतः ही नियन्त्रित हो जायेंगे। हम अपने मन से तब तक कोई भी रचनात्मक कार्य नहीं कर सकते जब तक हम अपने मन को नियन्त्रित करना तथा इसे क्रोध, घृणा, वैमनस्य इत्यादि से उत्तेजित होने से दूर रखना सीख लेते। ये वही खरपतवार है जो हमारे हृदयों में दिव्य कृपा के प्रस्फुटन के मार्ग को अवरुद्ध करते हैं। हमें विचारों पर ध्यान देना चाहिए, क्योंकि ये विचार ही शब्द बनते हैं। जब ये शब्द प्रस्फुटित होते हैं तो यह हमारी प्रतिक्रिया का कारण बन जाते हैं। हमारी क्रियाओं से हमारी आदत बनती है। यह आदत ही हमारे चरित्र का निर्माण करती हैं। हमारा चरित्र ही हमारा भाग्य है। इस प्रकार एक शब्द, एक ध्वनि और एक भाषा से चली यात्रा हमारे जीवन, हमारे आचरण, हमारे कर्म और हमारे चरित्र को गढ़ती है। एक मौन इस पूरी कड़ी को तोड़ देता है, हमारे क्रम को व्यवस्थित करता है।

जहाँ विचार है, वहाँ संवाद है। जहाँ संवाद है, वहाँ विचार का द्वैत है। यह द्वैत किसी भी विवाद का अन्त नहीं करता है। इसलिए अद्वैत के अन्तर में ठहराव के लिए मौन का ध्यान जरूरी है। मौन हमें कई चरणों की यात्रा के बाद समाधि में ले जाता है। योग के विविध चरणों में मौन का स्थान सर्वोपरि बताया गया है। शब्दों का भी बोझ होता है। इससे जीवन हमारा जटिल बनता है। शब्द, विचार, भाषा और साहित्य तथा विज्ञान हमारे ज्ञान को बढ़ाता है। यह ज्ञान से चेतना का विस्तार नहीं हुआ तो वह हमारी मुश्किल को बढ़ाता है। ज्ञान भी रोग है, जब वह अहम् का विस्तार करे। इसलिए जीवन में मौन जरूरी है, जो अस्तित्व की ओर ले जाये।

ब्रह्माण्डीय ऊर्जा का स्थान हैं देवालय

ईश्वर के लिए जब हम अपना सर्वस्व मिटा देते हैं, तब हृदय के मन्दिर में परमात्मा का आगमन होता है। बाहर का मन्दिर जब हमको जोड़ता है तो अन्दर के मन्दिर में प्राण उसके साथ निनाद करते हैं। बाहर हम प्रार्थना करते हैं, ताकि वे सुनें। साधना करते हैं ताकि जुड़ें। पूजा करते हैं, ताकि आवाज दें और ध्यान करते हैं, ताकि एक हो सके। अन्तरतम में बने मन्दिर में विराजमान देवता के साथ-साथ एकाकार होने का देवालय अभ्यास कराता है। अस्तित्व के हर एक जीवन में ईश्वर का सौन्दर्य है, उसकी आवाज गूँज रही है। वही प्रकट और अप्रकट सभी में वास करता है। मन्दिर एक बाहरी आवरण है, ताकि अन्दर खोह में प्रवेश करने के समय प्रयास सफल हो सके।

मन्दिर में स्थित प्रतिमा में हमारी आत्मा का पूरा आकार छिपा होता है। हमारी आत्मा की ऊर्जा और ध्वनि चक्रीय रूप से घूमती है। शरीर के अन्दर ही घूर्णन के साथ जब हम खुद को जोड़ते हैं, उसमें लीन होते हैं तो अवर्णनीय आनन्द और अपरिमित शान्ति को हम उपलब्ध होते हैं। इस आत्मा की ऊर्जा और ध्वनि के साथ हम जितना जुड़ते हैं, उतना आनन्द और उत्सव का संग्रहण बढ़ता जाता है। मन्दिर में स्थित प्राण-प्रतिष्ठित प्रतिमा के साथ जब हम जुड़ते हैं, तो अस्तित्व की मूल ध्वनि के साथ परिभ्रमण करने लगते हैं। ब्रह्माण्डीय ऊर्जा के साथ खुद को अनन्त एवं अव्याख्यायित आनन्द के साथ स्वयं को विलीन कर लेते हैं। मन्दिर उस सत्चिदानन्द के साथ जुड़ने का माध्यम है।

सवाल उठता है कि मन्दिर बनाने की जरूरत क्यों पड़ी। सभ्यता के उषाकाल में न मन्दिर थे, और न ही प्रतिमा होती थी। तब हम ईश्वरीय ऊर्जा के साथ प्रकृति के संग जुड़ते थे। प्रकृति की मनोरम और सुन्दर छटाओं के साथ हम उस परम सत्ता के साथ खुद को जोड़ते थे। बाद में दिव्य शक्ति को प्राप्त करने के लिए, उसको प्राकृतिक रूप के साथ जुड़ने के लिए मन्दिर का निर्माण किया गया। कॉस्मिक एनर्जी के साथ एकात्मक होने की जगह मन्दिर, देवालय बने। मन्दिर की विशिष्ट संरचना में हम उस ध्वनि को पकड़ने का प्रयास करते हैं, जो अस्तित्व की मूल ध्वनि होती है। उसी दिव्य ऊर्जा को उसी नैसर्गिक रूप में पकड़ने के लिए हम मन्दिर में एकाग्र, प्रार्थना, ध्यान और समाधिस्थ होते हैं। हम मन्दिर में स्तुति, कर्मकाण्ड और पूजा के साथ उस भाव-स्थिति को छूने का प्रयास करते हैं कि जिससे हम इन्सान बने, सृष्टि बनी और यह अस्तित्व की रचना हुई।

सृष्टि के तत्त्वों से जुड़ने के लिए ही मन्दिर में मूर्ति स्थापित करते हैं। प्रतिमा को स्थापित कर उसकी प्राण प्रतिष्ठा करते हैं। इस प्राण-प्रतिष्ठा की विधि एवं विधान से मूर्ति के साथ ऊर्जा उस ब्रह्माण्डीय ऊर्जा के साथ तादात्म्य हो जाती है। हम मूर्ति को प्राणवान बनाते हैं, ताकि वहाँ जाकर, वहाँ नजदीक रहकर अपनी ब्रह्माण्डीय ऊर्जा को सकारात्मक बना सकते हैं। जब प्राचीन मन्दिर जाते हैं तो हमारा मन विस्तारित होता है और संसार के प्रति संवेदनशील और सृष्टि के प्रति जुड़ता जाता है। हम सहज रूप से मन्दिर में सजल होते जाते हैं। भाव और भावना का मिलन आँसू और उदारता में होता है। हम हल्के होते हैं और इस सजलता के साथ सरल भी बनते हैं।

सनातन धर्म एक सोच है। एक विज्ञान है। यह इन्सान को विकसित और विस्तृत बनाता है। मूर्ति या प्रतिमा का निर्माण और प्राण-प्रतिष्ठा के माध्यम से ऊर्जा के रूपान्तरण का भाव रहा, जिससे मानव का जीवन स्तर एवं उसकी गुणवत्ता बढ़ायी जा सके। जबकि मन्दिर का निर्माण पूजा के लिए नहीं होकर आत्मिक उत्थान का केन्द्र रहा। विशेषकर पुराने काल के मन्दिर को गर्भगृह, आँगन, परिक्रमा पथ, प्रतिमा की मुद्राएँ, उनके आकार और उनके प्रतिष्ठापन के संयोजन से एक विशेष प्रकार की शक्तिशाली ऊर्जा का परितन्त्र बनाया जाता था। मन्दिर सदैव से ही ब्रह्माण्डीय ऊर्जा का केन्द्र रहा है। यह अस्तित्व के साथ संयोजन का साधनकेन्द्र होता था। जब हम स्नान के बाद पूर्णतः सजल और सरल होकर मन्दिर के गर्भगृह में अपनी आँख को बन्द करते हैं तो अनायास ही उस ब्रह्माण्डीय ऊर्जा और ध्वनि के साथ जुड़ने में कामयाब होते हैं। मन्दिर की ऊर्जा के साथ न केवल हम खुद को जोड़ते हैं बल्कि अपने सृजन के केन्द्रीय तत्त्व के साथ खुद को एकात्म होने का अनुभव प्राप्त करते हैं। यह ब्रह्माण्डीय ऊर्जा से तादात्म्य होने का माध्यम होता है। मन्दिर में प्रतिमा की प्राण-प्रतिष्ठा की जगह उस डायमेंशन से जुड़ने का द्वार है, जिससे हमारा जीवन आता है।

मन में सदैव यह सवाल उठता है कि क्या वैदिक ऋषि के आश्रम में मन्दिर होता था? क्या उस काल में लोग घर में पूजा-अर्चना करते थे? भारतीय चिन्तन सदैव से मानता है कि हमारे अस्तित्व की प्रत्येक वस्तु में आत्मा है। वह आत्मा ही ब्रह्माण्डीय ऊर्जा का विस्तार और उसका लघु केन्द्र है। इस कारण ही हम पत्थर, नदियों, पहाड़, वनस्पति, पशुओं और मानव के समक्ष अपना शीश झुकाते हैं। ऐसा करते ही हम अस्तित्व के सभी आयामों और अवयवों की अर्थपूर्णता और उसकी उपयोगिता को भी स्वीकार करते हैं। तब परमात्मा और प्रकृति में कोई भेद नहीं था, प्रकृति ही उस विराट का विस्तार था। आँख सदैव प्रकृति के सौन्दर्य के माध्यम से

परमात्मा को देखती थी, कान हर पल प्रकृति की ध्वनि के माध्यम से परमात्मा को सुनता था। सदैव ही प्रकृति के सुवास में हम उसके परमतत्त्व को महसूस करते थे। परमात्मा अलग नहीं था।

मन्दिर के गर्भगृह में विराजमान देवमूर्ति के साथ हम दिव्यता को अपने अन्दर लाते हैं। जीवन में जो भी श्रेष्ठ है जहाँ भी उत्कृष्ट है, उसे पाने और अनुभूति का मार्ग यह शरीर है। इस शरीर को दिव्य और भव्य बनाने के लिए सम्यक मार्ग बनाने का रास्ता मन्दिर से होकर जाता रहा है। मन्दिर के अन्दर जब देह में ताजगी फैल जाती, तो परमात्मा की अनुभूति हो जाती! जब मन नृत्य करने को और रोंआ-रोंआ पुलकित हो जाता, तब यह अन्दर से आवाज आती कि परमात्मा को जियो। वही परमात्मा जो कभी आकाश से पड़ती धूप के नीचे, चाँद-तारों की रोशनी में, वृक्ष और सरोवर के पास बैठकर, हवाओं की सरसराहट के साथ आता था, वह अब मन्दिर और प्रतिमा के माध्यम से हमारी आत्मा में प्रवेश करने लगा। मन्दिर में हम जब प्रतिमा को स्पर्श करते हैं, तो उस परमात्मा की ऊष्मा को अनुभव करते हैं, प्रतिमा के स्पर्श से अन्दर एक तरल का बहाव हो जाता है, जो हमारे अस्तित्व के अन्तर्तम केन्द्र को खोल देता है। मन्दिर हमारे जीवन की पर्त्तों को खोलने में सहायक रहा है, इसलिए उसकी भूमिका हमारे लिए केन्द्रीय भाव में रही।

रामायण काल जो आज से 7129 वर्ष पूर्व की घटना है। उस काल में माता सीता द्वारा मन्दिर में गौरी पूजा का और श्रीराम द्वारा शिवलिंग की पूजा की परम्परा है। पाँच हजार साल पूर्व महाभारत में दो घटनाओं में कृष्ण के साथ रुक्मणि और अर्जुन संग सुभद्रा के भागने के समय में दोनों ही नायिकाओं द्वारा देवी पूजा के लिए वन में स्थित गौरी माता के मन्दिर जाने की चर्चा है। ईसा से पाँच सदी पूर्व बौद्ध और जैन मत के प्रचार के साथ देश में मन्दिर, चैत्य, विहार, स्तूप, देवालय के निर्माण में तेजी आयी। उस काल में श्रीराम और श्रीकृष्ण भी बुद्ध एवं महावीर के साथ देवालय में ईश्वर विग्रह के रूप में पूजे जाने लगे। मध्यकाल में जब मन्दिर शिक्षा, आराधना और न्याय एवं सांस्कृतिक विकास के केन्द्र थे। जब घर के बाहर मन्दिर और घर के अन्दर घुसकर सिल-बट्टे तक तोड़े जा रहे थे तब मन्दिर टूटने पर घर के अन्दर हिन्दुओं ने निजी देवस्थान और पूजा घर बनाये। (भगवान सिंह —भारतीय परम्परा की खोज, पृ.-30)। यह एक संक्रमण था, दूसरा संक्रमण काल मध्यकालीन आक्रमण का दौर रहा। तब मन्दिर से भी प्रतिमा घर के अन्दर विराजमान हो गयी। मन्दिर के कारण कभी देवता को हम नहीं बिसारे और न ही देवता को स्मरण रखने में मन्दिर की महत्ता को भूले। हमारा शरीर भी देवालय है। मानवजाति ने ही केवल

ईश्वर की आराधना के लिए देवालय बनाया। अस्तित्व में किसी भी जड़-चेतन, जीव और जानवर में पूजा की यह भौतिक एवं कर्मकाण्डीय पद्धति नहीं है। इसके बावजूद हर एक जड़-चेतन इस अनन्त विराट के रचयिता के प्रति झुकते हैं। हमारा हृदय सबसे अच्छा देवालय है।

विराट में प्रवेश का मार्ग है हृदय

इस अस्तित्व में प्रवेश का मार्ग हमारा हृदय है। हृदय, वह केन्द्र है, जिसके नजदीक जाकर ही हम जागरण का बोध करते हैं और हमारे कर्म सृष्टि की स्वाभाविक क्रिया बनती है। सृष्टि में जो शक्ति निहित है, वह भौतिक रूप में प्रकृति और अभौतिक रूप में चेतना बनती है। यह चेतन शक्ति ही गहरे स्तर पर ईश्वर से जुड़ने में माध्यम बनती है। चेतन की यह शक्ति हृदय में वास करती है, जो व्यक्ति की वास्तविक ताकत होती है। हम कौन हैं? इसका सच्चा ज्ञान हमारे हृदय के पास है। यह हमको इस समूची सृष्टि, ईश्वर और उसकी अनन्त रचना से जोड़ता है। हृदय से जुड़ने का अर्थ है उस परमात्मा से जुड़ना। हमारा दिल सदैव अपनी भाषा में उस अनन्त की ओर आरोहण का आमन्त्रण देता है। हमारा हृदय हर पल संकेत करता है कि जिस समस्त वस्तु और सर्वोत्तम सुख की तलाश हम इस सृष्टि में करते हैं, वह हमारे अन्दर है। अन्दर की आवाज सुनो।

हृदय ऊर्जा का भण्डार है। यह जीवन को परमात्मा से जोड़ने का सेतु है। इसके माध्यम से हम भौतिक और चेतना के संसार से सम्बन्ध बनाते हैं। हमारे हृदय की धड़कन ही हमारे शरीर की वह प्राण ऊर्जा है, जो स्वाभाविक रूप से ईश्वर की अनुभूति कराती है। इस सृष्टि के हर एक तत्त्व, हर एक चर-अचर में प्राण ऊर्जा है, जो असीम शक्ति के रूप में पदार्थ को, जीव को और चेतना को बाँधती है, जोड़ती है। यही सृष्टि का प्राण या ऊर्जा है। हम इसे कोशिकाओं का स्वभाव कहते हैं और वैज्ञानिक रूप में इलेक्ट्रॉन, प्रोटॉन और न्यूट्रॉन का बन्धन कहते हैं। यह हर एक पदार्थ का हृदय है, जहाँ स्पर्श कर हम महसूस करते है कि जीवन कहाँ है? हम केवल जीव नहीं हैं, बल्कि अपने अस्तित्व के गूढ़ आयामों के प्रति हम न केवल हृदय के माध्यम से जागरूक होते हैं बल्कि पृथ्वी पर अपने होने के सच्चे उद्देश्य को प्राप्त करते हैं।

मनुष्य के हृदय में जो स्पन्दन है, वह जीव को गतिशील और विचार के लिए क्रियाशील बनाता है। यह आत्मा को अभिव्यक्त करता है जो ब्रह्म का सृष्टि में

फैलाव है। आत्मा भी हृदय के माध्यम से अपना विस्तार करती है और विचार प्रकट करती है। आत्मा में भी गति यानी स्पन्दन और मनन है। इस प्रकार ब्रह्म और आत्मा दोनों एक है। मनुष्य जब अपने से बाहर देखता है तो उसे अनन्त विस्तार दिखता है। जिसमें ब्रह्माण्ड और उसके साथ असीम विस्तार मिलता है। आत्मा की पूर्णता की ओर यात्रा में हमारा हृदय एक लॉंचिंग पैड की तरह काम करता है। पूर्णता की ओर जाने के मार्ग दो हैं। एक, हम अपनी इच्छाओं को पूर्ण कर ले ताकि कोई वासना शेष न रह जाये। दूसरी, हम अपने ज्ञान से इन इच्छाओं को खत्म कर दें, ताकि हम वासनामुक्त हो जायें। हृदय एक उत्प्रेरक की तरह व्यक्ति को भक्ति मार्ग का रास्ता दिखाता है, जहाँ व्यक्ति आत्मिक पूर्णता में अपनी सभी इच्छाओं को सम्पूर्ण होता देखता है। वह ईश्वरीय प्रेम और दिव्यता के कारण अपनी सारी इच्छाओं के बीच भी परिपूर्ण बना रहता है। दूसरा ज्ञान मार्ग से इन इच्छाओं से परे निकल जाता है।

मनुष्य भटकता है, तो मन और मस्तिष्क उसका कारण होता है। आत्मा की पूर्णता को तत्पर होता है, तो हृदय उसका रहबर होता है। हृदय ही अपूर्ण आत्मा के जागरण का कारण बनता है। व्यक्ति दिव्य एकत्व के प्रति अनजान होता है। हमारा हृदय एकमेव चेतन सत्ता है जो भौतिक शरीर के साथ पूर्णता की यात्रा में आत्मा को ले जाने का भार उठाता है। वह हर कुछ करना चाहता है, जिससे हमारी यात्रा परिपूर्ण हो। लेकिन हम अपने हृदय की बात को सुनते नहीं हैं। हमारे शरीर में सारे अंग और इन्द्रियों का काम हमारे पंचभूत शरीर का ध्यान रखना है। मन और बुद्धि भी केवल शरीर के साथ रहते हैं। लेकिन हमारे शरीर में स्थित हृदय वह स्थान है, जहाँ ईश्वर का वास है। उस स्थान से ईश्वर हमसे जुड़ता है। इच्छाओं को पूरा करने और गौण इच्छाओं को छोड़ आगे की यात्रा का स्मरण करता है। हरेक भटकाव और विचलन पर वही सावधान करता है। वह आत्मा की परमात्मा में पूर्णता का सेतु है। उस सेतु के उपयोग में हमारे जीवन की सार्थकता है।

हृदय रूपी सेतु से हम योग और ध्यान के माध्यम से यात्रा करते हैं। योग हमारे शरीर को साधता है और ध्यान हमारे मन को। जब हम शरीर और मन से परे चले जाते हैं, तो हमारा हृदय हमारे स्व यानी आत्मा के साथ साक्षी कराता है। यह समाधि की स्थिति होती है, जहाँ व्यक्ति स्वयं को साक्षात् सचिदानन्द की स्थिति में पाता है जो परमात्मा के साथ अखण्ड रूप से जुड़ा होता है। हृदय के साथ प्राण की गति ही हमारे समूचे अस्तित्व का केन्द्र बिन्दु है। इस कारण ही ध्यान की विधि में श्वास पर केन्द्रित किया जाता है। जब हमारा श्वास का सूक्ष्मतम कण यानी प्राण हमारे हृदय के पास पहुँचता है और हम उसकी अनुभूति करते हैं तो वह श्वास की स्थिरता की स्थिति ही

हमारे मूल स्वभाव का दर्शन करता है। हम प्राण को, सूक्ष्म श्वास को अनुभव करने लगे। तब हम अस्तित्व के साथ एकाकार होने की स्थिति में पहुँच जायेंगे।

ईश्वर का गुरुत्वाकर्षण

एक सूफी कहावत है कि खुद को बेहतर बनाना ही बेहतर परिवार, बेहतर समाज और बेहतर देश तथा दुनिया बनाने की ओर पहला कदम है। बेहतर बनाने के लिए संकल्प जीवन का मन्त्र है। उसका प्रयोग कर मनुष्य जीवन के गुण विकास को उत्कृष्टता की ओर ले जा सकता है। इस उत्कृष्टता की यात्रा ही इस सृष्टि की मूल प्रकृति है। सब अपनी शक्ति से उस उत्कृष्ट को प्राप्त करने के लिए प्रयासरत हैं। जिस प्रकार हमारी संकल्प शक्ति है, उसी प्रकार पृथ्वी की गुरुत्व शक्ति है। उसी प्रकार एक और शक्ति है ईश्वरीय गुरुत्व ऊर्जा, जो हमेशा सृष्टि के चर-अचर जीव और अजीव को उत्कृष्टता के लिए अपनी ओर आर्कषित कर रही है।

धरती की अपनी एक छिपी ऊर्जा है जो हरेक चीज को अपनी ओर खींचती है। इस गुप्त शक्ति को गुरुत्व बल कहा जाता है। वृक्ष से फल गिरे या बहुमंजिल से कोई वस्तु, वह नीचे आयेगी। कोई भी वस्तु को चुम्बक नीचे खींच लाता है, वह दिखायी नहीं देता है, लेकिन परिणाम दिखता है। ठीक इसी प्रकार परमात्मा भी चीजों को अपनी ओर खींचते हैं। उनके खींचने की शक्ति का नाम ग्रेस है। ग्रेस जिसे हम प्रसाद कहें, या अनुग्रह या आकर्षण का नाम दे सकते हैं। जब पौधों में फूल खिलता है, तो ऊपर यानी आकाश की ओर उठता है। मनुष्य में जब चेतना का विस्तार होता है, वह आनन्द से भरता है तो हल्का हो जाता है। जीव-जन्तु और पक्षियों में चेतना विस्तार होता है और मानवों में भी। जब ऐसा होता है तो जीवन ऊपर उठता है।

जब भी किसी चेतन सत्ता में आनन्द की वर्षा होने लगती है, हदय में उमंग होने लगता है तो शरीर नर्तन करता है, तो वे फूल की तरह खिलने और आकाश की ओर उन्मुख हो जाते हैं। परमात्मा से मिलने की यह आतुरता है। जब हम जाग्रत होते हैं, चैतन्य की अवस्था को प्राप्त करते हैं तो ईश्वर का प्रसाद मिलता है। फूलों की पंखुड़ियों में रस, गन्ध, रंग और फल के रूप में मिठास एवं तृप्ति मिलती है, तो मनुष्य उसके अनुग्रह से ओतप्रोत हो जाता है। दूसरी ओर जब जीर्ण होते हैं, मरते हैं या दुखी होते हैं, तो नीचे गिरते हैं, जमीन खींच कर हमें मिट्टी में सुला देती है। यहाँ ईश्वर के प्रेम का प्रसाद विभिन्न रूपों में देखने को मिलता है। वह कभी मुस्कुराते फूल, गम्भीर पर्वत, ठांठे मारते सागर, प्रफुल्लित पवन, चंचल पक्षी एवं चेतना से परिपूर्ण मानव के माध्यम से प्रकट होता है।

फ्रांस की महान दार्शनिक सिमन वेल ने एक किताब लिखी है, 'ग्रेस एंड ग्रेविटी' यानी प्रसाद और गुरुत्वाकर्षण। आध्यात्मिक पुस्तकों में इसका दुनिया की महान पुस्तकों में स्थान है। उनका कहना है कि जैसे जमीन चीजों को अपनी ओर खींचती है, ऐसे ही परमात्मा भी चीजों को अपनी तरफ खींचते हैं। ईश्वर सदैव हमें अपनी ओर आकर्षित कर रहे हैं। ईश्वर की स्वप्नशील चेतना पहले पत्थरों या निष्क्रिय खनिज में प्रकट होती है। फिर यह पेड़ और पौधों में संवेदनशीलता के रूप में हरकत करने लगता है। यहाँ उसकी आत्मचेतना नहीं प्रकट होती है। इसके बाद पशु और पक्षियों के संवेदनशील जीवन के रूप में सामने आता है। मानव में उसी ईश्वर का प्रसाद जीवनशक्ति एवं चेतना, तर्क तथा विवेक की श्रेष्ठतर बौद्धिक शक्ति में व्यक्त होता है।

ईश्वर अपने अनुग्रह से अनुगृहीत करने के लिए नदी बनते हैं ताकि उसके समीप आनेवालों को जल रूपी अमृत का पान करा सके। कभी वह पर्वत बन जाते हैं ताकि प्रेम के उत्तुंग शिखर का दर्शन करा सकें, प्रेम की विशालता के लिए सागर बन जाते हैं। फिर उस ईश्वर का दैवीय प्रेम अनन्त आत्माओं के हृदय में क्रियाशील होकर धड़कता रहता है। ईश्वर का प्रसाद फूलों में सुगन्धि, पक्षियों में कलरव, दूसरे हृदय को आलिंगन को बढ़ता है तो उसका अनुग्रह प्रकट होता है। सुबह से सोने तक ईश्वर का प्रसाद मिलता है लेकिन वह सूक्ष्म और रहस्यमय होता है। वह प्रतिदिन भोजन में से मांस, रक्त, मज्जा, हड्डी और मस्तिष्क का निर्माण करता है, हमारा निर्माण एवं विकास करता है। लेकिन हम समझते हैं कि यह भोजन के कारण ही हम जीवित हैं।

सृष्टि में आकर्षण का नियम अन्तर्निहित है। जब दो वस्तुएँ हिलने के लिए स्वतन्त्र हों और वे एक-दूसरे की ओर खिंचें तो गुरुत्वाकर्षण का प्रभाव दिखाई देता है। भौतिक विज्ञान की परिभाषा बताती है कि गुरुत्वाकर्षण वह शक्ति है जो दो भौतिक पिण्डों के बीच होती है और जिसके कारण प्रत्येक पिण्ड दूसरे पिण्ड को एक-दूसरे की ओर खींचते हैं। यह नियम सार्वभौमिक है। पृथ्वी, सूर्य तथा आकाश के सभी तारे एवं वस्तुओं में समान रूप से यह बल होता है। इस कारण आकाश के सूर्य, चन्द्र, तारे और अन्य खगोलीय पिण्ड एक-दूसरे के इर्द-गिर्द चक्रीय रूप से घूमते रहते हैं और अपनी ओर दूसरे पिण्ड को खींचते हैं।

गुरुत्वाकर्षण एक ओर का खिंचाव नहीं है, बल्कि दो वस्तुओं के बीच का खिंचाव है। गुरुत्वाकर्षण के नियम को ठीक से समझ लेते हैं तभी ईश्वरीय खिंचाव के प्रसाद या आकर्षण को सही तरीके से समझ सकते हैं। चाँद और पृथ्वी के सन्दर्भ में पृथ्वी की शक्ति ज्यादा है तो वह वस्तुओं को अपनी ओर ज्यादा तेजी से

खींच पाती है। हर एक दो वस्तुओं में आकर्षण और उसमें एक-दूसरे को अपनी ओर खींचने या आकर्षित करने की इच्छा सन्निहित होती है। जीवन में हर एक चीज द्वन्द्व के बिना घटती नहीं है, जैसा कि पेड़ से फल नीचे गिरता है। उसी प्रकार पेड़ पर फल और फूल आते भी हैं। न्यूटन के समकालीन चिन्तक रस्किन ने इस सवाल को उठाया कि आखिर वह किस कारण आते हैं। यह ऊपर कैसे पहुँच जाता है? इतना ही नहीं बांस, ताड़ एवं सीदार जैसे लम्बे पेड़ पर पाँच सौ फीट ऊपर पत्तियों में जल कैसे पहुँचता है।

बाद में वैज्ञानिकों ने खोजकर निकाला कि नीचे खींचने की शक्ति ग्रेविटेशनल फोर्स है जबकि ऊपर खींचने की शक्ति लैविटेशनल फोर्स है। अध्यात्म में सन्तों ने इस शक्ति को प्रसाद कहा। ठीक इसी प्रकार ईश्वर अपने अनन्त चेतना के प्रसाद के माध्यम से अपनी ओर खींचते हैं, दूसरी ओर माया यानी हमारी अज्ञानता दूसरी ओर खींचती है। मूढ़ता के कारण हम ईश्वरीय आकर्षण के विभिन्न केन्द्रों की उपेक्षा करते हैं और अपने को नीचा गिराते हैं। हम अपनी इच्छाओं एवं ऐन्द्रिक सुख के कारण जन्म-मरण के अनन्त चक्र में फँस जाते हैं। ईश्वर से दूर होते जाते हैं। जबकि वह लगातार अपने प्रसाद से अनुगृहीत करता रहता है।

विराट अस्तित्व गतिमान

जगत विराट है। यह स्थूल और सूक्ष्म दोनों रूपों में है। यह सब किसी की महिमा है। उसकी महिमा से ही यह विराट अस्तित्व गतिमान है। यह अनन्त प्रकृति का दोलन है। इस जगत में सारी चीजें, सारे तत्त्व और पदार्थ में बदलाव होता है। परन्तु उसके बावजूद भी इसमें अन्तर्निहित कुछ छिपा सूत्र है, जो सबको जोड़ता है, बढ़ाता है, जीवन देता है और अन्त में विनाश करता है। वह ब्रह्म कहलाता है। भारतीय जीवन में हर एक क्षेत्र और दिशा के ऊर्ध्व में ब्रह्म का स्वरूप प्रतिष्ठित है। दर्शन उसे अक्षर, तो योग में उसे परमात्मा कहा गया। भक्ति में वही भगवान और ज्योतिष में काल हो जाता है। आयुर्वेद में जो प्राण है, वही दैनिक व्यवहार में ईश्वर है। गणित में अनन्त और शून्य का जो स्थान है, वही संगीत में नाद हो जाता है। साहित्य में जो रस है, वही व्याकरण में शब्द में है। इसलिए हमने शब्द ब्रह्म, अक्षर ब्रह्म, नाद ब्रह्म, रस ब्रह्म, प्राण ब्रह्म आदि कहा। इस पूरी चिन्तनप्रणाली का भावार्थ है कि सत्य, काल, प्राण, रस, नाद, शब्द आदि सभी को ब्रह्म का पर्यायवाची माना गया। भारतीय मन हर छोटी बात, क्रिया और विचार में नव्यता की खोज करता है, जो केवल भव्य नहीं बल्कि दिव्य हो।

इन्द्रियों के बोध के कारण यह संसार है। आत्म बोध के चलते यही संसार ब्रह्म हो जाता है। यह ससीम है। वही असीम होता है। इस कारण कहा गया है कि जो मनुष्य अपने कार्यों से परमात्मा को अनुभव करता है, वह खुद भी दिव्य चेतना बन जाता है। ऐसा व्यक्ति चरम सम्भावना है, जिसको इन्द्रियबोध से समझना सम्भव नहीं होता। ब्रह्म की व्याख्या में ऋषियों ने कहा कि ब्रह्म को परिभाषित नहीं किया जा सकता है। जब उपनिषद् के रचनाकारों ने उसकी व्याख्या करनी चाही, तो ऋषियों ने कहा कि तत् त्वम असि। वह तत् न केवल शुद्ध है बल्कि सत्य है। तत् को परमात्मा कह पुकारा गया। ऋषियों ने कहा कि जो उस ब्रह्म को जानना चाहेगा, जानेगा, वह खुद ही ब्रह्म हो जायेगा। इस सम्बन्ध में श्वेतकेतु और उनके पिता उद्दालक आरुणि का प्रसिद्ध संवाद है। श्वेतकेतु ने जब पूर्ण ज्ञान को प्राप्त कर लिया, तो वह नि:शब्द था, कोई सवाल नहीं बचा था। उस समय आरुणि ने तत् त्वम असि कहा था। अगर कोई उस ब्रह्म को जान लिया तो वह बात नहीं कर सकता है।

कदाचित इस कारण ही भारतीय चिन्तन में ब्रह्म के लिए कई शब्द मिलते है–सत्चितानन्द, अर्द्धनारीश्वर, ओम तत् सत और परम ब्रह्म आदि...। ऋषि कहते हैं कि जब ब्रह्म शब्द दूषित हो गया तब उसे इंगित करने के लिए परंम ब्रह्म कहा जाने लगा। बाद में वह सगुण रूप में राम, कृष्ण, शक्ति रूप में जाने गये। उस ब्रह्म को ही ईश्वर, परमेश्वर, परमात्मा, प्रभु, विश्वात्मा, सर्वशक्तिमान, सर्वव्यापक, कर्ता, विष्णु और शिव आदि नामों से जाना जाता है, वही इन्द्र में, ब्रह्मा में, विष्णु में और रुद्रों में है। वही सर्वप्रथम प्रार्थनीय और जप योग्य है अन्य कोई नहीं। गीता में भगवान कृष्ण कहते हैं–हे पार्थ! यह नियम है कि परमेश्वर के ध्यान के अभ्यासरूप से युक्त, दूसरी ओर न जाने वाले चित्त से निरन्तर चिन्तन करता हुआ मनुष्य परम प्रकाशरूप उस दिव्य पुरुष को अर्थात परमेश्वर को ही प्राप्त होता है।

ईश्वर न तो भगवान है, न देव है, न देवी, न दानव और न ही प्रकृति या उसकी अन्य कोई शक्ति। ईश्वर एक ही है अलग-अलग नहीं। ईश्वर अजन्मा है। जिन्होंने जन्म लिया है और जो मृत्यु को प्राप्त हो गये हैं या फिर अजर-अमर हो गये हैं वे सभी ईश्वर नहीं हैं। वह एक है जिसे लोग इन्द्र, मित्र, वरुण आदि भिन्न-भिन्न नामों से पुकारते हैं। ऋग्वेद (1-164-43)। कठोपनिषद् में कहा गया है कि जो ईश्वर को इहलोक और परलोक में अलग-अलग रूपों में देखता है, वह मृत्यु से मृत्यु को प्राप्त होता है अर्थात उसे बारम्बार जन्म-मरण के चक्र में फँसना पड़ता है। उपनिषदों के अनुसार यह ब्रह्म ही परम तत्त्व है वो ही जगत का सार है, जगत की आत्मा है। वह अस्तित्व का आधार है। उसी से सृष्टि की उत्पत्ति होती है और प्रलय के साथ

समूचा जगत उसी में विलीन हो जाता है। ब्रह्म की पूजा नहीं की जाती है, क्योंकि वो पूजा से परे और अनिर्वचनीय है। उसका ध्यान किया जाता है। प्रणव ॐ (ओम) ब्रह्मवाक्य है, इसकी ध्वनि पूरे ब्रह्माण्ड में गूँज रही है। ध्यान में गहरे उतरने पर यह सुनाई देता है। ब्रह्म शब्द बृह धातु से बना है जिसका अर्थ बढ़ना, फैलना या विस्तृत होना। इस विस्तार के कारण ही संसार का विकास करता है।

इतनी विशद व्याख्या के बाद भी फिर भी ये नाम उस अव्यक्त को स्पर्श नहीं कर पाता है। यही कारण है कि ईशोपनिषद् के चार और पाँच श्लोक में उस परमतत्त्व की बेहतरीन व्याख्या की गयी। ऋषि कहते हैं कि–वह एक है, अचंचल है, किन्तु मन से ज्यादा तेज भागता है। वह स्थिर है लेकिन गतिशील से भी आगे है। देवता उसे प्राप्त नहीं कर पाते हैं। उसी के अनुशीलन में गतिमान वायु जल धारण करते हैं। पुन: वे कहते हैं कि वह कम्पन में है, अकम्पन में भी। वह दूर से भी दूर है। निकट से भी निकट है। वह सबके भीतर है, सबको बाहर से भी आवृत करता है। ऋषियों के हर एक स्वर, मनोभव और अभिव्यक्ति में वही दिखायी पड़ता है। इसके लिए आसक्ति को खत्म करना जरूरी है। निजता की सीमा हटी कि असीमता का संसार हमारे साथ प्रकट हो जाता है।

इसलिए हमारे ग्रन्थों में कहा गया कि यत् ब्रह्माण्डे तत् पिण्डे। यानि जो कुछ ब्रह्माण्ड में है, वही मस्तिष्क (शरीर) में है। मानव अपने को अपूर्ण मानता है लेकिन उसकी क्षमता असीम है। मस्तिष्क इस पिण्ड यानी शरीर का केन्द्र है, जिसकी क्षमता अनन्त है। हमारे शरीर में भी अस्तित्व की तरह अनैच्छिक क्रिया चलती रहती है। पाचन, श्वसन, संचरण और उत्सर्जन के माध्यम से हमारा जीवन विकास और विस्तार करता जाता है, इसमें हमारी भूमिका नगण्य है। ठीक इसी प्रकार इस सृष्टि का भी विस्तार हो रहा है। परमात्मा के लिए सृष्टि है तो हमारी आत्मा के लिए शरीर है। दोनों में एकत्व की भावना है। मेरा अंग-प्रत्यंग मेरा ही विस्तार है। उस प्रकार परमात्मा के लिए समस्त अस्तित्व ही उसका विस्तार है।

ईश्वर की जिज्ञासा से सृष्टि का विकास हुआ तो हमारे संकल्पों से शरीर का विकास होता है। मस्तिष्क के माध्यम से कर्म, ज्ञान और भक्ति योग के माध्यम से हम अपने को उस परमतत्त्व से एकात्म करते हैं। हमारे विचार, हमारी स्मृतियाँ और हमारे संकल्प ही जीवन में हमारे सीमित ब्रह्माण्ड का सृजन करती हैं। इसीलिए हमें आचरण, ज्ञान और पहचान के माध्यम से पिण्ड में ब्रह्माण्ड के दर्शन की सलाह दी जाती है। इसकी अनुभूति और दर्शन तब होता है जब हमारे सर्वोत्तम (ज्ञानेन्द्रियाँ

और कर्मेन्द्रियाँ) क्रिया, सर्वश्रेष्ठ (मस्तिष्क) ज्ञान और उत्कृष्ट (हृदय) भक्ति का संयोजन होता है। श्रीमद्भगवतगीता में कहा गया है कि उस ब्रह्म यानी देवत्व को खोजने के विविध मार्ग है। ध्यान और अन्त:प्रज्ञा से कुछ लोग उस तक पहुँचते हैं, तो ज्ञान के आधार पर तर्क और विश्लेषण से वहाँ जाते हैं। संसार में क्रियाशीलता और गतिशीलता के कर्म से भी वहाँ पहुँचा जाता है, वहीं भक्तिमार्गी उसके साथ अनन्य सम्बन्ध और प्रेम के आधार पर उससे जुड़ जाते हैं।

इसके बावजूद लोग वहाँ तक पहुँच नहीं पाते हैं। इसके कारण की व्याख्या ओशो ने की है। उनका कहना है कि ब्रह्म की छाया है माया। जीव की छाया है अविद्या। ब्रह्म से जीव निकला है। माया से अविद्या। जैसे हम अपनी परछाईं से मुक्त नहीं हो सकते, उसी तरह ब्रह्म माया से और जीव अविद्या से मुक्त नहीं हो सकता। मुक्त होने के दो रास्ते हैं। स्वयं को शून्य कर लो। अपनी पहचान को मिटा दो। या हम इसको पूर्णता में स्वीकार कर लें। बुद्ध और महावीर ने खुद को खत्म किया। अपना अहंकार, अपनी इच्छा, अपनी भूख, अपनी आदतें, अपनी चाहत। सब न्यूनतम पर ले जाते हुए शून्य पर खड़ा कर दिया। अविद्या माया में विलीन हो गयी, जैसे बूँद को महासागर मिल गया। जीव ब्रह्म में लीन हो गया।

दूसरा मार्ग कृष्ण ने अपनाया। उन्होंने सम्पूर्ण को स्वीकार कर लिया। अविद्या से कोई परेशानी नहीं। वे अपनी परिभाषा खुद बनाये, स्वयं उसकी व्याख्या की। उन्हें सब कुछ स्वीकार था। वे जैसा है वैसा से प्रसन्न रहते। लोकलाज, समाज नियम और कायदा कानून कोई उनके लिए बाधा नहीं बना। द्वन्द्व न बचा। इस प्रकार कृष्ण परम ब्रह्म के पर्याय हो गये। राम के जीवन में द्वन्द्व था। चिन्ता थी। लोकलाज था, समाज के कल्याण की चिन्ता थी। सदैव कर्म और चरित्र को सत्त्व से संचालित करने का संकल्प था। इसलिए वो मर्यादा में श्रेष्ठ पुरुष माने गये। वे ब्रह्म लीन न हुए अतएव मर्यादा पुरुषोत्तम बन गये। भारतीय जीवन में परम का मार्ग दो रहा। एक हम स्वयं पूर्ण हो जायें। नहीं तो, शून्य हो जायें। पूर्णता भी वहीं है, शून्यता भी उसका ही स्वरूप है। इसलिए उपनिषद् के ऋचाकारों ने कहा–अहं ब्रह्मास्मि। मैं ही परम हूँ। मेरे अतिरिक्त कुछ नहीं। दूसरा मार्ग में अपने को मिटा देना है। इस यात्रा का भी शिखर परम शून्य है। दोनों मार्ग के शीर्ष पर मौन है।

अस्तित्व के साथ अखण्ड का बोध

इस जगत में हर एक तत्त्व की अपनी ध्वनि है। जीवन के अपने स्वर हैं। नदियों का स्वर कलकल, वृक्ष की सरसराहट, हवा का झोंका, संगीत का घर्षण, व्यक्ति की भाषा है। इसी तर्ज पर सभ्यता के विकास से मानव ने ईश्वर का भी नामकरण कर दिया। विभिन्न नामों से उनको पुकारा गया। ईश्वर के जितने नाम हैं, वह मानव का दिया है। यही नहीं सृष्टि के हर एक तत्त्व, वस्तु और जीव का नाम भी मानव के द्वारा दिया गया। इसलिए हमने ईश्वर का भी एक नाम दिया। लेकिन वह हमारा नाम है, हमारा स्वर है। इसमें अस्तित्व की कोई सुगन्ध नहीं है। इसमें उस परमात्मा की कोई रजामन्दी नहीं है। बस हम मान कर चलते हैं कि वह ईश्वर है। वह राम है। वह ब्रह्म है, अल्लाह है, गॉड है।

सभ्यता के विकास के साथ ऋषियों ने तप और साधना से जाना कि इस अस्तित्व का एक स्वर है। इस स्वर की ध्वनि ओंकार है। यह ऐसी ध्वनि है जो सृष्टि के आरम्भ से गूँज रही है। बिना किसी चोट के। बिना किसी आघात के इसकी ध्वनि निकल रही है। यह अनाहत नाद है। हमारी हर आवाज मिट जाती है, क्योंकि वह चोट से उत्पन्न होती है। वे घर्षण हैं हमारे कण्ठ, तालु, जीभ, दाँत और मुर्द्धा के। घर्षण की अपनी एक समयसीमा होती है। वह मिट जाती है। चाहे समुद्र की लहर हो, जलप्रपात की आवाज हो या किसी भी जीव की। भारतीय मनीषा ने कहा कि ओंकार यानी ओम एक ऐसी ध्वनि है जो पैदा नहीं हुई। यह सृष्टि के जन्म से निकल रही है। यह अस्तित्व के साथ एकाकार है।

भारतीय आत्मसाधना का लक्ष्य इस ओंकार को सुनना है। ध्यान का अर्थ ओंकार के साथ एकाकार होना है। जीवन का अर्थ है अस्तित्व के साथ संयुक्त हो जाना। साधना के बाद कहा गया कि यह अस्तित्व, ध्वनि का ही घनीभूत रूप है और इसकी प्रकृति ओम ध्वनि की तरह है। भारतीय दर्शन में अन्तर्यात्रा के बाद

यह निष्कर्ष निकाला गया। दूसरी ओर पाश्चात्य दर्शन ने बाह्यजगत की यात्रा की। उन्होंने कहा कि सृष्टि पदार्थ का जोड़ है। पदार्थ का निर्माण अणु, परमाणु से हुआ है। परमाणु मूल तत्त्व है, जिसकी प्रकृति विद्युत की तरह है। विज्ञान कहता है पदार्थ और उसका सूक्ष्मतम रूप विद्युत है। योग कहता है चेतना और उसका सूक्ष्मतम रूप ध्वनि है। योग की खोज में ध्वनि चैतन्य है लेकिन विज्ञान में पदार्थ जड़ है और विद्युत भी जड़ है। इस कारण हमने कहा कि ध्वनि का अन्तिम रूप ओंकार है। यह ओंकार ही ओम है, आमीन है। यह विराट है। इसकी विराटता से अंग्रेजी में शब्द बना ओमनीपोटेंट, ओमनीसेंट और ओमनीप्रेजेंट। अस्तित्व में ओम सर्वत्र है, सर्वव्यापक है और सर्वशक्तिशाली है। यह सर्वकाल में है। ओम वह ध्वनि वह विद्युत ही ईश्वर है।

यह ध्वनि हमारे भीतर है। भीतर गुंजायमान है। यह अस्तित्व के साथ अखण्ड रूप से जुड़ी है। यह जब भीतर गूँजती है तो आत्मा है। बाहर लोक-परलोक में गूँजती है तो विराट बन जाती है। जीवन में इस विराट की खोज सभ्यता के शुरुआत से जारी है। अन्दर की यात्रा से सब इस विराट की यात्रा पर जाते हैं। नाम अलग-अलग, रास्ता अलग-अलग। पाथेय एक। अस्तित्व के साथ अखण्ड की यात्रा। सब वहीं पहुँचते हैं। इसलिए भारतीय मनीषा ने कहा कि एक सत्य विप्र बहुधा बदंति। कोई उसे निर्वाण कहा, कोई मुक्ति, कोई कैवल्य, कोई कुछ और। कोई कृष्ण का मार्ग अपनाया, कोई बुद्ध का, कोई ईसा और मूसा का, कोई मुहम्मद का, कोई कबीर और नानक का। यह रास्ते हैं। जितने जीव, उतने हैं रास्ते। हर एक रास्ते के अन्त में वह सदा मौजूद है। हर एक की खोज का तरीका अलग होगा, चाहे जितना पुराने रास्ते का अवलोकन करे। अनुसरण करे। नानकदेव जी का अमूल्य वचन है—एक ओंकार सतनाम। एक वही, एक ओंकार ही सत्य है और वह सत है। वह सत है, यानी वह आज है, कल था, और आने वाले कल में भी रहेगा। बस उसी का अस्तित्व है। बाकी सब कुछ को खत्म हो जाना है। कोई वस्तु हो, ध्वनि हो या नाम हो। वैदिक ऋषियों ने इसी बात को ओम तत् सत् कहा। इसका अर्थ है कि वह भगवान ही जीवन शक्ति का वाहक है। और यह जीवन शक्ति ओम के रूप में पूरी सृष्टि में विद्यमान है। ओंकार का जीव और जीवन में केन्द्रीय भूमिका के कारण ऋषियों ने ऋचाओं की शुरुआत में ओम को जोड़ा। वैदिक ऋचाएँ ओम से शुरू होती हैं, जिसका तात्पर्य है कि हमारा सारा ज्ञान, सारे स्वर और हमारी अनुभूति का आरम्भ ही ओम ध्वनि है। ऋषियों ने ऋचाएँ सुनीं, उन्होंने बोला नहीं। इस कारण वैदिक ग्रन्थ को श्रुति भी कहा गया।

इस आन्तरिक ध्वनि या विद्युत ऊर्जा के कारण ही हम बोल पाते हैं। हम ओम का सहारा लेते हैं, ताकि अस्तित्व के साथ जुड़ सकें। हालाँकि यह सदैव हमारे साथ है। हम श्वास लेते हैं। हम चलते हैं। यह ओंकार की ध्वनि सदैव हमारी अन्दर की गहराई से आ रही है। यह जागने का इशारा है। वह ईश्वर इसके माध्यम से सन्देश देता है कि जागने का समय आ गया है। हम तरकीब खोज कर उस आवाज को ही बन्द कर देते हैं। अन्तरात्मा की आवाज को और उसके सन्देश को कल पर टाल देते हैं। बुद्ध ने भी सात साल तक साधना के बाद अपनी देशना में कहा कि वह सदैव अन्दर बैठा है। हम बाहर भागते हैं। अपने अन्दर उसकी खोज करो। यशोधरा के सवाल पर महात्मा बुद्ध ने यही बात कही कि परमतत्त्व की खोज के लिए घर छोड़ना अनिवार्य नहीं था। हमारे स्वर में हर पल उनकी ही ध्वनि प्रस्फुटित हो रही हैं। लेकिन भीतर इतने शब्द, इतनी ध्वनियों का शोरगुल है कि हमारा मन अन्तर की आवाज सुन ही नहीं पाता है और भटकते रहता है। महात्मा बुद्ध से संबोधि के बाद उनके शिष्यों ने सवाल किया कि आपको आत्मसाक्षात्कार के बाद क्या मिला? उन्होंने कहा कि मिला कुछ नहीं। जो मिला, वह सदैव ही उपस्थित था। वह पहले से ही मिला था। वह हमारे अन्तस में ही है।

आज दुनिया में भाषा का शोर है। शब्द बहुत हैं। किताबें असंख्य हैं। विचार अनगिनत हैं। इसके कारण सब ज्ञानवान बन गये हैं। ज्ञान के इस शोर में हम अपने स्वयं को भूल गये हैं। इस कारण हम सवाल नहीं करते हैं, परन्तु अनुसरण करते हैं। सवाल करते, तो पूछते कि ऋचाओं के साथ ओम क्यों जुड़ा है। सभ्यता के उषा काल में ऋषियों ने हर एक कर्म और शब्द के पूर्व ओंकार को जोड़ दिया ताकि यह एहसास हो कि उस अस्तित्व की ध्वनि से ही जीवन शुरू होता है। जीवन की यात्राएँ आगे बढ़ती हैं। इस जगत में उसके कारण ही सूर्य चमकता है, वायु में श्वास है और आकाश में विस्तार है। यह विस्तार ही उसकी सत्ता का सत्य है। वह सत है। वह आदि और अन्त है।

श्रीकृष्ण गीता में अर्जुन को बताते हैं कि वह वेदों में ओंकार हैं। उस समय तीन वेद थे। ऋग्वेद, सामवेद और यजुर्वेद। ऐसे में वेद के सारे दर्शन, ज्ञान, विचार एक तरफ और भगवान श्रीकृष्ण कहते हैं वेद में केवल ओम। तीन अक्षर में पूरा भारतीय दर्शन का मर्म समाया है। ओम यानी अ, उ और म। ईश्वरीय ऊर्जा जो विद्युत या ध्वनि रूप में है, उसका ओंकार बीज रूप है। इस बीज से ही सारे स्वर, सारी ध्वनियाँ निकलती हैं। इस बीज से वेद निकलते हैं और इस बीज से दर्शन निकलता है। यह सब कुछ है।

आदि और अन्त हैं शिवोऽम

अनादि से जो आरम्भ होता है, वह शिव है। शिव केन्द्र है, वह सत्य है। आरम्भ से अन्त जो जीवन है, वहाँ शिव तत्त्व है। अन्त से अनन्त तक उसी शिव का विस्तार है। शिव रहस्य है, रस है और रचनाकार का मन है। यह मन ही उनकी शक्ति है। शक्ति ही गति है और गति ही जीवन है। शिव स्थिर है, शक्ति भाव है। शिव तप है, शक्ति उसका कर्म है। शिव अबूझ है और शक्ति सत्य है। शिव अरूप है जिस तक जाने का मार्ग रूप का है। वह रूप शक्ति है। शिव को जानने का मार्ग शक्ति है। जिसने संसार को जाना, उसने ही शिव को माना। इसलिए कहा गया कि यह अस्तित्व ही शिवोऽम है।

हर एक चर-चराचर में शिवत्व का वास है। शिव में शुभ है। इस शुभता से सृष्टि में सौन्दर्य और सृजन है। विराट का स्वरूप शिवोऽम है और उसका स्वर ओंकार है। हमारा शरीर, प्रकृति, शक्ति इस अस्तित्व की परिधि है। अन्त:करण, पुरुष और शिव हमारे जीवन-जगत के केन्द्र हैं। जब आनन्द और उत्सव का भाव उमड़ता है तो वह हमारी देह की परिधि पर प्रकट होता है। फिर जीव, जीवन से आच्छादित प्रकृति और पंच तत्त्वों से बने चर-अचर तत्त्वों में यह आनन्द सदैव नृत्य का रूप धारण करता है।

शिव ही ब्रह्म है जिनकी ब्रह्माण्डीय ऊर्जा का फैलाव पूरे विराट में होता है। उनके फैलाव में गति भी संलग्न होती है। ब्रह्माण्डीय ऊर्जा जब पंचतत्त्वों से बने पदार्थ और जीव में अपना वास बनाती है तो वह प्राण ऊर्जा बन जाती है। इस प्रकार से शिव पुरुष रूप में एक है और प्रकृति रूप में अनेक हो जाते हैं। हमारे हृदय का यह स्पन्दन ही आत्मा की गति है। यह स्पन्दन विचार यानी चिन्तन के लिए हमें क्रियाशील बनाता है। इस प्रकार ब्रह्म और आत्मा दोनों एक है। मनुष्य जब अपने से बाहर देखता है तो उसे अनन्त विस्तार दिखता है। हर एक जगह बस शिव दिखते हैं, जिसमें ब्रह्माण्ड और उसके साथ असीम विस्तार मिलता है। जब वह समाधि के माध्यम से अन्दर जाता है, तो वहाँ उसी शिव को ज्योतिर्मय रूप में पाता है।

संसार इस विराट अस्तित्त्व का प्रकट शरीर है और अर्चना का साकार स्वरूप शिव है। गहन अनुभूति में सृष्टि का हर एक चर-अचर तत्त्व, शिव होकर उनके स्वरूप शिवलिंग को अर्घ्य देते हैं। यह शिव वेद में है, वेद के पूर्व भी है। वेद में उनको असीम और सर्वव्यापी बताया गया है। वह रुद्र है, वह सेनापति है, वह नटराज है, वह ज्ञान का उत्स है, वह देवाधिदेव है, नीलकण्ठ है और उनमें ही वायु, अग्नि, जल, सूर्य और पृथ्वी का वास है। शिव और शक्ति में ही भारतीय आत्मा

का वास है। जब हम ब्रह्माण्ड के विशाल आकार को देखते हैं, तो समझ आता है कि मानव जीवन कितना लघु है। शिव इस लघुता को शिखर पर ले जाने का मार्ग दिखाते हैं। गौरी के संग वह गृहस्थ बन जाते हैं। शक्ति जब व्यथित हो जाती है तो शिव से आग्रह करती है कि कोई मन को सांत्वना देनेवाली कथा सुनाएँ। शिव मर्यादा पुरुषोत्तम श्रीराम और माता सीता की कथा सुनाते हैं। इस कथा से शिव जीवन और जगत के सभी आयामों को स्पर्श करते हैं।

शिव को समझना है तो द्वैत के पार जाना होगा। द्वैत का आवरण भ्रम पैदा करता है। इससे हमारी चेतना में सदैव संशय रहेगा। चेतना एक विज्ञान की भाँति कार्य करती है। वह परत-दर-पतर उघारता जाता है, लेकिन परत फिर भी रह ही जाती है। जब देवी आदिदेव से (विज्ञान भैरवतन्त्र) सवाल करती है कि आपका सत्य क्या है? तब शिव अन्तर्धान हो जाते हैं। भारतीय मन शिवलिंग के रूप में उस निराकार को आकार देता है। जगत को सन्देश मिलता है कि सत्य सदैव अरूप होगा, वह अचिंत्य होगा। हमारा सब कुछ सीमित है, अतएव आकार, रूप और रंग में उसको समेटते हैं। उस ब्रह्म की भव्यता को एक रूप देकर उसको शिव नामकरण करते हैं। इस सृष्टि के तत्त्वों, रूपों और आकारों आदि के सर्वोत्तम स्वरूप को शिव के साथ जोड़कर शिवलिंग कहा गया। शिवलिंग जो शिवत्व से परिपूर्ण है, वह आध्यात्मिक और दार्शनिक आधार के रूप में ब्रह्माण्डीय चेतना का साकार प्रतिमूर्ति बन गया। उपनिषद्, देवत्व की विविध धारणाओं और कर्मकाण्ड के सारे विधानों में शिव अगम्य हो गये। ब्रह्मा जिसका अन्त नहीं पा सके और विष्णु जिसके आरम्भ को नहीं जान सके। भारतीय दर्शन का सारा सत्य, ध्यान, विचार, नाम और देवत्व का साकार रूप शिव में समावेशित हो गया।

प्रकृति की गतिशीलता जिज्ञासा और सवाल उत्पन्न करती है। प्रकृति में शाश्वत शिव के साथ जो परिवर्तन की धारा प्रवाहित होती है। जगत में अन्तर्विरोध का परिणाम विषाद है। और विषाद का कारण प्रकृति में प्रवाहित परिवर्तन है, जिसमें हम भटकते रहते हैं। परिवर्तन में स्थित शाश्वत गुण के कारण हम आनन्द पाते प्रकृति में जो परिवर्तन है, वह साकार है और उसका क्षय होता है। जो निराकार है वह शाश्वत है। जगत का सार प्रेम है। वह अदृश्य है लेकिन प्रकृति की धारणशक्ति है। फूलों की गन्ध अदृश्य है, रस भी अदृश्य है। जिसमें आनन्द है, वह अदृश्य है। बाह्य जगत में जो स्थिति प्रकृति की है, वही स्थिति हमारे अन्तर्जगत में स्वभाव की है। स्वभाव भी परिवर्तनशील है। बुद्धि हमारे विचार का केन्द्र है, जो तर्क और जिज्ञासा को जन्म देती है। जिज्ञासा से ज्ञान प्राप्त होता है।

बीज में जैसे वृक्ष को हम देख नहीं सकते। देखना चाहें तो भी यह सम्भव नहीं है। उसी प्रकार शिव को देखने और जानने के लिए बड़ी गहरी आँखें चाहिए। जो बीज में वृक्ष को देख सकते हैं, जो दृश्य में अदृश्य की अनुभूति कर सकते हैं, वही शिव को साकार और निराकार दोनों रूपारूप को जान सकते हैं। शिव को जानना है तो शक्ति को समझना होगा। वृक्ष को जानने के लिए बीज को रोपना होगा। जब शक्ति का प्रकटीकरण होगा, तब शिव साक्षात होंगे। शिव, बीज और वृक्ष है। अस्तित्व में प्रकृति और भौतिक स्वरूप उस शक्ति का साकार स्वरूप है। अब हम प्रकृति पर जितना विजय कर लें। उसको जानने का गर्व मना लें। उस विराट के एक अंश को भी हम नहीं जान पायेंगे। हमारी हर एक उपलब्धि, हमारी हर एक रचना और हमारे हर एक राज का रहस्योद्घाटन उस अस्तित्व को स्पर्श भी नहीं कर पायेगा। उस अस्तित्व के रस, रंग और रूप को हम अपने सृजन कर्म में सदैव महसूस करते हैं, हमारी सृजनात्मकता की प्रक्रिया और उसके शिखर के स्पर्श में ही परमात्मा का प्रकटीकरण है। हर एक दिव्यता में वह स्वयं विराजमान है, अन्यथा कोई खोज, कोई रचना और कोई निर्माण निश्चित ही दिव्य नहीं हो सकता है।

भारतीय चिन्तनशील समाज के प्रतिनिधि के तौर पर शिव के समक्ष शक्ति प्रश्नचिह्न खड़ा करती है। उनके मन में कई सवाल आते हैं। यह विस्मय भरा विश्व क्या है? इसका बीज क्या है? विश्व चक्र की धुरी क्या है? यह जीवन क्या है? मेरे संशय को दूर करें। शिव हर एक सवाल के जवाब में एक विधि बताते हैं। जो परिवर्तनशील है, उसका शाश्वत जवाब क्या हो सकता है ? ऐसे सवाल का जवाब अनेक सवाल को जन्म देता है। परन्तु विधि और अनुभूति से जब शाश्वत ज्ञान का साक्षात् दर्शन होता है, तब कोई संशय नहीं रहता है। शिव सदैव संशय को मिटाते हैं। सती को श्रीराम के परमब्रह्म होने पर संशय होता है। माता जब भगवान राम की परीक्षा लेने का प्रयास करती है, तो शिव इस घटना से अपने को दूर कर लेते हैं। शिव माता को समझाते हैं कि हर एक व्यक्ति अनन्त है और उसमें असीम सागर का वास है। हर एक व्यक्ति में मन रूपी जो असीम सागर है, उसमें विष की उत्पत्ति होती रहती है। दैनिक जीवन में मन रूपी सागर का मन्थन चलता रहता है। इसमें जहाँ शिव तत्त्व का वास है, वहाँ अमृत है। और जहाँ शिव तत्त्व नहीं है, वहाँ विष है।

यह विश्व क्या है? इस विराट जगत में विस्मय सदैव व्याप्त है। इस अस्तित्व में सृजन और उसकी सत्ता का अनवरत खेल जारी है। इस कोलाहल में शिव चराचर में संयुक्त मिलते हैं। जहाँ भी रचना है, रूप है और रस का प्रवाह है, वहाँ शिव है। इस अस्तित्व की गति में, सूर्य-चाँद-तारे की परिक्रमा में और रचना के हर एक

पड़ाव में शिव ही शिव दिखते हैं। वह कर्त्ता हैं, वह भोक्ता हैं, और वही संहारक हैं। सारा आकाश का सत्य शिव है। और शिव में ही समूचा महाकाश समाया है। शिव सदैव विस्मय का बोध कराते हैं। सर्जक ब्रह्मा, श्वसुर दक्ष और पुत्र गणेश के सर को काट कर एक ओर जगत में स्वाभाविक लय को स्थापित करते हैं, सन्देश देते हैं कि संसार की व्यवस्था जरूरी है। और दूसरी ओर महादेव के रूप में कटे सर को जोड़कर अपने दायित्व का निर्वहन करते हैं। देवता अमरता के लिए अमृत के लिए द्वन्द्व करते हैं, जबकि शिव विषपान कर मृत्युंजय बन जाते हैं। वह योगी हैं, लेकिन समाज के लिए गृहस्थ बन जाते हैं। वह असीम हैं, लेकिन जगत के लिए ससीम होना स्वीकार करते हैं। जब विष्णु योगनिद्रा में चले जाते हैं, तब चतुर्मास तक सृष्टि के संचालन का भार संभालते हैं। शिव अनुपम हैं। वह न तो किसी से द्वेष करते हैं, न ही किसी के साथ पक्षपात करते हैं। सबके लिए वे समभाव हैं।

जीवन की यात्रा शिवत्व के शिखर को पाना है। इसके लिए ध्यान है। जब ध्यान में हम जाते हैं तो शिव का आविर्भाव हो जाता है। मन संसार है, मन सृष्टि है और मन ही सृजन है। ध्यान में जाते ही संसार खत्म हो जाता है। ध्यान है मन की मृत्यु। जब कोई प्रतिबिम्ब नहीं बने, तो वह शिवोऽम है। जो ज्ञान हम प्राप्त करते हैं, वह शास्त्र से, परम्परा से और व्यक्ति से लेते हैं। ध्यान अनन्त का द्वार खोलता है। शिव को जीवन में आमन्त्रण सरल है। समूची पृथ्वी पर बस शिवलिंग है। वह हर एक पहाड़, जंगल, नदी, खेत सब जगह है। यह ज्योतिर्मय आकार है। यह अन्तर ज्योति का प्रतीक है। जब हम ध्यान में जाते हैं, तो उस ज्योतिर्मय शिव के साथ हमारी जीवरूपी ज्योति मनुष्य के आसपास की ऊर्जा का चित्र बनाया जाता है। जब शान्त होकर बैठती है तो उसकी ऊर्जा की आकृति अण्डाकार हो जाती है। शिवलिंग ध्यान की आखिर यात्रा का प्रतीक है।

परम चेतना का नाम शक्ति

अस्तित्व की परम चेतना का नाम शक्ति है। वह शक्ति स्वाभाविक रूप में सभी प्राणवान सत्ता में विद्यमान है। अपने अन्दर की अन्त:शक्ति के जागरण के लिए प्रकृति सदैव आमन्त्रण देती है। सौन्दर्य, सुवास और सृजन के माध्यम से प्रकृति अपनी शक्ति को सर्वोत्तम रूप से प्रकट करती है। यह आमन्त्रण सारे भय और सन्ताप से मुक्ति का सन्देश लाती है। परिवर्तन के साथ अन्तर्यात्रा का मार्ग प्रशस्त करती है। सूर्य के उत्तरायण के साथ वसन्त ऋतु में प्रकृति अपनी शक्ति के विविध रूपों में उद्घाटित करती है। वनस्पतियों में हरीतिमा से आच्छादित पत्ते, विविध रंगों

में फूल और सुवास के साथ शक्ति जाग्रत हो जाती है। यह जागरण हर एक तीन माह पर ऋतुकाल की सन्धिबेला में होता है। यह सन्धिबेला ही शक्ति के जागरण का सन्देश भेजती है कि हम परम चेतना का हिस्सा बने। प्राणसत्ता उस विराट में प्रवाहित असीम प्राण ऊर्जा के साथ खुद को जोड़ सके, ऐसा आह्वान किया जाता है।

यह शक्ति ही प्रकृति है। यह परम चेतना का हिस्सा है। यह शक्ति ही शरीर, मन और बुद्धि बनती है। यह शक्ति ही यात्रा है, जागरण है, अन्त:सम्बन्ध है और जीवन है। यह शक्ति आकार रूप में होती है, निराकार भी होती है। प्रकृति का सौन्दर्य उसका साकार गुण है तो उसका सुवास उसका निराकार रूप है। प्रकृति में वनस्पति का दिखना साकार है तो उस वनस्पति का रस और गन्ध निराकार है। इन सबमें परम चेतना की शक्ति का कर्म है, जिसे प्रकृति प्रतिपल प्रकट करती है। सूर्य उगे, अस्त हो। दिन हुआ, रात जाये। ऋतु आये, मास जाये। शक्ति का सृजन इस विराट में जारी रहता है। इस प्रकृति में एक सुसंगत व्यवस्था है, जो शक्ति के कारण है। यह शक्ति ही सत्य है, जो ऋत यानी व्यवस्था का अनुसरण करती है। इस कारण वह देवी है। वह माता है। समूचे विराट का विस्तार उसका ही फैलाव है। ऋग्वेद में ऋषियों ने सर्वप्रथम प्रकृति में, इस अस्तित्व में माँ की अनुभूति का चरमोत्कर्ष है। जल माता है, वन देवी है, अरण्य देवी है, उषा देवी है। यह देवी पूजनीय है, तो उसकी प्रतिरूप ग्राम्य किशोरी भी वन्दनीय हो जाती है। स्त्री तत्त्व माता के साथ ही संसार का सारा ऐश्वर्य आरम्भ होता है। प्रकृति में व्याप्त शक्तियों के विविध आयामों एवं स्वरूपों को देवी रूप में श्रद्धा का भाव चिरन्तन काल से चला आ रहा है। अस्तित्व की सभी रचनाओं के प्रति आदरभाव को श्रद्धा से प्रकट किया गया, तो श्रद्धा भी देवी है। मन संकल्प का केन्द्र है, अतएव मन को ऋग्वेद में मनीषा देवी के रूप में आह्वान किया गया–प्रशुकैतु देवी मनीषा। ऋग्वेद में वाणी देवी है। यह देवी भाव की धारा सर्वव्यापक है।

देवत्व की अवधारणा प्रकृति की शक्ति के साथ जुड़ी है अतएव चेतना के परम स्वरूप का भाव ही दुर्गा बन जाती है। शक्ति का यह भाव प्राणी के अन्दर है, वनस्पति में है और समस्त प्राणवान सत्ता के मन में स्थित है। शक्ति के बिना जीवन मृत्यु के समान है। प्रकृति ही दुर्गा है। वह दो हाथ, बारह, बत्तीस और अनन्त हाथोंवाली है। वह धरती पर है, आकाश में है और समस्त अस्तित्व में उसकी ही चेतना व्याप्त है। शक्ति की उपासना ही जीवन है। यह उपासना केवल मानव नहीं करता है। इसकी साधना प्रकृति की सभी चर-अचर सत्ता करती हैं। इसलिए शक्ति के अनन्त नाम हैं। वह रौद्र रूप में काली है, आशीर्वचन रूप में मंगला है, सृजनरूप

में कुष्मांडा हो जाती है। वह शक्ति प्रजनन के बाद स्कन्धमाता कहलाती है। प्रकृति सुसंगत है, इस कारण वह देवी का प्रतिरूप है। प्रकृति को अपने नियन्त्रण में लेने का प्रयास दक्ष ने यज्ञ के माध्यम से किया, तो शिव ने उस यज्ञ का ही विध्वंस कर दिया। वहीं श्रीराम ने प्रकृति की मर्यादा में जीवन कर्म किया और प्रकृति के सहगामी हो गये तो वह मर्यादा पुरुषोत्तम हो गये। यह शक्ति सदैव पुरुष को सन्देश देती है कि जो स्वाभाविक नहीं है, वहाँ शक्ति का दुरुपयोग होता है। शक्ति का दुरुपयोग ही राक्षसीवृत्ति है। हम ही देव हैं, हम ही असुर भी हैं। अवचेतन मन का सुषुप्तावस्था में रहना असुरपन है, और जागरण ही शक्ति की साधना है। शक्ति के जागरण से धरती के गर्भ से पौधों का अंकुरण होता है। शक्ति ही हमारे अन्दर के तम को हर प्रकाश भरती है। शक्ति के जागरण के लिए और उसके सृजनधर्मी बनने के लिए ही साधना है।

साधना की प्रेरणा के लिए प्रकृति द्वारा संवत्सर में बार-बार प्राणियों को आमन्त्रण दिया जाता है। चैत माह में परम चेतना के पुरुषोत्तम का आविर्भाव होता है। चैत माह में सत्य के साथ शक्ति की यात्रा होती है। आश्विन के विजयदशमी को इसकी सिद्धि होती है, जब तम के प्रतीक रावण पर चैतन्य शक्ति की विजय प्राप्त होती है। प्रकृति की शक्तियों के साथ यात्रा चले, इसलिए ऋतु सन्धि है, उत्सव है और उत्सव के साथ साधना और आराधना है। जो बाहर सूर्य दिखता है, वही हमारे अन्दर हमारे चित्त का प्रकाश है। हमारा अन्दर का भय ही बाह्य जीवन में अन्धकार होता है। इस विराट में जो उठने, गाने, नृत्य और सुवास फैलाने की प्रक्रिया है, उसके साथ सहगामी होने का नवरात्र एक आमन्त्रण है। अपने भीतर की उमंग को बाहर के सुगन्ध के साथ जोड़ा जाये, ताकि सनातन की यात्रा जारी रहे।

प्रकृति हो या जीवन। समस्त प्राणी जगत ही शक्ति केन्द्रित है। शक्ति ही जीवन है और इसका अभाव ही मृत्यु है। नवरात्र इस शक्ति का हमारे जीवन में आरोहण है, जो वर्ष में दो बार ऋतुओं के सन्धिकाल में आती है और प्रकृति के साथ जुड़ने, बढ़ने और गढ़ने का आह्वान करती है। प्राणी ही नहीं प्रकृति भी इस ऋतु काल में खुद को साधना के माध्यम से शक्ति अर्जित करने को संकल्पित होती है। प्रकृति में पुराने पत्ते का झरना और नये पत्तों का आना इसकी शुरुआत है। इसके बाद इन हरे-हरे पत्तों पर फूल के कोंपल आते हैं, फल लगते हैं। यह प्रकृति के शक्ति संचयन का तरीका है। नवरात्र में प्रकृति से सीख लेकर मानव जाति भी शक्ति का आह्वान करते हैं। इसके लिए घट की स्थापना की जाती है। यह घट शरीर का पर्याय है। इस घट में शुद्ध जल को भरते हैं और पुष्प और पत्तों से इसको आच्छादित किया जाता

है। यह प्रकृति को टिकाऊ और समृद्ध बनाने का उपक्रम है, साथ ही भगवती के प्रति विनम्र अभिव्यक्ति से जुड़कर हम अपनी कर्म शक्ति की सार्थकता को व्यापक और सृजनशील बनाते हैं।

सृष्टि में नृत्य

सृष्टि सदैव नृत्य में मग्न है। मानव, पशु-पक्षी, वनस्पति, जीव, और प्रकृति सभी आपस में जुड़े हैं जिसके केन्द्र में ईश्वर है। इस सम्पूर्ण सृष्टि में ईश्वरीय यानी ब्रह्माण्डीय नृत्य चल रहा है। विराट में चारों तरफ परमात्मा का ही नृत्य चल रहा है। इसके हर एक अणु और परमाणु नृत्य में लीन हैं। पृथ्वी अपनी धुरी पर नृत्य रत है, तो धरती, सौरमण्डल की परिधि पर वही नर्तन कर रही है। यह नृत्य का भाव आकाश के मेघ में है, तो हवाओं के उल्लास में है। प्रकृति की लय और गतियों का नर्तन हमारी श्वास क्रिया, हृदय की धड़कन, कोशिकाओं में इलेक्ट्रॉन के चक्कर, ज्वार भाटा और ऋतुओं के परिवर्तन से होकर अनन्त विस्तार में व्यक्त होता है। यह प्रकृति में नृत्य का उत्सव है जिसमें फूल खिल रहे हैं, पक्षी गा रहे हैं और आकाश में सूर्य उगे हैं। यह नर्तन आन्तरिक क्रिया है,जो स्वत: और स्फूर्त इस अस्तित्व में चल रही है।

हर एक तत्त्व के केन्द्र पर उस परम का आनन्द प्रचुरता में प्रवाहित है, जिस कारण हर एक जड़-चेतन अपने देह की परिधि पर भावपूर्ण नर्तन करते हैं। भूमि पर मनुष्य गाते हैं, वनस्पतियाँ नृत्य करती हैं, तो शरीर की सभी कोशिकाओं के अन्त:करण में भी उसी नृत्य की अभिव्यक्ति होती है, जिससे जीवन आकार और विकास करता जाता है। इस नृत्य का द्वैतभाव विशेषता है। नर्तक शरीर है, नृत्य उसका कर्म। दूसरा, शरीर की लघुतम इकाई यानी कोशिकाओं में यह नृत्य परिपूर्ण होता है, जहाँ नर्तक भी नहीं बचता है, केवल नृत्य जारी रहता है। परमाणु के इस स्वरूप में बस नृत्य का अद्वैत ही रह जाता है।

अस्तित्व अनवरत नर्तन कर रहा है। यह उत्सव है। इस नृत्य के उत्सव से जीवन ऊर्जा निकलती है। इसलिए यह ब्रह्माण्ड ही ऊर्जा नर्तन के भाव लीला में ही व्यस्त है। देश और काल के आरम्भ में जब देवता नहीं थे, तब सृष्टि सृजन के ठीक बाद ब्रह्म का सगुण रूप का उद्भव हुआ। यह उसका नृत्य था, जिसके पदाघात से आकाश धूलि के बादल से भर गया, और समूचा अस्तित्व नर्तन के साथ अपने स्वरूप में प्रकट होता गया। सृष्टि कोई ईश्वर का अपने से पृथक सृजन नहीं है, बल्कि परमात्मा सदैव और प्रतिपल इस सृजन प्रक्रिया के साथ मौजूद है। वह है,

इस कारण ही यह नृत्य की लीला चल रही है। उसका नर्तन बाहर और भीतर दोनों जगह जारी है। अन्दर सूक्ष्म रूप में नर्तन कर वह जीवन को विस्तार दे रहा है और बाहर उसको संकुचित कर रहा है।

इस जगत में सबसे पहले महादेव ने नृत्य किया। शिव नर्तकरूप में नृत्य के माध्यम से उस निर्गुण और निराकार का ज्ञान देते हैं। नृत्य ही एक माध्यम है, जहाँ शब्द नहीं, बल्कि भावाभिव्यक्ति पर्याप्त होती है। देवों में शिव ने तब नृत्य करना शुरू किया, जब उन्होंने अपनी असीम सत्ता को जाना। शिव अपनी प्रकृति को नियन्त्रित करने के लिए नृत्य करने लगे और नटराज कहलाये। जब महादेव ने नर्तन आरम्भ किया, तो उन्होंने कई प्रकार की मुद्राएँ धारण कीं। फिर नृत्य के अन्त में वह रुक गये। इस ठहराव की मुद्रा में वेद का परम ज्ञान समाहित था। ज्ञान और दर्शन के जिन शिखर को महादेव ने अपनी मुद्राओं से स्पर्श किया, वह विविध दर्शन, मीमांसा और कर्मयोग व ज्ञानमार्ग से भी सम्भव नहीं हो पाया था।

जगत में जब कोई अपने अन्दर ऊर्जा की बहुलता को अनुभव करता है, तो वह नृत्यरत हो जाता है। ऊर्जा का अतिरेक भाव ही हमेशा नृत्य कराता है और उसकी न्यूनता में व्यक्ति स्थिरता को प्राप्त होता है। ऊर्जा की प्रचुरता से इस सृष्टि का विस्तार हुआ और उसी शक्ति के कारण प्रकृति सदैव नर्तनरत है। संसार में सर्वप्रथम भगवान महादेव ने अपने अन्दर उस ऊर्जा को देखा, अतएव मनुष्य भी अपने अन्त:करण में उस अनन्त ऊर्जा की स्फुलिंग के दर्शन के लिए नृत्य करता है। शिव के लिए नर्तन ही ध्यान है और ध्यान ही उनके जीवन का उत्सव है। हम नृत्य के माध्यम से उस परम ऊर्जा के स्पन्दन को छूने का प्रयास करते हैं। हमारे जीवन में नृत्य का कर्म उस अक्षत ऊर्जा के साथ खुद को एकात्म करने का प्रयास है। जब हम अपने प्राणों में भक्ति का रस भरते हैं, तो जीवन नाचने लगता है। शरीर, मन और बुद्धि के साथ हम कीर्तन करने लगते हैं। यह भजन, यह कीर्तन और यह जीवन का स्पन्दन ही हमें नर्तन का आमन्त्रण देता है।

इस विराट में नृत्य की प्रमुख क्रिया विस्तार और विसर्जन लगातार जारी है। एक क्रिया निखिल ब्रह्माण्ड में चल रही है। दूसरी नृत्य की क्रिया हमारे शरीर के सूक्ष्मतम केन्द्र पर भी जारी है।। यह जीवन का विस्तार है और यही विसर्जन भी। शरीर के भीतर उस करोड़-अरब सूक्ष्मतम केन्द्रों पर जिस दिन यह नृत्य क्रिया रुक जाती है, उसी दिन यह विशाल शरीर भी रुक जाता है। जिस पल इलेक्ट्रॉन उस केन्द्र का चक्कर लगाना रोक देता है, उसी वक्त व्यक्ति भी रुक जाता है। ऊर्जा हर एक जीव में गतिशील है। जीवन से ऊपर पृथ्वी में, चन्द्रमा में और सूर्य में भी यही नर्तन

है। यह हर एक केन्द्र के चहुँओर नृत्य चल रहा है। चन्द्रमा हमारी पृथ्वी का, तो पृथ्वी सहित नौ ग्रह अपने सूर्य का नर्तन करते हैं। सूर्य सहित आकाश के सारे तारे किसी अनन्त विस्तार में स्थित अपने केन्द्र की परिक्रमा करते हैं। यह चक्कर और परिक्रमा का नृत्य निरन्तर जारी है। केन्द्र पर अवस्थित ऊर्जा के चहुँओर इलेक्ट्रॉन की गति है। यह ऊर्जा अपने स्वरूप में शरीर में वही है, जो सूर्य और तारे में है। कहीं ऊर्जा अधिक है तो कहीं कम। शरीर में कम है, चन्द्रमा में यहाँ से ज्यादा है। पृथ्वी पर उससे ज्यादा। हमारे ग्रह में अधिकतम सूर्य में यह ऊर्जा है। अतएव वह देव है।

इस ऊर्जा को ही मनोबल, गुरुत्व बल, आकर्षण, आत्मबल, ईश्वरीय शक्ति विविध नाम से पुकारा जाता है। हर तत्त्व की ऊर्जा अपनी ओर इलेक्ट्रॉन को आकर्षित करती है। इस आकर्षण के कारण ही व्यष्टि से लेकर समष्टि तक हर एक तत्त्व निरन्तर नर्तन कर रहे हैं और उसके साथ हम भी सतत गतिशील हैं। कोई भी एक क्षण के लिए भी कहीं विराम नहीं करता है। अतएव यह सीख मिलती है कि हमको भी जीवन में हमेशा गतिशील रहना चाहिए। यह गति और यह जो नृत्य हमारे जीवन में है, वही सृष्टि में है। जो सृष्टि में हो रहा है, वही हमारे अन्दर भी गतिमान है। इसलिए भारतीय जीवन में जीवन के बाद मृत्यु नहीं है। जीवन के बाद पुनः जीवन है। जीवन का नवीनीकरण है। निरन्तर नर्तन की यात्रा है।

हृदय की धड़कन है संगीत

जीवन में जब हम श्रेष्ठतम संगीत की खोज करेंगे तो वह बाहर नहीं हमारे अन्दर मिलेगी। जो हम खोजते हैं, वह बेसुरा है। जिसको हम गुनगुनाते हैं, वह अधूरा है। अस्तित्व का सर्वोत्तम संगीत हृदय की धड़कन है, जिसे खुद परमात्मा ने लयबद्ध किया है। हृदय के संगीत को समाधिस्थ होकर ही सुना जा सकता है। यह परमात्मा के साथ हमारे अटूट लयबद्धता का स्वर है, जो हमारे अन्तरतम में अवस्थित है जिसे कान और आँखों से देखा या महसूस नहीं किया जा सकता है। उसकी ध्वनि और स्वरूप के साथ हमारा समूचा अस्तित्व लयबद्ध है। इसका विस्तार इस विराट में मनुष्य, पशु-पक्षी, पेड़-पौधे के अलावा सभी चर तथा अचर तत्त्वों में है। हृदय की धड़कन का स्वरूप ज्योतिर्मय है, वही हमारा मूल रूप है। जिस दिन हम अपने माँ के गर्भ में प्रवेश करते हैं, ठीक उसी दिन यह आत्मस्वरूप ज्योतिर्मय अपनी धड़कन के साथ प्रकट होता है और हमारे इस भौतिक शरीर के अवसान तक सुख-दुख, रोग-आरोग्य और जीवन के साथ-साथ चलता है। यह धड़कन स्वतः शुरू होती है। गर्भ में हृदय के बनने के पूर्व ही कोशिकाएँ धड़कने लगती हैं। यह उसका स्वभाव

है, जो अनन्त अस्तित्व के साथ हमारे जीवन के साथ लयबद्धता को दर्शाता है।

अस्तित्व का स्वाभाविक संगीत या नर्तन यानी ऊर्जा से प्रेरित होता है। विख्यात पुस्तक द अल्केमिस्ट में सैंटियागो जीवन भर भटकने के बाद यह खोज करता है कि जीवन की सबसे बड़ी खुशी, सबसे बड़ा धन या उसका अर्थ हमारे अन्दर हृदय में स्थित है। यह इसलिए है कि हृदय के माध्यम से ईश्वर का स्वर प्रकट होता है। वह उसके माध्यम से खुद को प्रतिबिम्बित करता है। हृदय को स्पर्श करने का अर्थ है—उस विराट को छूना, उस असीमित को सीमित करना और विशालतम को लघुतम में परिवर्तित करना है। हमारी पहचान हृदय है। हमारा जीवन उस हृदय की धड़कन है। हमारा आरोहण उस धड़कन के साथ लयबद्ध होना है। हमारा व्यक्तित्व हमारी इन्द्रियों के माध्यम से बनता है, लेकिन हमारा वास्तविक स्वरूप का निर्माण जो शाश्वत होता है, वह हृदय के माध्यम से होता है। इसी कारण जब हम शान्तचित भाव से अपने अन्दर की आवाज को सुनते हैं तो हम अपने सच्चे स्वरूप को जान पाते हैं कि हम कौन हैं? हमको क्या करना है? हमारी ऊर्ध्व चेतना हमको सदैव यह बोध कराती है।

इस अस्तित्व में जो अव्यक्त को व्यक्त कर दे वह शब्द है। जो व्यक्त में ऊर्जा और चेतना का संचार कर दे वह नाद और जो चेतन में भाव और भावना भर कर सृष्टि को चेतना की पराकाष्ठा तक पहुँचा दे, वह संगीत है। संगीत का वही विशुद्धतम झंकार हमारे हृदय की धड़कन में होता है। उसके साथ एक बार हम एकाकार हो गये, तो पूरे विराट के साथ हम एकात्म हो जाते हैं। अन्तरतम में अनवरत चल रहे संगीत को बुद्धि, ज्ञान या कर्म के आधार पर नहीं सुना जा सकता है। हृदय के इस सुन्दरतम गान और नर्तन के लिए कोई कर्म या शिक्षा की नहीं प्रेम की आवश्यकता है। समाधिस्थ हृदय से जब प्रेम का आरोहण होता है, तो जीवन का वह नाद सुनाई देता है। वह संगीत जो अस्तित्व के साथ अनन्त काल से गुंजायमान है। हृदय की उस धड़कन के साथ एक बार हम लयबद्ध हो गये तो समूचे अस्तित्व में शाश्वत संगीत ही सुनाई देगा। हवाओं के झोंकों में, पत्तों की सरसराहट में, नदी के बहने में, रात के सन्नाटे में, नीरवता में, कोलाहल में। हर तरफ वही जीवन के स्पन्दन के स्वर सुनाई देंगे। हृदय की प्रतिध्वनि के साथ ही यहाँ समूचा जगत ही संगीतमय हो जायेगा। उस शाश्वत संगीत की स्वर लहरी में हृदय के माध्यम से हम चेतना का आरोहण उच्चतम शिखर तक कर सकते हैं। यह वह द्वार है, जो एक ओर अस्तित्व की धड़कन से तो दूसरी ओर हमारी चेतना की असीम शक्ति से जुड़ा होता

है। जिसके जागरण से व्यक्ति बुद्धत्व को प्राप्त हो जाता है।

चेतना के आरोहण के कारण मनुष्य इस सृष्टि के केन्द्र में है और हमारा केन्द्र हृदय की धड़कन पर घनीभूत है। जितना हम अपने केन्द्र से पलायन करते हैं, उतना हम कम सीखते हैं और ज्यादा उलझन में पड़ते हैं। हम हृदय के सबसे नजदीक हैं, लेकिन बिरले ही उसको सुनते हैं। जब हम अपने केन्द्र से फूटते स्वर को नहीं सुन सकते हैं, उसके नर्तन को महसूस नहीं कर सकते हैं, तो इस विराट में सूर्य, तारे और नक्षत्र से आते स्वर और नर्तन को सुनना असम्भव ही है। हृदय हमारे जीवन का स्रोत है, उससे सम्बन्ध होने का अर्थ कि जीवन को श्रद्धा, प्रेम और आशा से परिपूर्ण बनाना है।

जब हम उस हृदय की धड़कन को सुनते हैं, हम असीम विराट ही बन जाते हैं। हृदय की प्रतिक्रिया दिमाग से पहले होती है, केवल हृदय ही मनुष्य को अन्तर्ज्ञान के माध्यम से उसके मूलस्वरूप यानी आत्मा तक ले जाता है। लेकिन मनुष्य अपने हृदय की प्रतिध्वनि को ही अपने जीवन के सारे क्रियाकलापों में सुनना नहीं चाहता है, वह हृदय की धड़कन के स्वर को सुनता नहीं है, उसके नर्तन को महसूस नहीं करता है और जीवनभर भागता फिरता है। हमारी दौड़-धूप की प्रवृत्ति के कारण ही हमारे जीवन में उलझन है। हमारा सारा जीवन उत्सव है। सूर्य के साथ सुबह से शाम तक यह उत्सव चलता है। यही उत्सव का आनन्द चहुँओर प्रकृति में, वनस्पति में, चराचर जगत में जारी है। यह शाश्वत उत्सव बताता है कि जीवन के परम केन्द्र पर सब संयुक्त है और वहाँ एक ही लय, एक ही स्वर और एक ही संगीत चल रहा है।

जीवन में हृदय की धड़कन को सुनना एक अहम चरण है। उसके स्वर को सुनने के क्रम में एक ऐसा समय आता है, जब महसूस होता है कि यह दो अन्तराल को भरने का माध्यम है। यह शून्य को पूर्ण बना रहा है। अन्त में धड़कन ही रहता है और व्यक्ति शून्य में खो जाता है। तब इस समूचे अस्तित्व में वह परमात्मा ही दिखाई देता है। उस पल में न मनुष्य रहता है, न वृक्ष और न ही कोई जीव और अचर सत्ता। बस केवल उस परमात्मा का नर्तन और उसकी ऊर्जा का स्वर ही सुनाई पड़ता है। वैज्ञानिक भी मानते हैं कि यह सृष्टि केवल ऊर्जा का प्रकटीकरण है। ब्रह्माण्ड के निर्माण में तीन चीजों की जरूरत होती है। पहला पदार्थ, जिसका द्रव्यमान हो। यह पदार्थ अन्तरिक्ष में सब ओर है। धूल-कण से लेकर बर्फ, गैस बादल आदि। यह सब द्रव्यमान है। दूसरी चीज ऊर्जा की जरूरत होती है। और तीसरी चीज है अन्तरिक्ष। आइंस्टाइन का कहना है कि पदार्थ और ऊर्जा एक ही चीज हैं। यानी, इस अस्तित्व में बस ऊर्जा तरंग ही है और सृष्टि की यात्रा के अन्तिम

सोपान पर उस शाश्वत संगीत को सुनने के साथ ही समूची सृष्टि और इसके अवयव भी संगीतमय हो जाते हैं।

नटराज संग नृत्यरस

अस्तित्व की लयबद्धता मनोहारी है। इसमें अखण्ड रास चल रहा है। यह विराट नृत्य का अनुष्ठान है। नटराज ही इसके सर्जक हैं। वह नृत्य में मग्न हैं। उस नृत्यरस में ही ब्रह्माण्ड का विस्तार है। सूर्य, चन्द्र और तारों का सन्तुलन है। पृथ्वी का सृजन है। हम सब इस नृत्य में भागीदार हैं। जगत के इस नर्तन की धारा विस्मय से भरी पड़ी है। वृक्ष में सौन्दर्य है, पक्षियों में कलरव है, सूर्य में ताप है, चन्द्र में मधु का वास है। प्रकृति में अन्त:संगीत है। नृत्य का अनवरत अनुष्ठान हमारे जीवन को गतिमान रखता है। ऋषियों ने अपनी अनुभूति में पाया कि समूचे जगत में लयबद्धता है। उन्होंने इसे ऋत यानी एक-दूसरे में लयबद्ध कहा। इसकी लयबद्धता ही प्रकृति का विधान है। वैदिक ऋत की अन्तर्ध्वनी में ओम का सस्वर है। यह परम ध्वनि है। यह अस्तित्व का संगीत है।

ऋग्वेद कहता है कि जब सृष्टि का आरम्भ हुआ, तब तप से ऋत और सत्य का उद्भव होता है। सत्य और ऋत एक ही तत्त्व के दो रूप हैं। दोनों एक दूसरे के पूरक हैं। ऋत जहाँ सनातन गतिमान नियम है, वहीं सत्य को सत्त की अनुभूति बताया गया है। सत्त का तात्पर्य यह पूरा जगत है। जहाँ गति और प्रवाह नहीं, वह सत्य नहीं हो सकता है। और जो सत्य नहीं है, वहाँ ऋत की सम्भावना नहीं है। अतएव दोनों के लिए खुद को तपाना पड़ता है। सृष्टि का लयबद्ध नृत्य ही उसका तपना है। इस तप से ही संगीत, नृत्य और रास नि:सृत होता है।

सारा जीवन नाच रहा है। सूर्य और चन्द्र के नृत्य से दिन-रात होता है। नृत्य के कारण नदियाँ गतिमान हैं। ठहरा पानी सरोवर होता है, बहता पानी सागर में जा मिलता है। यह नृत्य उस परम के साथ जुड़ने का कर्मकाण्ड है। चन्द्रमा का उगना-घटना और घटकर अमावस्या हो जाने में एक नृत्य है। यही नृत्य जब प्रगाढ़ होता है, तो वही चन्द्र बड़ा होकर पूर्णिमा बन जाता है। प्रकृति में जो सात रंग हैं, उसे लोक में इन्द्रधनुष तथा जो सात ध्वनियाँ हैं, उसे ही सात स्वर कहते है। आकाश में सात ऋषि इस जगत के सभी सातों आयाम के साथ लोक को आनन्द से भरते हैं। प्रकृति नृत्य से भरी है। प्रकृति का नृत्यम स्वरूप का भाव रंग और स्वर से प्राचीन है। प्रकृति का यही मधु प्रसाद अखण्ड और अनवरत है, जो लोक में मधुरस को भरता है। सूर्य उगते हैं, अस्त होते हैं। इससे मास आते हैं और जाते हैं। संवत्सर,

युग और मन्वन्तर आते हैं। काल अपनी गति से देश में उत्सव का संचार करता है।

जगत की प्रकृति सतचितानन्द है। वह नृत्य में मग्न है। यह नृत्य श्रीकृष्य के रास में है तो शिव के ताण्डव में है। तुलसीदास भी लिखते हैं कि सबहिं नचावत राम गोसाई। अस्तित्व का आमन्त्रण है लयबद्धता। नृत्योत्सव। शरीर भी परिधि पर स्थिर है, लेकिन भीतर केन्द्र पर नृत्य चल रहा है। यह नृत्य न हो, तो जीवन न हो। गीता प्रबोधन में श्रीकृष्ण ने अर्जुन को बताया कि ईश्वर सबके हृदय में बैठा है और वह सबको नचाता है। अध्यात्म का भौतिक रूप नृत्य है, लेकिन वही नृत्य जब आनन्द के चरम पर पहुँच जाता है तो नृत्य और नर्तक का अन्तर खत्म हो जाता है। यहाँ ब्रह्म और माया का रूपारूप खत्म हो जाता है। द्वैत का भाव अद्वैत में बदल जाता है। देशकाल की सीमा खत्म हो जाती है, जब नर्तक ही नृत्य बन जाता है।

माता पृथ्वी पिता आकाश का चक्कर लगाती है। वह सम्पूर्ण रस और लय में नाचते हुए सूर्य का परिभ्रमण करती है। प्रीति ऐसी कि उसकी गति में कोई अन्तर नहीं आता। पृथ्वी की इस प्रीति का उत्तर आकाश भी देता है। आकाश से ऋतुएं नाचते हुए आती हैं। वर्षा ऋतु इसका उत्तम उदाहरण है। बादल कभी नाचते हुए, कभी गाते हुए। कभी तीव्र, कभी मद्धम। हमारे मन को वर्षा नृत्यमय बनाती है। शरद के साथ तो मधुरास है। लोक अस्तित्व का अनुसरण करता है। ऋग्वेद इस सृष्टि नृत्य का वर्णन करता है कि हे देव आप नाचो और आकाश धूलि के बादलों से आच्छादित हो गया। यह सृष्टि सृजन का मंगल मुहूर्त है। देवों के नर्तन से तीव्र रेणु प्रकट हुए (ऋ. 10.70.06) जब देव नाचते हैं तो लोक के अधिष्ठाता शिव नृत्य का निमन्त्रण देते हैं और समूचा लोक नटराज के साथ नृत्य में लीन हो जाता है। शिव के साथ लोक भी नृत्य की ओर बढ़ता है तो कृष्ण के साथ नृत्य में रास का समावेश होता है। यह रास और रस का संयोजन है।

लोक से यह नृत्य आगे बढ़ता है और यह हमारी परम्परा और उत्सव का अंग बन जाता है। यह हमारे कर्म, धर्म, अर्थ और मोक्ष का अनुष्ठान बन सदैव ही हमारी लोकरीति को प्रीति, रस और ऊर्जा से जोड़ता है। यह रस, प्रेम और ऊर्जा का घनीभूत रूप छन्द है जो हमारे व्यवसाय, कृषि, वाणिज्य, कला, संस्कृति में भी समावेशित होकर उसमें उत्सव और अध्यात्म का मूल्यबोध कराता है। सृष्टि सृजन से चल नृत्य की अनवरत यात्रा दिक्काल से होकर लोक, फिर लोक से जन और उसके जीवन को अनुप्राणित करती है। यह नृत्य जीवन के बाद भी अव्यक्त रूप में जारी रहता है, ताकि वह व्यक्त हो सके।

नटराज स्वरूप में भगवान शिव को ब्रह्माण्ड के भीतर सभी प्रकार की गति

के स्रोत के रूप में दिखाया गया है और प्रलय के दिन को नृत्य, ज्वाला के मेहराब द्वारा दर्शाया गया है, ये ब्रह्माण्ड के विघटन को सन्दर्भित करते हैं। ज्यादातर लोग ताण्डव नृत्य को शिव के उग्र रूप से जोड़कर देखते हैं, जबकि ऐसा नहीं है। शिव ताण्डव के भी दो प्रकार हैं। पहला है ताण्डव नृत्य। इसमें शिव का यह रूप रुद्र कहलाता है। जबकि दूसरा है आनन्द-ताण्डव। शिव का ये रूप नटराज कहलाता है। रुद्र रूप में शिव समूचे ब्रह्माण्ड के संहारक बन जाते हैं। नटराज शिव की प्रसिद्ध प्राचीन मूर्ति की चार भुजाएँ हैं। उनके चारों ओर अग्नि का घेरा है। अपने एक पाँव से शिव ने एक बौने को दबा रखा है। दूसरा पाँव नृत्य मुद्रा में ऊपर की ओर उठा हुआ है। शिव अपने दाहिने हाथ में डमरू पकड़े हुए हैं। डमरू की ध्वनि यहाँ सृजन का प्रतीक है। ऊपर की ओर उठे उनके दूसरे हाथ में अग्नि है। यहाँ अग्नि विनाश का प्रतीक है। इसका अर्थ यह है कि शिव ही एक हाथ से सृजन और दूसरे से विनाश करते हैं। शिव का तीसरा दाहिना हाथ अभय मुद्रा में उठा हुआ है। उनका चौथा बायाँ हाथ उनके उठे हुए पाँव की ओर इशारा करता है, इसका अर्थ यह भी है कि शिव के चरणों में ही मोक्ष है। शिव के पैर के नीचे दबा बौना दानव अज्ञान का प्रतीक है, जो कि शिव द्वारा नष्ट किया जाता है।

सृष्टि की स्तुति का शान्तिपाठ

सनातन की चेतना का शिखर कहाँ है? यह अगर कोई पूछे तब हम शान्ति पाठ की ओर इंगित कर सकते हैं। अज्ञान से आलोक की यात्रा के लिए सृष्टि से जुड़ना एक माध्यम होता है। भारतीय सभ्यता का यह शीर्ष है, जहाँ से अस्तित्व खुद अपने को अभिव्यक्त करता है। यह भारतीय आत्मा की ऊँचाई को नापने का माध्यम है। ऊँचाई का एक स्तम्भ है, जहाँ पर जीव, अजीव, प्राणी, वनस्पति, जड़ और चेतन सभी आध्यात्मिकता और प्राणऊर्जा के प्रकाश में अहर्निश रहने की आशा करते हैं। परम चेतना को अभिव्यक्त करने के लिए एक स्वर चाहिए। उस स्वर को गाने के लिए एक शरीर चाहिए। एक देह बैठकर पूर्ण में और निराकार के साथ संवाद करता है। यह संवाद स्तुति पाठ से होता है जिसमें अस्तित्व की स्तुति गायी जाती है। भारतीय वाङ्मय की हर एक पुस्तक वेद हो, उपनिषद् हो, रामायण हो या महाभारत। इसके अध्याय का जब प्रारम्भ होता है, तो वहाँ शान्तिपाठ मिलता है, जिसमें जगत के लिए प्रार्थना है। सृष्टि की व्यवस्था की स्तुति है।

हमारी प्रार्थनाओं की विशेषता उसकी समष्टि भावना है। इसलिए ये प्रार्थनाएँ

प्राय: बहुवचनों में होती हैं। यजुर्वेद (30.3) में कहा गया कि हे देव संवित! हमारे लिए जो सच्चा कल्याण है, वह हम सबको प्राप्त कराइये। ऋग्वेद के ऋषि इससे भी उदात्त भाव में वन्दन करते हैं कि (10.191.2) हे मनुष्यो ! जैसे सनातन से विद्यमान, दिव्य शक्तियों से सम्पन्न सूर्य, चन्द्र, वायु, अग्नि आदि देव परस्पर अविरोध भाव से अपने-अपने कार्य को करते हैं, ऐसे ही तुम भी समष्टि भावना से एक साथ कार्यों में लग जाओ, एकमत होकर रहो और आपस में सद्भाव बरतो। ऋग्वेद के सूक्तों में दिग्गिन्तव्यापी मधुरस की कामना है। उसमें कहा गया है कि वायु का प्रवाह मधुर हो। नदियाँ मधुर हों। औषधियाँ मधुर हों। दिव्यलोक मधुर हों। पृथ्वी के रजकण मधुर हों। दिन और रात मधु हों। वनस्पतियाँ मधुर हों। मधु, मंगल और मधुरता की कामना ही भारतीय सभ्यता का आदर्श रहा है। दर्शन का लक्ष्य केवल सृष्टि के सत्य को जानना नहीं, बल्कि इस जगत में मधुरस को प्रवाहित कराना रहा। संसार को मंगलभवन, अमंगलहारी करने के लिए सदैव स्तुति की गयी।

हमारी प्रार्थनाओं का क्षेत्र विशाल और वृहद है। यजुर्वेद (36.17) में कहा गया है–ॐ द्यौ शान्तिरन्तरिक्ष: शान्ति, पृथ्वी शान्तिराप: शान्तिरोषधय: शान्ति:। वनस्पतय: शान्तिर्विश्वे देवा: शान्ति। ब्रह्म शान्ति:, सर्व शान्ति:, शान्तिरेव शान्ति:, सा मा शान्तिरेधि॥ ॐ शान्ति: शान्ति: शान्ति:॥ अर्थात् द्युलोक शान्तिदायक हों, अन्तरिक्ष लोक शान्तिदायक हों, पृथ्वीलोक शान्तिदायक हों। जल, औषधियाँ और वनस्पतियाँ शान्तिदायक हों। सभी देवता, सृष्टि की सभी शक्तियाँ शान्तिदायक हों। ब्रह्म अर्थात् महान परमेश्वर हमें शान्ति प्रदान करने वाले हों। उनका दिया हुआ ज्ञान, वेद शान्ति देने वाले हों। सम्पूर्ण चराचर जगत शान्ति पूर्ण हों अर्थात सब जगह शान्ति ही शान्ति हो। ऐसी शान्ति मुझे प्राप्त हो और वह सदा बढ़ती ही रहे। अभिप्राय यह है कि सृष्टि का कण-कण हमें शान्ति प्रदान करने वाला हो। समस्त पर्यावरण ही सुखद व शान्तिप्रद हो। इनसे अधिक सार्वभौम और सार्वकालिक प्रार्थनाएँ क्या हो सकती हैं?

ऋग्वैदिक ऋषियों ने तो देवताओं की परिकल्पना में समूचे अस्तित्व को ही इस देवत्व की परिधि में समेट लिया। विशालतम से लघुतम को देव शृंखला का अवयव बना दिया। प्रार्थनाओं में केवल द्यावा, पृथिवी और अन्तरिक्ष से मन नहीं भरा, तो दार्शनिक ऋषियों ने इससे परे स्व: और अन्य लोक को भी देवलोक में मान लिया। ऋग्वेद के ऋषि ने कहा कि–येन द्यौरुग्रा पृथिवी च दृव्हा, येन स्व: स्तभितं येन नाक:।

यो अन्तरिक्षे रजसो विमान: कस्मै देवाय हविषा विधेम। ऋग्वेद (10.121.5)।

यानी, जिस दैवी शक्ति ने इस विशाल द्युलोक को, इस पृथिवी को, स्वर्गलोक और नरकलोक को अपने-अपने स्वरूप में स्थिर कर रखा है। और जो अन्तरिक्ष लोक में भी व्याप्त हो रही है। उसको छोड़कर हम किस देवी और देवता की पूजा करें? यानी हमें उसी महाशक्तिरूपी देवता की आराधना करनी चाहिए। भारतीय जीवन की सबसे बड़ी विशेषता उसकी व्यापक दृष्टि है। जीवन की सभी परिस्थितियों में मानव सफलतापूर्वक अपना बेहतर विकास करे और अपने जीवन को लक्ष्य प्रदान करे।

इसी प्रकार स्वस्तिवाचन मन्त्र है। इसमें हृदय और मन मिल जाते हैं तो स्वस्ति मन्त्र का पाठ करने की क्रिया स्वस्तिवाचन कहलाती है। ॐ स्वस्ति न इन्द्रो वृद्धश्रवाः। स्वस्ति नः पूषा विश्ववेदाः। स्वस्ति नस्ताक्ष्र्यो अरिष्टनेमिः। स्वस्ति नो बृहस्पतिर्दधातु ॥ ॐ शान्तिः शान्तिः शान्तिः ॥ महती कीर्ति वाले ऐश्वर्यशाली इन्द्र हमारा कल्याण करें, जिसको संसार का विज्ञान और जिसका सब पदार्थों में स्मरण है, सबके पोषणकर्ता वे पूषा (सूर्य) हमारा कल्याण करें। भारत की यह प्राचीन परम्परा रही है कि जब कभी भी हम कोई कार्य प्रारम्भ करते हैं, तो उस समय मंगल की कामना करते हैं। आ नो भद्राः क्रतवो यन्तु विश्वतोऽदब्धासो अपरीतास उद्भिदः। देवा नोयथा सदमिद् वृधे असन्नप्रायुवो रक्षितारो दिवेदिवे॥ अर्थात् हमारे पास चारों ओर से ऐसे कल्याणकारी विचार आते रहें जो किसी से न दबें, उन्हें कहीं से बाधित न किया जा सके एवं अज्ञात विषयों को प्रकट करने वाले हों। प्रगति को न रोकने वाले और सदैव रक्षा में तत्पर देवता प्रतिदिन हमारी वृद्धि के लिए तत्पर रहें।

केवल प्रार्थना, स्तुति के माध्यम से पृथिवी या द्यावा या अन्तरिक्ष का गुणगान नहीं किया गया बल्कि इनमें देवत्व के कारणों का भी तात्विक विश्लेषण किया गया। अथर्ववेद के पृथिवी सूक्त में पृथिवी सूक्त का स्तवन कर धरती के मातृत्व भाव को प्रकट किया गया। यस्याः हृदयं परमे व्योमन् सत्येनावृतममृतं पृथिव्याः।।8।। अर्थात् पृथिवी का हृदय परम व्योम में स्थित है यह हृदय सत्य से घिरा हुआ अमृतरूप है। विश्वंभरा वसुधानी प्रतिष्ठा, हिरण्यवक्षा जगतो निवेशिनी।।2।। अर्थात् हे मातृभूमि! तुम विश्व का भरण करनेवाली हो, रत्नों की खान हो, हिरण्य से परिपूर्ण हो। यत्ते मध्यं पृथिवी यच्च नभ्यं यास्त ऊर्जस्तंवः संबभूवुः। तासु नो धेहि अभि न पवसव, माता भूमिः पुत्रो अहं पृथिव्या।।2।। अर्थात् हे पृथिवी, तुम्हारे शरीर से निकलनेवाली जो शक्तियों की धाराएँ हैं, उनके साथ हमें संयुक्त करो। यह भूमि मेरी माता है और मैं इसका पुत्र हूँ।

शान्तिपाठ का उल्लेख उपनिषद् में विशेष सन्दर्भ में किया गया है। वृहदारण्यक

उपनिषद् में चेतना की व्याख्या की गयी हे जिसमें कहा गया है कि पूर्ण मदः पूर्णमिदम्, पूर्णतः पूर्णमुदच्यते... यानी ओम वह अनन्त है और यह सृष्टि भी अनन्त है। अनन्त से अनन्त की प्राप्ति होती है। तैत्तिरीय उपनिषद् और श्वेताश्वर उपनिषद् में ओम सह नाववतु। सह ना भुनक्तु... है। इसमें भगवान से प्रार्थना की गयी है वह हम दोनों की रक्षा करे, हम दोनों को एक साथ रखे और हम बड़ी ऊर्जा के साथ मिलकर काम करें। ऐतरेय उपनिषद् में वाणी को मन के अनुरूप होने तथा मन को वाणी पर आधारित होने की प्रार्थना है। इसमें कहा गया है कि हे स्वयंभू, अपने आप को मेरे सामने प्रकट करो। मुंडक, मांडुक्य और प्रश्न उपनिषद् में कहा गया है कि हे देवताओ हम कानों से शुभ वचन सुनें। हमारी आँखें शुभ वस्तुओं को देखें। इस प्रकार शान्ति पाठ के माध्यम से भौतिक, दैवी और आन्तरिक जगत को शुभता, सात्विकता और जीवन्तता से परिपूर्ण करने की प्रार्थना की गयी है।

परमात्मा की प्राणवायु

परमात्मा से निकलेवाली किसी भी वस्तु में परमात्मा के मूलभूत गुण होते हैं। प्राण रूप में क्रियाशील शक्ति वह परमतत्त्व है, जो जड़-चेतन, ससीम और असीम में अव्यक्त रूप से वास करती है। यह प्राणवायु ही सजीव के जीवन और निर्जीव के परिवर्तन का आधार है। परमात्मा की प्राणशक्ति ही प्रज्ञावान स्पन्दन के रूप में विश्व की रचना तथा मार्गदर्शन करती है। अस्तित्व की हर एक वस्तु में जो स्पन्दन है, वह उस प्राणवायु के कारण है, जो परमात्मा से निःसृत है। ब्रह्माण्डीय लय में सन्तुलन और उसमें प्रज्ञावान स्पन्दन इस समूचे अस्तित्व को प्रकट करता है। सूर्य के तेज, तारों की चमक और पृथ्वी के गुरुत्व का कारण परमतत्त्व की प्राणशक्ति है। उसी प्रकार हमारे विचारों, हमारे शरीर की कोशिकाओं को बांधे रखने वाले तत्त्व का नाम प्राणवायु है। यह परमात्मा की क्रियाशील प्राणवायु ही प्रकृति, और पुरुष तथा उसके बीच जीवन का मुख्य आधार है। उसके बिना जीव और समस्त जगत का सन्तुलन खत्म होने लगता है।

परमब्रह्म रूपी परमात्मा ने इस स्पन्दनशील जगत को पहली बार रचा, तो अभिव्यक्ति का पहला स्पन्दन (प्राणवायु) था। यह विचार का स्पन्दन था। फिर इस प्राणशक्ति से ऊर्जा के विविध स्वरूप प्रकट हुए। प्रकाश, ध्वनि, ताप, तरलता उसी प्राणशक्ति की अभिव्यक्ति थी, तो द्रव्यमान रूप में वह प्राण ही अस्तित्व में गोचर प्रकृति, व्यक्त जगत और पंचभूत रूपी जीवों में खुद को प्रकट किया। पश्चिमी वैज्ञानिक कार्ल सगान ने 'कास्मोस' में लिखा है कि दस से बीस अरब साल पूर्व

'बिग बैंग' यानी महाविस्फोट से इस सृष्टि की शुरुआत हुई। इस समय विश्व की जितनी ऊर्जा है, जितना भूत है, वह चरम घनत्व की दशा में एक गणितीय बिन्दु पर केन्द्रित था। यानी समूचे विश्व की सारी ऊर्जा, सारा पदार्थ, सूर्य, तारे और नीहारिका सहित पूरा ब्रह्माण्ड एक बिन्दु के भीतर घनीभूत था। (पृ. 200-01)। इस बात को भारतीय ऋषियों ने कहा–जो पिण्ड में है, वही ब्रह्माण्ड में है। वह पिण्ड कैसा था, जिसमें समस्त चीजें घनीभूत थीं। कार्ल सागन कहते हैं कि उस विराट बिन्दु की न लम्बाई, न चौड़ाई, न ऊँचाई और न ही परिधि या केन्द्र है। वह एक 'कॉस्मिक एग' है जिसे भारतीय परम्परा ब्रह्माण्ड यानी ब्रह्म का अण्ड कहा है। वह एक ब्रह्म बहु हो गया, लेकिन परमपुरुष का अंश 'मन, प्राण और भूत' रूप में अस्तित्व के सारे तत्त्वों के साथ रहता है। अब ये बहु सदैव "वह" यानी परम पुरुष को प्राप्त करना चाहता है। इसे प्राप्त करने का तरीका है, 'कॉस्मिक एग' यानी हिरण्यगर्भ या ब्रह्म से एकात्म हो जाये।

परमात्मा अपने सृजनकर्म रूप में स्पन्दनशील प्राण है। यह प्राण स्वयं ही परमब्रह्म है, अव्यक्त है और परिपूर्ण है। जिस प्रकार ब्रह्माण्डीय स्पन्दन जगत की रचना करता है, उसी प्रकार स्पन्दनशील प्राण इस भौतिक शरीर की रचना करता है। एक को परमात्मा तो दूसरे को आत्मा कहते हैं। लेकिन दोनों में स्पन्दशील प्राणवायु समान कारक है, जो सभी प्रकार के व्यक्त स्वरूपों के लिए क्रियाशील होता है। यदि हम अपनी चेतना का विस्तार कर लें तो ब्रह्माण्डीय स्पन्दन को सुन सकते हैं, जो परमतत्त्व से निःसृत हो रहा है। प्राणशक्ति शरीर के सभी संवेदक तथा संवाहक नाड़ियों एवं कोशिकाओं में विद्यमान होती है। इसे महसूस किया जा सकता है। यह स्पन्दन सभी भौतिक पदार्थ में होता है। सारी सृष्टि परमात्मा की प्राणवायु से स्पन्दित हो रही है। सभी स्पन्दन की एक ध्वनि है। ब्रह्माण्डीय स्पन्दन न केवल हमारी इन्द्रियों से सुनने वाली ध्वनि को उत्पन्न करता है, बल्कि इन ध्वनि और तत्त्वों में अन्तर्निहित ध्वनि को भी उद्भासित करता है, जिसे केवल अन्तर्ज्ञान द्वारा ही सुना जा सकता है। जब व्यक्ति की चेतना सभी भौतिक ध्वनियों और सूक्ष्म ध्वनियों से अपने को अलग कर लेती है, तो वह ब्रह्माण्डीय ध्वनि सुनाई पड़ती है।

प्राण से जीवन है, प्राण से प्राणी है। प्राण दिखायी नहीं देता है। परन्तु उसका अस्तित्व है। ऋग्वेद (7.87.2) में कहा गया है कि यह प्राण मूलतः वायु है। हमारी आत्मा वायु है। प्राण का जन्म इस आत्मा से होता है। जन्म लेने के कारण प्राण का अस्तित्व है। शरीर प्राण के आधार पर ही प्रतिष्ठित होता है। इस प्राण का अर्थ है वह

ऊर्जा जो सृष्टि को एकजुट करती है। इसका मतलब श्वास भी है, जो हमारे जीवन में प्रतिपल सक्रिय है प्राण हमारे जीवन में प्रतिपल स्पन्दित है। इस जटिल प्राण का रहस्य जानना भारतीय ऋषियों से लेकर विदेशी चिन्तकों का मुख्य विषय रहा है। चीन के दार्शनिक लाओत्सु ने अपनी किताब 'ताओ तेहचिंग' में प्रकृति के अन्दर एक अन्तर्निहित व्यवस्था की अनुभूति की। उन्होंने इस व्यवस्था को 'ताओ' नाम दिया। ऋग्वेद में प्रकृति की सारी गतिविधियों के नियमन करनेवाले तत्त्व को 'ऋत' कहा है। इस क्रियाशील सृष्टि व्यवस्था के नियम को कई नामों से परिभाषित किया गया है। योग में इसे चैतन्य, दर्शन में ब्रह्म, दैनिक व्यवहार में ईश्वर, ज्योतिष में काल, आयुर्वेद में प्राण, संगीत में नाद, साहित्य में रस और गणित में अनन्त कहा गया है। दर्शन और व्यवहार में ये सारे शब्दों में सूक्ष्म भेद होने के बावजूद उस मूल परमतत्त्व की विविध कलाओं को उद्भासित करते हैं। भारतीय मन ने सदैव ही हर एक क्रिया में एक दिव्यता और भव्यता का दर्शन किया है, जो देश काल से परे शिखर पर विराट और शाश्वत से जुड़ जाते हैं। पश्चिम की वैज्ञानिक लिन मैकटैगार्ट ने भी अपनी पुस्तक 'द फील्ड' में ब्रह्माण्ड के रहस्यमय बल के बारे में लिखा है। इसमें बताया है कि हमारे सबसे बुनियादी स्तर पर हम एक रासायनिक प्रतिक्रिया नहीं हैं, बल्कि एक ऊर्जावान आवेश हैं। मनुष्य और सभी जीवित चीजें, ब्रह्माण्ड में बाकी सब चीजों से जुड़े ऊर्जा क्षेत्र में ऊर्जा का एक संघ हैं। यह स्पन्दित ऊर्जा क्षेत्र हमारे अस्तित्व और हमारी चेतना का केन्द्रीय इंजन है, हमारे अस्तित्व का अल्फा और ओमेगा है। वैज्ञानिकों का कहना है कि परमाणु अदृश्य ऊर्जा से बने होते हैं, मूर्त पदार्थ से नहीं। ब्रह्माण्ड एक अविभाज्य सम्पूर्ण गतिशील है जिसमें ऊर्जा और पदार्थ इतने निकट से जुड़े हुए हैं कि उन्हें अलग-अलग संस्थाओं के रूप में मानना असम्भव है।

ऋग्वेद में कहा गया है कि वायु आदितत्व तथा जल की सखा है, ऋतावा है, प्रथमा है–अपां सखा प्रथमा जा ऋतावा। यहाँ वायु को देवों की आत्मा बताया गया है। ऋग्वेद में वायु के सम्बन्ध में कहा गया है कि–त्वमेव प्रत्यक्ष ब्रह्म असि, त्वमेव प्रत्यक्ष ब्रह्म वदिष्यामि। (1.90.9)। छान्दोग्य उपनिषद् में गाड़ीवान रैक्व और राजा जानश्रुति की कथा में काफी रोचक वर्णन है। गाड़ीवान रैक्व बताता है कि अग्नि बुझती है, वह वायु में चली जाती है। सूर्य अस्त होकर वायु में जाता है। अन्त में सब वायु में ही जाते हैं। वायु सबकी अन्तिम परिणति है। वायु को देवों का प्राण और आत्मा बताया गया है। वायु दिखायी नहीं पड़ता है। सृष्टि विकास के सम्बन्ध

में बताया गया है कि सूक्ष्मतम तत्त्व आकाश से वायु, वायु से अग्नि, अग्नि से जल और जल से पृथ्वी तत्त्व का विकास और विस्तार हुआ। वायु का अपना गुण स्पर्श है। चूँकि उसका विकास आकाश से हुआ है, अतएव उसे आकाश से शब्द गुण मिला है। वायु घोष करते हैं। इसके बाद अग्नि का अपना गुण ताप है और उसे वायु से स्पर्श और आकाश से शब्द गुण मिलते हैं। जल का अपना गुण रस है। आकाश, वायु और अग्नि से उसे शब्द, स्पर्श और ताप गुण मिलता है। इसी प्रकार पृथ्वी में चार गुण के अलावा अपना एक गन्ध गुण होता है। इसी प्रकार सृष्टि विकास का चरण होता है। ठीक इस तरह से उल्टी दिशा में सृष्टि का विसर्जन होता है। पृथ्वी तत्त्व जल में, फिर जल तत्त्व अग्नि में और अग्नि तत्त्व वायु में मिल जाता है। वायु तत्त्व अन्त में आंकाश में मिलकर मूल तत्त्व ब्रह्म प्राण रूप में वायुहीन होकर स्पन्दित रहता है। ऋग्वेद में इस दशा के बारे में कहा गया है कि–अनादीवातं स्वध्याय तत् एकं।

तैत्तिरीयोपनिषद् के दो और तीन श्लोक में कहा गया है कि प्राण शक्ति ही सब भूतों का जीवन है। इसी कारण से जीव को विश्व तत्त्व कहा जाता है। इस प्रकार यह स्पष्ट है कि प्राण नष्ट नहीं होता है, वह शाश्वत होता है और भौतिक विश्व के सभी रूपों के सृजन में सहभागी बनता है। महर्षि अरविन्द अपनी पुस्तक दिव्य जीवन में कहते हैं कि यदि कोई उच्चतर शक्ति उसे रोककर नहीं रखे तो वह प्राण अनिवार्य रूप से सृजन करता चला जायेगा। आगे वह कहते हैं कि विश्व में एक सतत क्रियाशील ऊर्जा गतिशील है जो कम या ज्यादा, सूक्ष्म या स्थूल अलग-अलग जड़ रूप धारण करती है। हर जड़ शरीर, या पदार्थ में, वनस्पति, पशु या धातु में वही सतत क्रियाशील शक्ति संचित और क्रियाशील रहती है। यही वह क्रिया है जो अपने आपको इस तरह अर्जित करती है कि वही प्राण शक्ति है। वह कहते हैं कि यह जगत प्राण का क्षेत्र है लेकिन हम उसे मुख्य रूप से तभी पहचान सकते हैं जब उसका संगठन इतना पर्याप्त हो कि हम उसकी अधिक बाहरी और जटिल गतियों को देख सकें। हम वनस्पति के जीवन व्यापार को मानते हैं लेकिन अभी भी धातु, रसायनिक परमाणु या अन्य जड़ पदार्थ में उस प्राणशक्ति की क्रियाशीलता को नहीं मानते हैं। स्वामी योगानन्द परमहंस कहते हैं कि ब्रह्माण्डीय प्राणशक्ति के विकर्षण के नियम से इस सृष्टि का क्रम विकास हुआ, कोशिकाओं के विभाजन और यौन सृष्टि से जन्तुओं का प्रजनन हुआ। इसी प्रकार ईश्वरीय प्राणशक्ति के कारण निर्जीव वस्तुएँ भी निरन्तर परिवर्तनशील हैं। सभी निर्जीव वस्तुओं में जीवन तथा चेतना निरन्तर

उच्चतर रूपों में विकसित हो रही है। योगानन्दजी कहते हैं कि मिट्टी से खनिजों में, खनिजों से पेड़ों में, पेड़ों से पशुओं में, पशुओं से उत्कृष्ट प्राणी में और मनुष्य से ईश्वर प्राप्त मनुष्य की यात्रा में परमात्मा की प्राणशक्ति ही क्रियाशील रहती है। इस जगत में जो परिवर्तन होता है, बाढ़, भूकम्प, खराब मौसम, रोग, असामयिक ऋतु परिवर्तन उस परमात्मा का क्रम विकास का चरण है जिसमें निर्जीव, जैव भौतिक पदार्थ से लेकर जीव और चैतन्य प्राणी तक को परिवर्तन से होकर गुजरना होता है। प्राण यानी ईश्वरीय शक्ति का सतत आकर्षण और विकर्षण के नियम के अधीन गमन चलता ही रहता है।

सन्दर्भ ग्रन्थ

1. कुबेरनाथ राय : कामधेनु , नेशनल पब्लिकेशंस।
2. श्यामा चरण दुबे : समय और संस्कृति, वाणी प्रकाशन।
3. श्री अरविन्द : मानव से अतिमानव की ओर, अरविन्द सोसाइटी, पाण्डिचेरी।
4. विद्यानिवास मिश्र : भारतीय संस्कृति के आधार, प्रभात प्रकाशन।
5. कुबेरनाथ राय : चिन्मय भारत, प्रकाशन-हिन्दुस्तान एकेडमी।
6. संजीव कुमार शर्मा : लोक मन्थन, प्रभात प्रकाशन।
7. विद्यानिवास मिश्र : क्या पूरब क्या पच्छिम, सस्ता साहित्य मण्डल प्रकाशन।
8. हृदयनाथ दीक्षित : नाचता अध्यात्म, वाणी प्रकाशन, नयी दिल्ली।
9. माइकल ए. सिंगर : अनन्त चेतना की खोज में, मंजुल प्रकाशन, भोपाल।
10. ओशो : भारत एक सनातन यात्रा, डायमण्ड पॉकेट बुक्स प्रा. लि., 1997।
11. विद्यानिवास मिश्र : हिन्दू धर्म, जीवन में सनातन की खोज, वाग्देवी प्रकाशन।
12. मैक्स मूलर : भारत हमें क्या सीखा सकता है? राजकमल प्रकाशन।
13. विनोद शाही : रामकथा पुन: पाठ, आधार प्रकाशन
14. स्वामी रंगनाथानन्द : उपनिषदों का सन्देश, रामकृष्ण मठ।
15. हृदयनारायण दीक्षित : ॠग्वेद, वाणी प्रकाशन, नयी दिल्ली।
16. देवदत्त पटनायक : सीता, मंजुल प्रकाशन, भोपाल
17. देवदत्त पटनायक : राम की गाथा, पेंग्विन प्रकाशन।
18. श्री अरविन्द : दिव्य जीवन, अरविन्द सोसाइटी, पाण्डिचेरी।
19. कुबेरनाथ राय : निषाद बाँसुरी, प्रतिश्रुति प्रकाशन, कोलकाता।
20. हृदयनारायण दीक्षित : ज्ञान का ज्ञान; वाणी प्रकाशन, नयी दिल्ली।
21. एक्हार्ट टॉल्ल : शक्तिमान वर्तमान, नमस्ते, प्रकाशन, मुम्बई।

22. रामविलास शर्मा : भारतीय नवजागरण और यूरोप, हिन्दी माध्यम कार्यन्वयन निदेशालय, दिल्ली।
23. स्वामी युक्तेश्वर गिरि : कैवल्य दर्शनम, मंजुल प्रकाशन, भोपाल।
24. वियोगी हरि : भक्ति, सस्ता साहित्य मण्डल, नयी दिल्ली।
25. विद्यानिवास मिश्र : हिन्दू धर्म जीवन में सनातन की खोज, वाग्देवी प्रकाशन, बीकानेर।
26. राहुल सांकृत्यायन : ऋग्वैदिक सभ्यता और आर्य।
27. रामचरितमानस, गीता प्रेस, गोरखपुर।
28. ईशादि नौ उपनिषद्, गीता प्रेस, गोरखपुर।
29. रामधारी सिंह दिनकर : संस्कृति के चार अध्याय, लोकहित प्रकाशन, प्रयागराज।
30. हिन्दू संस्कृति विशेषांक, गीता प्रेस, नयी दिल्ली।
31. स्वामी योगानन्द : आत्मकथा, योगदा मठ, राँची।
32. स्टीफन हॉकिंग : ब्रीफ हिस्ट्री ऑफ़ टाइम्स।
33. मनोज कुमार राय : भारतीयता की पहचान, प्रभात प्रकाशन, दिल्ली।
34. ओशो : भारत एक सनातन यात्रा, डायमण्ड पॉकेट बुक्स।
35. रंगनाथानन्द : व्यावहारिक वेदान्त के आलोक में लोकतान्त्रिक प्रशासन, रामकृष्ण मठ, नागपुर।
36. स्वामी रंगनाथानन्द : उपनिषदों का सन्देश, प्रकाशक स्वामी ब्रह्मस्थानन्द, संस्करण 2005।
37. परमहंस योगानन्द : मानव की निरन्तर खोज, जायको प्रकाशन, 2010।
38. तिक न्यात हन्ह : जहँ-जहँ चरन परे गौतम के, हिन्द पॉकेट बुक्स, 1998।
39. ओशो : एक ओंकार सतनाम, डायमण्ड पॉकेट बुक्स, संस्करण 1998।

□□